Auch für Radfahrer gilt nicht immer:

***Der Weg ist das Ziel*,**

vielmehr gilt auf dem Jakobsweg:

Dein Weg hat ein Ziel und Du wirst erwartet.

Bernd Steffen

75/10
Mit 75 Jahren am Ziel
des 10. Jakobsweges

Als Fahrradpilger auf den Jakobswegen der Iberischen Halbinsel

Fotos: Autor

Bibliografische Information der Deutschen Nationalbibliothek
Die Deutsche Nationalbibliothek verzeichnet diese Publikation
in der Deutschen Nationalbibliografie, detaillierte bibliografische
Daten sind im Internet über http://dnb.dnb.de abrufbar.

© 2014 Bernd Steffen

Herstellung und Verlag:
BoD - Books on Demand, Norderstedt

ISBN: 978-3-7386-0235-7

Dank

Ich danke meiner lieben Frau Irene, die das lange Alleinsein während meiner Jakobswegtouren ertragen musste und dafür viel Verständnis aufbrachte und mich beim Schreiben dieses Buches unterstützte.

Inhalt

Vorwort 11

Pilgern auf dem Jakobsweg

Pilgern 13
Der Apostel Jakobus der Ältere, spanisch Santiago 22
Die Reliquien 26
Credencial und Compostela 27
Die Jakobswege 27
Pilgergründe 32
Motivation und Anlass 35

Vorbereitung

Meine Geschichte als Radfahrer 38
Die Wahl des Fahrrades und der Technik
    Fahrradtyp 40
    Rennrad 40
    Mountainbike 41
    Reiserad 41
  Sitzhaltung 42
  Federung 43
  Fahrradtechnik
    Rahmen 45
    Lenker 46
    Bremstechnik 46
    Schaltung 47
    Laufräder 48
    Pedale 49
    Beleuchtung 49
    Rückspiegel 50
    Trinkflaschen 50
    Fahrradschloss 50
  Fahrradcomputer 51

Reserveteile und Werkzeug	53
Gepäck	54
Als Radfahrer in Spanien und Portugal	55
Kartenmaterial und Navigation	57
Etappenplanung	59
Ausrüstung	60
Ausrüstungsliste	62
Jahreszeit	65
Übernachtung	65
Verpflegung	67
Filmen und fotografieren	67
Allein, zu zweit oder in der Gruppe?	68
Anreise zum Startort und Rückreise	69
Anreise mit dem eigenen Pkw	69
Anreise mit dem Autobus	70
Anreise mit der Bahn	70
Anreise mit dem Flugzeug	70

Meine 10 Jakobswege

0. Meine 10 Jakobswege	72
1. Jakobsweg 15. bis 28. September 2008: Camino Francés: Saint-Jean-Pied-de-Port – Santiago de Compostela und Camino Fisterra: Santiago de Compostela – Fisterra	75
2. Jakobsweg 1. bis 22. Juni 2009: Vía de la Plata: Sevilla – Astorga und Camino Francés: Astorga – Santiago de Compostela	106
3. Jakobsweg 12. bis 28. Juli 2010: Camino del Norte/Camino de la Costa: Bilbao – Gijón – A Coruña – Santiago de Compostela	130
4. Jakobsweg 9. bis 24. Juni 2011: Caminho Português: Lissabon – Porto – Santiago de Compostela	150

5. Jakobsweg 14. bis 30. September 2011:
   Camino de Levante:
   Mallorca – Madrid – Santiago de Compostela 170
6. Jakobsweg 14. bis 27. Juni 2012:
   Camino Primitivo:
   Bilbao – Oviedo – Santiago de Compostela 197
7. Jakobsweg 15. bis 24 September 2012:
   Camino Francés:
   Burgos – Astorga –Santiago de Compostela 217
8. Jakobsweg 12. Juni bis 3. Juli 2013:
   Camino de Andalucía, Caminho Português, Camino Fisterra:
   Granada – Gibraltar – Faro –
   Porto – Santiago de Compostela – Fisterra 233
9. Jakobsweg 16. bis 24. September 2013:
   Camino Primitivo und Camino Fisterra:
   Naveces – Lugo – Santiago de Compostela – Fisterra 260
10. Jakobsweg 4. bis 19. Juli 2014:
    Camino de Levante, Via de la Plata und Camino Francés:
    Madrid – Salamanca – León – Astorga –
    Santiago de Compostela 271

Nachwort ....…............ 291

Vorwort

Ich habe dieses kleine Buch mit viel Freude verfasst, weil es mir den Anlass bot, mich der vielen schönen und wertvollen Erlebnisse und Erfahrungen auf den Jakobswegen zu erinnern und diese in die Gegenwart zurückzuholen.

Dieses Buch soll das Interesse des Lesers an den Themen Pilgern und Bewegung wecken und eine Einstellung zum Pilgern unter der besonderen Sichtweise des Fahrradpilgers vermitteln. Es soll kein herkömmlicher Reiseführer sein mit genauen Anweisungen über den Verlauf der Routen auf den Jakobswegen und mit Hinweisen zu entsprechenden Übernachtungsmöglichkeiten. Auch wird es keine Beschreibungen der so überreich vorhandenen Bau- und Kulturdenkmäler längs der Jakobswege geben. Über all das gibt es bereits eine umfangreiche Literatur. Es soll vielmehr den Entschluss derjenigen fördern, die sich dieser Thematik bereits zugewandt haben, aber aus diversen Gründen noch nicht zum Start bereit sind. Praktische Hinweise für Planung, Ausrüstung und Durchführung einer Pilgerreise auf einem der Jakobswege sollen diesen Suchenden helfen. Mit der Schilderung meiner Radfahrkarriere möchte ich überdies dazu beitragen, Interessierte zum Radfahren zu ermuntern. Ich habe mit 69 Jahren meine erste Radtour auf einem Jakobsweg bestritten; es ist also nie zu spät! Bei all dem beachte man, dass das Fahrradpilgern wesentlich gelenkschonender als das Wanderpilgern ist.

Ich will bei der Auswahl des Fahrrades einige leichtverständliche Kriterien zur Wahl des geeigneten Fahrradtyps und der Technik an die Hand geben.

Meine Erfahrungen als Radfahrer unter den Autofahrern Spaniens und Portugals, die die gleiche Piste benutzen, gebe ich gern weiter.

Die Katholische Pilgerseelsorge veranstaltet in den Sommermonaten jeweils nach der Pilgermesse ein Pilgertreffen, auf dem die Pilger von ihren Erlebnissen und Motivationen erzählen und miteinander ins Gespräch kommen. Auf einem dieser Treffen meldete ein pilgernder Mediziner – der zuallererst seinen Berufsstand und das Vorhandensein einer eigenen Praxis zur Bekräftigung seiner Ansicht in die Waagschale warf –

Bedenken gegen das Fahrradpilgern an und tat es als reinen Sport ab. Für ihn sei das „wahre" Pilgern das Wandern in der Gruppe von – wie er hervorhob – möglichst Gleichgesinnten. Dem wurde von Seiten vieler anderer Pilger lebhaft widersprochen. Natürlich ist das Fahrradpilgern Sport, genauso aber auch das Wanderpilgern. Der Fahrradpilger legt eben 100 km, der Wanderpilger entsprechend 30 km am Tag zurück. Beide sind dafür fünf bis acht Stunden in Bewegung. Für beide gehören eine gute Vorbereitung, eine ausreichende Kondition und eine entsprechende mentale Einstellung dazu und sind absolute Voraussetzung.

Ich bin im Zeitraum zwischen 2008 und Jahr 2014 zehn Jakobswege auf der Iberischen Halbinsel als Fahrradpilger gefahren. Dies sind nicht zehn völlig unterschiedliche Jakobswege, einige Wiederholungen von Streckenabschnitten sind dabei. Ich habe mich nicht immer an die vorgegebene Route eines Jakobsweges gehalten, sondern bin nach eigenem Interesse des Öfteren davon abgewichen. Z. B. fuhr ich beim Camino del Norte den Umweg über A Coruña oder nahm beim Camino de Levante für die Besichtigung Madrids einige Kilometer Umweg in Kauf.

Wenn man sich die Etappen so einteilt, dass man am frühen Nachmittag am Etappenziel eintrifft, hat man genügend Zeit, um die Bau- und Kulturdenkmäler, die jeden der Jakobswege säumen, zu besichtigen. Ich lege gern nach drei oder vier Etappen einen Ruhetag ein, der allerdings meist ein Ausflugs- und Besichtigungstag wird.

Beim der Verfassen dieses Buches konnte ich den Techniker nicht verleugnen: Die Daten eines jeden gefahrenen Jakobsweges habe ich in Tabellenform dargestellt.

Pilgern auf dem Jakobsweg

Pilgern

Ich bin gut durch mein Leben gekommen mit vielen Höhepunkten und einigen Niederlagen, ohne mich um das Thema *„Pilgern"* zu kümmern. Eine persönliche Katastrophe und das Buch von Hape Kerkeling *„Ich bin dann mal weg"* haben mich auf diese Thematik gestupst. In einem Zeitungsinterview fand die Reporterin für ihren Artikel den Titel: *„Der Jakobsweg macht süchtig"*. Dies beschreibt den Zustand recht treffend, den das Pilgern in mir wachrief; das Pilgern auf den Jakobswegen ist ein wichtiger Bestandteil meines Lebens geworden.

Die Bezeichnung Pilger geht auf das lateinische Wort peregrinus zurück und bedeutet eigentlich Fremdling. Der Pilger begibt sich aus religiösen Gründen in die Fremde und macht eine Wallfahrt zu einem heiligen Ort als Pilgerziel. Im Spanischen findet das Wort in einigen Begriffen heute noch seinen Niederschlag, z. B. heißt die Pilgerherberge Albergue de Peregrinos, wird der Pilgerpass als Credencial de Peregrinos bezeichnet und der Fahrradpilger als Cicloperegrino. Ursprünglich war die Motivation des Pilgers rein religiöser Art: die Erfüllung eines Gelübdes, die Hoffnung auf einen Sündenerlass, der Wunsch nach Heilung von einer Krankheit oder auch der Ausdruck eines Dankes. In der Anfangszeit bildete das Pilgern nicht selten auch den Teil einer auferlegten Buße oder gar Bestrafung. Die katholische Kirche verbreitet die Botschaft vom versöhnenden Christus, der den Pilger durch die Fürsprache des Heiligen am Wallfahrtsziel von Sünden befreit.

Der Protestantismus lehnte das Pilgern, vor allem in Verbindung mit Aberglauben und Ablasshandel, lange grundsätzlich ab. Auch Martin Luther wandte sich gegen das Pilgern: *„Wer viel pilgert, wird selten heilig"*. Inzwischen wandelt sich die Einstellung innerhalb der evangelischen Kirche zum Pilgern allmählich und der Pilgergedanke gewinnt an Anhängern. Alle großen Religionen haben ihre Pilgerziele, sie treffen damit offensichtlich ein Grundbedürfnis der Menschen.

Die Wurzeln des Pilgerns reichen bis weit in die Antike zurück. Beispiele sind uns von den Griechen überliefert, deren Pilgerziele vor allem heilige Höhlen und Tempel waren. Auch die christliche Tradition des Pilgerns hat eine lange Geschichte: Im 4. Jahrhundert wird von der Pilgerfahrt der Kaiserin Helena nach Jerusalem berichtet, auf der sie eine Kreuzreliquie gefunden haben soll. Jerusalem hat für die Christenheit als Stätte des Wirkens, des Martyriums, des Todes und der Auferstehung Jesu Christi eine herausragende Stellung unter allen Pilgerzielen. Rom als Wirkungsstätte des Apostels Petrus' und Grabstätte der Apostel Petrus und Paulus entwickelte sich ebenfalls zum Wallfahrtsziel. Der heutige Wohnsitz des Papstes als Oberhaupt der katholischen Kirche ist bei religiösen Anlässen das Pilgerziel von Hunderttausenden von Pilgern.

Als drittes Pilgerziel kam im 9. Jahrhundert Santiago de Compostela hinzu. Zufällig, aber gerade rechtzeitig, wurden sterbliche Überreste gefunden, die man dem Heiligen Apostel Jakobus dem Älteren zuordnete. Dies geschah, als die christlichen Heere gegen die Mauren in große Bedrängnis gerieten. Santiago wurde als Maurentöter Matamoros der große Schlachtenhelfer und erlangte damit seine Bedeutung in Spanien. Seine Reliquien in Santiago de Compostela zogen immer mehr Pilger auch aus Mitteleuropa an. Im 11. und 12. Jahrhundert folgte eine Blütezeit dieser Wallfahrten. Nach Jahren des Niedergangs erlebte Santiago de Compostela im 15. Jahrhundert durch die Einführung des ***„Heiligen Jahres"*** einen erneuten Aufschwung. Das Heilige Jahr wird in jenen Jahren gefeiert, in denen der Jakobustag, der Tag der Ankunft des Apostels auf der Iberischen Halbinsel am 25. Juli, auf einen Sonntag fällt. In der Kathedrale von Santiago de Compostela gibt es die Heilige Pforte, die in normalen Jahren zugemauert und verschlossen ist. Zu Beginn des Heiligen Jahres wird sie geöffnet und jeder Gläubige, der sie durchschreitet und die Sakramente empfängt, wird aller Sünden ledig. In den Heiligen Jahren schnellt die Pilgerzahl auf den drei- bis vier-fachen Normalwert hoch. Besonders auf dem Haupt-Jakobsweg Camino Francés sind dann so viele Pilger unterwegs, dass es für den Fahrradpilger fast unmöglich wird, ein Bett in einer Pilgerherberge zu ergattern. Man muss sich dann wohl auf Übernachtungen in Pensionen oder einfachen Hotels einstellen

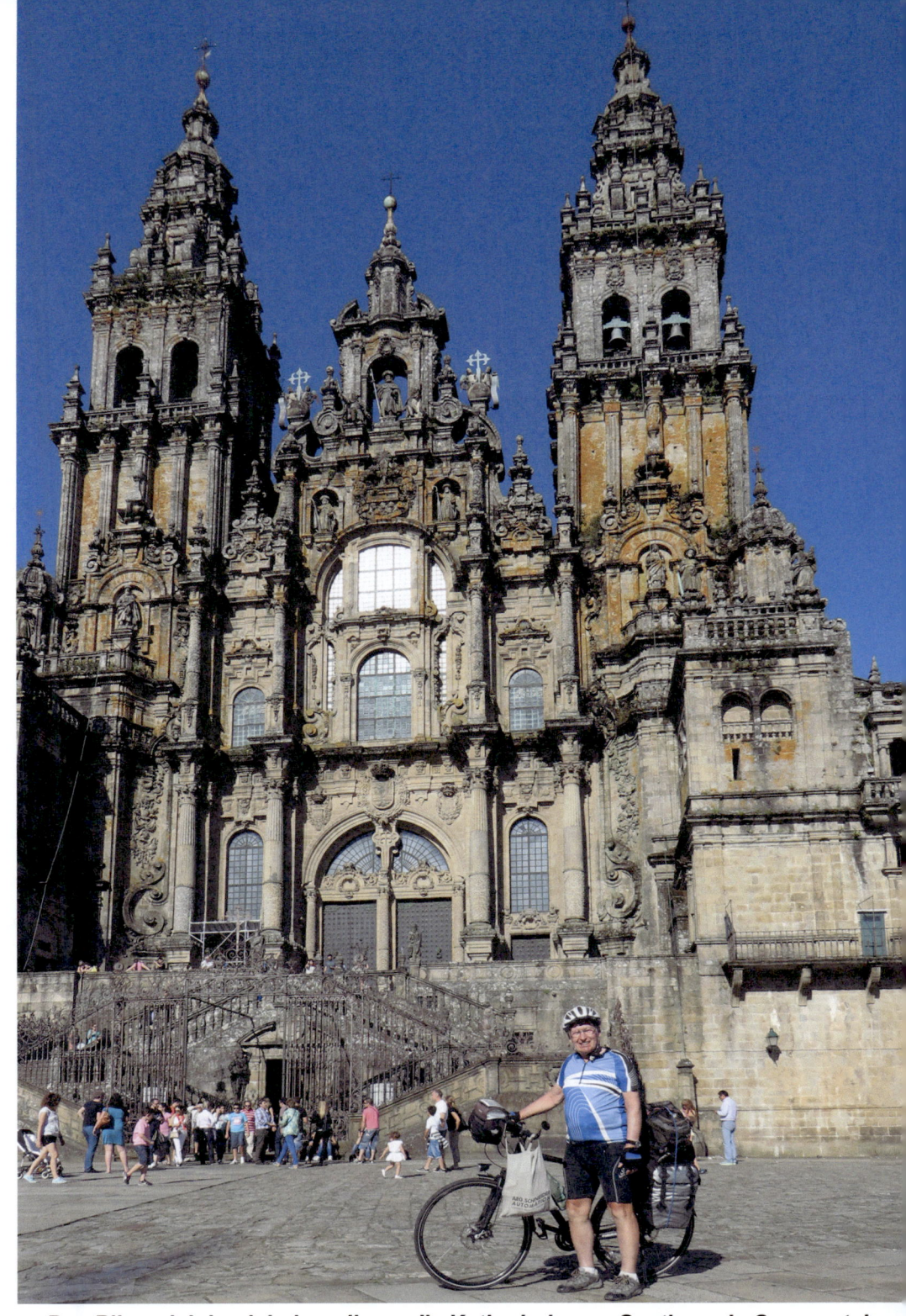
Das Pilgerziel der Jakobuspilger: die Kathedrale von Santiago de Compostela

und vor allem rechtzeitig die Routen planen und die Zimmer bestellen.

Früher wurde vorwiegend aus religiösen Gründen gepilgert. Auch heute wird wieder gepilgert und von Jahr zu Jahr entdecken mehr Menschen unterschiedlichsten sozialen Hintergrunds die Vorzüge des Pilgerns. Die Motivation der Pilger hat sich aber gewandelt. Der religiöse Beweggrund tritt in den Hintergrund. Sicher aber spielen bei der Mehrzahl der Pilger die spirituelle Dimension und der Wunsch nach Selbsterfahrung eine bedeutende Rolle. Man will einfach die Enge des Alltags hinter sich lassen, dem Zwang der täglichen Routine entfliehen und eine neue Lebensweise ausprobieren. Man erlebt intensiv die Gegenwart, die Zukunft tritt in den Hintergrund. Als Pilger ist man immer auf zwei Wegen unterwegs: Auf dem äußeren Weg bewegt man sich auf dem Pilgerweg zum Wallfahrtsziel, und auf dem inneren Weg bewegt man sich mit Seele und Geist zu sich selbst. Diese Sehnsucht, ein fremdes Ziel auf einem unbekannten Weg zu erreichen, hat mit der Suche nach Gott, bewusst oder unbewusst, zu tun. Man möchte das Mysterium des eigenen Seins ergründen.

„Ich bin dann mal weg" – das Phänomen Jakobsweg hat im deutschsprachigen Raum seit dem Erscheinen von Hape Kerkelings Bestseller ein eigenes Motto. In seinem Buch beschreibt er in fesselnder Manier seine Erfahrungen als Wanderpilger auf dem Camino Francés. Mit seiner 1 200-jährigen Geschichte gehört der spanische Jakobsweg aber schon immer zu den Klassikern der Fernwanderwege. Auf über 800 km bietet die geschichtsträchtige Route von den Pyrenäen bis nach Santiago de Compostela einzigartige Kultur-, Landschafts- und Naturerlebnisse und zieht immer mehr Menschen unterschiedlichster Herkunft, Glaubensrichtungen und Generationen in ihren Bann. Gleichgültig, mit welcher Motivation man sich auf den Weg nach Santiago de Compostela begibt, am Ende kann man sein Fazit ziehen, dass man ganz besondere Erfahrungen gemacht und grundlegende Erkenntnisse gewonnen hat. Dabei führt der Jakobsweg durch eine Fülle unterschiedlicher Landschaften, immer wieder unterbrochen von kulturhistorisch interessanten Stätten, wie z. B. Pamplona, Burgos, León und Astorga. Daneben ist das

Cruz de Ferro, diese uralte keltische Kultstätte, ein weiterer Höhepunkt. Doch schließlich belohnt das grüne Galicien für all die Mühen und Entbehrungen der langen Wanderschaft, ehe man mit Santiago de Compostela das große Ziel erreicht.

Wie sähe die Welt wohl heute aus, hätte man das Grab des Apostels an einem leicht zugänglichen Ort, z. B. in Mitteleuropa, entdeckt? Wenn es leicht zu erreichen wäre, praktisch so nebenbei, selbst für japanische „Durch-ganz-Europa-in-drei-Tagen"-Touristen. Im Mittelalter jedoch lag das Pilgerziel am Ende der bekannten Welt. Man brauchte ein bis zwei Jahre Zeit, um dorthin zu gelangen, und man musste unendliche Mühen dafür aufbringen. Meist war man unterwegs auf die Mildtätigkeit der Mitmenschen bei der Beschaffung von Unterkunft und Ernährung angewiesen. Zurückgekehrte berichteten Wunderdinge vom Pilgerweg und so woben sich Geschichten und Legenden um das Pilgern auf dem Jakobsweg. Damit konnte das Pilgerziel Santiago de Compostela zu Weltgeltung gelangen.

Für die Pilger, die den Jakobsweg pilgern, ist der Weg vor allem durch die architektonischen Zeugnisse des Glaubens markiert: Kathedralen, Kirchen, Kapellen, Klöster, Steinkreuze, Pilgerherbergen, Pilgerhospitäler, aber auch Brücken, die für die Pilger gebaut wurden, wie die Puente la Reina. Viele Herrscher des Mittelalters sahen es als eine gottgefällige Tat an, den Jakobsweg durch ein Gebäude zu bereichern und errichteten sich damit so ganz nebenbei ein persönliches Denkmal.

Hat man sich einmal zum Pilgern entschlossen, so konzentriert man sich immer intensiver auf die große Aufgabe. Man lässt sich auch nicht durch Bedenken von Familie, Freunden und Bekannten vom großen Traum abbringen. Ob man sich allein oder in der Gruppe auf die Tour begeben will, die zu erwartenden Schwierigkeiten können nicht abschrecken. Auf dem Pilgerweg gedeiht ein Gottvertrauen, und der Glauben an sich selbst und die eigene Leistungsfähigkeit nimmt mit jeder Minute des Pilgerns zu. Es wächst das Gefühl während der Pilgerfahrt: Mir kann nichts passieren, komme, was da wolle. Diese Überzeugung entwickelt man nicht mit seinem Verstand, sondern unbewusst, sie ist einfach da, ohne groß darüber nachzudenken.

Dieses Buch wendet sich vor allem an Fahrradpilger. Jeder sollte sich aber die Frage nach der Art seines Pilgerns selbst stellen. Das Wanderpilgern ist sicher die ursprünglichste und natürlich die älteste Art des Pilgerns. Es ermöglicht nachhaltige und bereichernde Begegnungen mit anderen Pilgern. Man lebt intensiv in der Natur und gewinnt auf diese Weise täglich tiefgehende Eindrücke. Auch die Radfahrer haben dieses elementare Naturerlebnis, erleben aber durch die höhere Geschwindigkeit eine größere Vielfalt. Bei ihnen liegt der Schwerpunkt weniger auf dem Dialog mit Mitpilgern als vielmehr auf Selbstbeschäftigung und Selbsterfahrung. Ich selbst verbinde gern beides: Ich bin tagsüber am liebsten allein auf der Piste, freue mich aber über jedes Gespräch. Die Übernachtung im Hotel ist sicher nicht förderlich für die Begegnung mit anderen Pilgern, bringt auf der anderen Seite eben andere Vorteile.

Bei den oft stundenlangen Anstiegen sah ich immer klarer, dass man wie immer im Leben seinen Weg selbst wählt und dafür verantwortlich ist. Man kann das Ziel direkt anfahren oder einen Umweg wählen. Man kann den vermeintlich schöneren Weg nehmen, aber er ist vielleicht der anstrengendere. Man kennt das Ziel, aber für den Weg dorthin entscheidet man sich immer selbst. Man trifft ständig auf Unbekanntes und betritt Neuland. Jeder Tag ist Neuland im Leben, denn auf dem Pilgerweg, wie auch sonst im Leben, gibt es keine Generalproben, nur Premieren. Diese Unwägbarkeiten, dieses Abenteuer, das einen erwartet, sind die neue Würze im Leben. Man muss alle Sinne wachhalten, um diese frischen Erfahrungen so vollständig wie möglich in sich aufzunehmen.

Obwohl ich nie danach gesucht oder mich besonders dafür interessiert habe, wurde der Jakobsweg für mich zu einem wesentlichen Bestandteil meines Lebens. Das Pilgern ließ meinen Glauben an Gott und an mich selbst wachsen. Ich pilgere aber nicht aus religiösen Gründen, jedenfalls nicht so, wie es die Kirche versteht. Ich bin konfessionell nicht gebunden. Ich bin in der evangelischen Kirche getauft und eingesegnet worden. Da ich meine Probleme mit der Kirchenorganisation und ihren Vertretern hatte, bin ich schon zu Beginn meines Studiums aus der Kirche ausgetreten. 1959 lernte ich meine heutige Frau kennen, die ebenfalls in der evangelischen Kirche getauft und eingesegnet war. Ein Jahr später zog sie zu mir von Ostberlin in den Westen um. Nach meinem erfolgreichen Studienabschluss im Jahr 1965 heirateten wir in im Rahmen einer Religionsgemeinschaft. Auf der Hochzeitsfeier benahmen sich die Kirchenvertreter derart daneben, dass wir beide endgültig mit der Kirche brachen. In all diesen Zeiten habe ich nie an der Existenz einer göttlichen Kraft gezweifelt und mich immer als „frommer Heide" gefühlt und bezeichnet.

Mit den Jahren wird der in der christlichen Erziehung gebildete naive Kinderglauben durch die Erfahrung, z. B. von Naturkatastrophen oder Kriegen erschüttert. Die unendliche Güte Gottes, seine Gerechtigkeit und Menschenliebe werden in Frage gestellt, wenn er es zulässt, dass unterschiedslos Gerechte und Ungerechte, Schuldige und Unschuldige, Frauen und Männer, Säuglinge und Greise ohne Vorzeichen und ohne etwas dagegen tun zu können, schlagartig untergehen. Für mich gilt, Gott in der Natur und die Natur in Gott zu sehen. Ich bin überzeugt von dem Wirken einer höchsten Macht in ihr und von dem schöpferischen Prinzip der Polarität und der Anziehungskraft verschiedenartiger Pole, wie auch der Abstoßungskraft gleichartiger Pole. Dies erzeugt die dynamische Kraft alles Werdens, wie auch der Erhaltung der Art. Dabei beobachten wir eine fortwährende Steigerung des Einfachen auf die jeweils vollendete Form. So findet sich für alle Umgebungsbedingungen eine optimal angepasste Lebensform, eine Vielfalt, vor der wir nur staunend verharren können. So entwickelt man eine Ehrfurcht vor allem Lebendigen in all seinen wahrnehmbaren Aspekten, wie auch vor dem letztlich unerforschlichen Wirken des Göttlichen in Natur und Leben. Ich finde keine Übereinstimmung meiner eigenen Religion mit der Religion der Amtskirchen. Die besonders im Christentum propagierte Sündenangst und das Fordern eines Sündenbewusstseins aufgrund des Glaubens von der unaufhebbaren Sündhaftigkeit, der Erbsünde des Menschen, kann ich nicht nachvollziehen. Auch die Möglichkeit, diese Sündenlast durch Beichten oder gar durch Kauf eines Ablassbriefes zu verringern, will mir nicht in den Kopf. Ich halte die selbsternannten Vertreter Gottes auf Erden in ihrer eigenen Sündhaftigkeit für nicht legitimiert, meine spezielle Sünde zu vergeben. Diese Kirche, deren höchste

Vertreter jahrhundertelang selbst gehurt und Kriege geführt haben, kann nicht als ein Vorbild für ein anständiges Leben der Menschen herhalten. Die Borniertheit eines absoluten Machtanspruchs hat die wissenschaftliche Entwicklung jahrhundertelang behindert, indem für die Kirche die Erde im Mittelpunkt der Welt stand und sie die Erde für eine Scheibe hielt. Das radikale Motto der Christianisierung, das man heute mit: *„Und willst Du nicht mein Bruder sein, so schlag ich Dir den Schädel ein!"* bezeichnen würde, verlangt nicht nach einer Kommentierung. Unter diesem Leitgedanken wurden von Spaniern und Portugiesen ganze Völker in Südamerika ausgerottet. Die katholische Kirche teilte die Neue Welt zwischen den Spaniern und den Portugiesen auf, die mit diesem höchsten Segen die neuen Lande nach Herzenslust ausplündern konnten. Völlig fremd ist mir auch die orientalische Denkweise, nach der Abraham seinen Sohn opfern sollte und auch Gott seinen eigenen Sohn opferte. Ich darf nicht daran denken, dass mich jemand aufgefordert hätte, meinen einzigen Sohn zu opfern. Auch die Einstellung der Amtskirchen zu Sexualität, Liebe und Ehe stimmt in vielen Punkten nicht mit der meinen überein. Für mich sollten sie mehr die Lebensfreude, den sozialen Ausgleich und das friedliche Zusammenleben der Menschen befördern. Das ständige Erinnern an die Sünden der Menschen stellt sich mir dar als ein Instrument der Macht, mit dem die Menschen unter der Fuchtel der Kirchen gehalten werden sollen. Dem steht entgegen, dass jeder Mensch als unwiederbringliches einzelnes Wesen wahrgenommen werden will. Dieser Individualismus und das dazugehörige Selbstbewusstsein sind in den verschiedenen Völkern unterschiedlich stark ausgeprägt. Aber eines haben alle Völker, die eine eigene Kultur entwickelt haben, gemeinsam: Sie alle haben eine Religion entwickelt, die eine Vorstellung vom Weiterleben im Jenseits enthält. All die Auswüchse und Irrwege der Amtskirchen können nicht verdecken, dass hinter der gesamten Schöpfung eine schöpferische Kraft stehen muss. Man wird wohl nie eine mathematische Formel finden für Gefühle wie Liebe, Treue, Freundschaft, Dankbarkeit und schließlich auch für Religion und Gottessuche. Meine Naturfrömmigkeit bedeutet die Verehrung des ungreifbaren Höheren als Ordnungsmacht in der Schönheit dieser Welt, Einordnung in den unbeeinflussbaren Ablauf des Schicksals und eine Lebensgestaltung nach allgemein mitmenschlichen Grundsätzen. Das Toleranzedikt des aufgeklärten großen Preußenkönigs Friedrich II. (des Großen): **„Jeder soll nach seiner Façon selig werden"**, ist mein Lebensmotto. Dabei können mich religiöse Spekulationen über Seelenheil, Unsterblichkeit und Jenseits so wenig wie das Jüngste Gericht und die Hölle ängstigen, beschäftigen mich aber auch nicht übermäßig. Vielleicht ändert sich meine Einstellung mit zunehmendem Lebensalter und die vielzitierte **„Altersgläubigkeit"** kommt über mich. Niemand kann sein Schicksal im Voraus ermessen.

Dabei ist mir mein Leben lang ein ehrfürchtiger Sinn für bedeutende Zeugnisse religiös inspirierter Architektur geblieben. Ich finde diese Schönheit ebenso in einem griechischen Tempel, wie in einer bedeutenden Moschee oder in einer ebenso bemerkenswerten Kathedrale. Gerade die Jakobswege bieten in dieser Hinsicht viele eindrucksvolle Beispiele „himmlischer" christlicher Architektur.

Immer wieder wurde mir die Frage gestellt: **„Wie katholisch bist du auf deinen Pilgerfahrten geworden?"** Dafür fällt mir nur die allgemein bekannte Antwort ein: „Ich habe auf meinem Weg 5 % meiner Zeit in Kathedralen, Kirchen und Klöstern zugebracht. Genau diese 5 % bin ich katholisch geworden."

Das tägliche Fahrradtraining und die permanente Bewegung können etwas Grundsätzliches bewerkstelligen: War man früher nikotinsüchtig, alkoholsüchtig, fettsüchtig, so wird man durch diese neue Lebensweise bewegungssüchtig. Eine solche Belastung in etwas fortgeschrittenem Alter auf sich nehmen zu können, wirft immer wieder die Frage nach dem Huhn und dem Ei auf:

* **Kann man so viel Radfahren, weil man so gesund ist?**
   Oder:
* **Ist man so gesund, weil man so viel Rad fährt?**

Diese Frage stellt sich auch den angehenden Pilgern, wenn es um die körperlichen Anforderungen geht. Wer sich regelmäßig körperlich bewegt, wird keine Probleme mit dem Fahrradpilgern bekommen. Aus den Übersichtstabellen kann man ablesen, dass man als Anfänger sicher besser mit dem Caminho Português und nicht mit der Vía de la Plata beginnen sollte. Über alle zehn Jakobswege mit ihren 101 Etappen ergeben sich für mich als Mittelwert je zurückgelegter Etappe gut 100 km und mehr als 1 000 Hm. Dies entspricht einer Steigung von etwa 1 % über die ganze Etappe. Diese Werte gehören für mich also zu einer normalen Etappe. Diese Leistung erreicht man sicher nicht aus dem Stand, sondern nur nach intensiver, jahrelanger Vorbereitung. Im Zweifelsfall sollte man aber zur Beurteilung der eigenen Leistungsfähigkeit seinen Hausarzt oder besser einen Sportarzt konsultieren.

Steht man kurz vor dem Ende seines Jakobsweges, macht sich beim ersten Blick auf die Silhouette der Stadt Santiago de Compostela ein unbeschreibliches Glücksgefühl breit. Geschafft! Die ganze Strampelei findet hier ihren Sinn, ihr Ziel, ihre Erfüllung. Man hat das intensive Gefühl, etwas Besonderes geleistet zu haben. Gilt für das Radfahren allgemein: „Der Weg ist das Ziel", gilt für die Pilgerfahrt, dass das Ziel das eigentlich Wichtige ist. Und immer wieder, wenn man die Kathedrale sieht, verharrt man ehrfürchtig vor diesem imposanten Bauwerk. Ich setze mich gerne direkt nach der Ankunft auf der Praza do Obradoiro, dem wunderschönen Vorplatz der Kathedrale, am Palacio Rajoy auf den Boden und betrachte die Fassade der gegenüber aufragenden Kathedrale. Dabei lasse ich noch einmal die gesamte Pilgerfahrt vor meinem inneren Auge vorbeiziehen. Immer wieder kommt dabei das Zwerchfell ins Beben und die eine oder andere Träne kullert. Man soll diese Euphorie aber nicht unterdrücken, sondern ungebremst zulassen. Diese Emotionen erleben zu können, ist die Krönung der gesamten Pilgerfahrt.

Apostel Jakobus der Ältere, spanisch Santiago

Jakobus der Ältere war einer der zwölf Apostel Jesu. Er gehörte neben seinem Bruder Johannes, Andreas und Simon Petrus zu den erstberufenen Jüngern. Die Apostelgeschichte und die Evangelien wissen über den Apostel Jakobus den Älteren wenig zu berichten. Sein Märtyrertod (Ap. 12,1-2) wird erwähnt, ebenso seine Anwesenheit im Garten Gethsemane. Das Todesjahr war wohl 44 n. Chr., der Sterbeort Jerusalem.

Von Reisen des Jakobus ist nichts bekannt, von Spanien auch nicht andeutungsweise die Rede. Wie kommen aber die Gebeine des Apostels nach Santiago de Compostela, wo sie im 9. Jahrhundert aufgefunden wurden? Der **Codex Calixtinus,** ein Sammelwerk mit Berichten und Wundererzählungen, ein Reiseführer auf den Jakobswegen, wohl um 1150 geschrieben, erzählt, wie es war: Der Apostel Jakobus hatte auf der Iberischen Halbinsel ziemlich erfolglos missioniert, kehrte nach Jerusalem zurück und leitete dort die christliche Gemeinde. Nach seinem Märtyrertod legten zwei seiner Jünger, Athanasius und Theodorus, den Leichnam in ein Boot, das, von Engeln geleitet, in sieben Tagen quer durch das Mittelmeer und durch die Straße von Gibraltar zur Mündung des Flusses Ulla in Galicien gelangt sein soll. Dort landete es am Bischofssitz Iria Flavia (heute Padrón) an, die Jünger nahmen den Leichnam aus dem Boot und bahrten ihn einige Tage in der Bischofskirche auf, bevor sie ihn an den Ort des heutigen Santiago de Compostela brachten und begruben. Die Überführung erfolgte an einem 25. Juli, dieser Tag wird heute als Hauptfeiertag des Apostels begangen. Fällt er auf einen Sonntag, wie 2010 und dann erst wieder 2021, wird ein Heiliges Jahr gefeiert.

Die Legende erzählt, dass Santiago Teile der Iberischen Halbinsel missionierte. Diese Missionstätigkeit war die ersten sechs Jahrhunderte nach seinem gewaltsamen Tod vergessen (oder nicht existent). Erst zu Beginn des siebten Jahrhunderts kam plötzlich die Fama von der Missionstätigkeit des Apostels auf. In Padrón soll er seine erste Predigt gehalten haben. Im Jahre 812 wurden in den Bergen Galiciens sterbliche Überreste gefunden und dem Apostel zugeschrieben und nach dem entsprechenden Urteil des damaligen Papstes eine Kirche über der Fundstelle errichtet. Historiker bezeichnen diese Berichte als „unhistorisch", weil es für diese Vorgänge keinerlei Hinweise oder gar belegende Textstellen in historischen Werken gibt. In den Befreiungskriegen der Christen gegen die Mauren (Reconquista) wurde die Figur des Apostels Santiago zunehmend für militärische Zwecke eingesetzt (missbraucht). Als Maurentöter (spanisch: Matamoros) soll er in verschiedenen Schlachten auf Seiten der Christen gegen die Mauren eingegriffen haben. So gibt es

Darstellung der Enthauptung Jakobus' in der Nürnberger Chronik 1493
Bildquelle WIKIPEDIA

heute noch mehrere Statuen, auf denen er als Ritter auf einem Schimmel dargestellt wird, wie er mit dem Schwert Mauren erschlägt.

Ende des 16. Jahrhunderts wollte eine Kommission von Kardinälen diese Geschichte revidieren, was nach einer massiven Intervention des spanischen Staates aber unterblieb. Damit wurde die Legende zum offiziellen Standpunkt der katholischen Kirche und nachfolgende Päpste bestätigten sie immer wieder. Zweifel blieben, u. a. äußerte Martin Luther, „dass es keinen Grund gäbe, das Grab für echt zu halten". Dies ist aber für all die Millionen Pilger unerheblich und sie sorgen für die einmalige Aura der Jakobswege. Auch mich hat die „Ungeschichtlichkeit" der Jakobus-Legende nicht vom meinen Pilgerfahrten abgehalten und ich sehe Santiago als Schutzpatron aller Jakobuspilger, der seine schützende Hand auch über meine Pilgerreisen hält. Für mich entfalten der Jakobsweg und die Stadt Santiago de Compostela ihre symbolische Kraft, unabhängig davon, ob die Gebeine real zum Apostel gehören oder nicht.

Es ist kaum zu glauben, aber der erste Papst, der das Apostelgrab besuchte, war Johannes Paul II. im Jahr 1982. Mehr als 1 100 Jahre schätzten die Päpste eine solche Reise wohl gering. Dabei hätten sie ja nicht als Wanderpilger 1 000 km laufen müssen. Von Johannes Paul II. stammt die Aussage: Die Santiago-Pilgerschaft bedeute die Bekehrung zum lebendigen Gott durch die Begegnung mit Jesus Christus. Im Jahr 1300 verkündete der Papst einen Sündenablass für alle Jakobspilger, was einer Teilnahme an einem Kreuzzug gleichkam. Die Bedeutung des Pilgerziels Santiago de Compostela schwand jedoch kontinuierlich, so dass es Mitte des 19. Jahrhunderts nur noch ein regionales Pilgerziel darstellte. Im Jahr 1589 wurden die Gebeine des Apostels vor den anrückenden englischen Truppen in Sicherheit gebracht. Erst im Jahr 1876 fand man die verschollenen Reliquien bei Ausgrabungen in der Kathedrale wieder. 1884 bestätigte Papst Leo XII. nach einer Ferndiagnose in einer Bulle die Echtheit. Die Ausrufung eines „Heiligen Jahres" nach dem Vorbild Roms hat die Pilgerzahlen wieder ansteigen lassen. Die Zahl deutscher Pilger machte einen Sprung nach der Veröffentlichung des Buches von Hape Kerkeling „Ich bin dann mal weg". Letztendlich hat mich diese

Beschreibung seines Pilgerweges auch zum Jakobsweg gebracht, wofür ich ihm ewig dankbar sein werde.

Im Jahr 1937 erklärte der Faschist Franco Santiago zum Schutzpatron Spaniens, und machte den Santiago-Tag am 25. Juli zum spanischen Nationalfeiertag. Der Generalissimus sah sich als Bewahrer der „spanisch-katholischen Identität Spaniens". Andersdenkende wurden wie in allen anderen europäischen Diktaturen, ob faschistisch oder kommunistisch, verfolgt und ausgerottet. Das einzig Positive, was man über den Faschisten Franco sagen kann, ist, dass er in seiner letzten Lebensphase den heutigen König Juan Carlos zu seinem Nachfolger bestimmt hat.

Santiago wird in verschiedener Form dargestellt:
- als sitzender Apostel (spanisch: apóstol sedente),
- als Pilger mit Mantel, Hut, Pilgerstab und Jakobsmuschel,
- als Ritter Matamoros auf einem Schimmel,
    mit dem Schwert kämpfend.

Die Reliquien

Auf seinem Spanienfeldzug hatte Kaiser Karl der Große im Jahr 779 auch das Gebiet des heutigen Jakobsweges von den Mauren befreit, doch blieb es in der Folgezeit hart umkämpft. Die erste Kirche, die im Jahr 812 über der Grabstelle des Heiligen Jakobus errichtet wurde, fiel den Mauren zum Opfer. Als diese das Gebiet zurückerobert hatten, zerstörten und plünderten sie den Ort und auch die Kirche. Die Reliquien wurden vorher sicher versteckt. Im Jahre 1075 wurde mit dem Bau der heutigen Kathedrale begonnen und die Reliquien erhielten einen würdigen Rahmen. Im Jahr 1589 mussten die Reliquien vor einem Überfall der englischen Seemacht in Sicherheit gebracht werden. Diesmal wurden sie so gut versteckt, dass sie erst drei Jahrhunderte später, im Jahr 1879 wiedergefunden wurden. Die Zweifel an der Authentizität der Reliquien widerlegte Papst Leo XIII., als er fünf Jahre nach ihrem Wiederauffinden ihre Echtheit bestätigte.

Für die Reliquien wurde ein silberner Schrein konstruiert und in der Gruft unter dem Hauptaltar aufgestellt. Darüber wölbt sich ein goldener

Baldachin. Hinter dem Hauptaltar fand eine Statue Santiagos ihren Platz und es ist guter Pilgerbrauch, diese Statue zu umarmen und sich für eine gelungene Pilgerreise zu bedanken. Anschließend begibt sich der Pilger zum Reliquienschrein zu einer kurzen Andacht.

Credencial und Compostela

Pilger, die die letzten 100 km zu Fuß oder die letzten 200 km zu Pferde oder mit dem Fahrrad zurückgelegt haben und dies durch Stempel der verschiedenen Stationen ihres Pilgerwegs in ihrem Pilgerpass (spanisch: Credencial) nachweisen können, erhalten im Pilgerbüro in Santiago de Compostela die Pilgerurkunde (spanisch: Compostela). Für die letzten Pilgertage erwarten die Bearbeiter im Pilgerbüro mindestens zwei Stempel pro Tag als Beleg. Stempel erhält man in Pilgerherbergen und Kirchen. Auch von Tourismusinformationen werden Stempel akzeptiert. Im Pilgerbüro werden diese überprüft und ggf. wird der Pilger dazu befragt. Dazu gehört auch die eindringliche Frage, ob man Hilfsmittel wie Bahn, Autobus oder Taxi für die Pilgerschaft in Anspruch genommen hat.

Die Jakobswege

Als Jakobswege (spanisch: Camino de Santiago) werden Pilgerwege in ganz Europa zum Grab des Apostels Jakobus des Älteren in der Kathedrale in Santiago de Compostela bezeichnet. Im Jahr 1985 legte eine Kommission des Europarates fest, dass nur der Camino Francés als Jakobsweg bezeichnet werden darf, alle anderen müssen sich „Wege der Jakobspilger" nennen. Wenn es denn der Wahrheit dient ... Eigentlich gebührt diese Ehre dem Camino de Levante, denn der Legende nach soll sich Santiago auf diesem Weg bewegt haben. Dies wär aber sicher ein Abbruch für den Santiago-Tourismus, denn es fehlt der Anschluss an die mitteleuropäischen Jakobswege. Der Europarat hat im Jahre 1987 die Wege der Jakobspilger in ganz Europa zur Europäischen Kulturroute erhoben. Der Camino Francés wurde im Jahre 1985 von der UNESCO zum Weltkulturerbe erklärt.

Ob letztlich jeder Pilger an die Existenz der wahrhaftigen Jakobus-

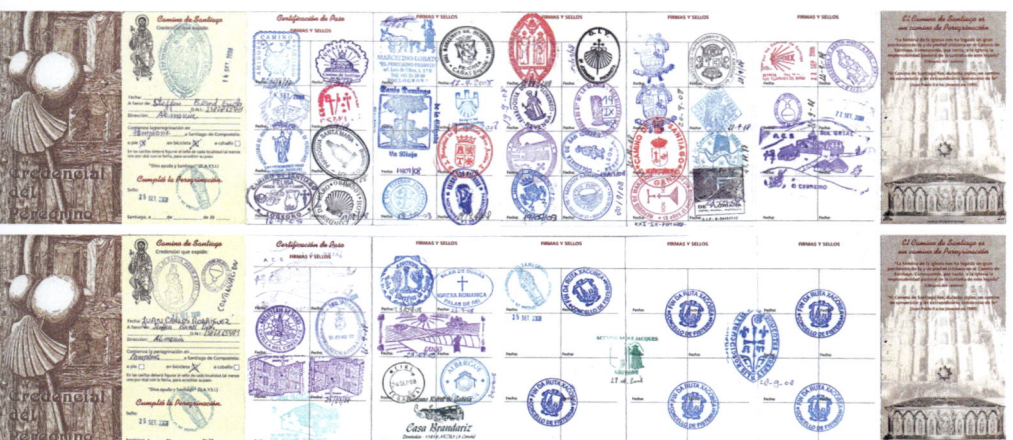

Zwei Credenciales vom ersten Jakobsweg 2008
Pilgerurkunden (Compostelas) von Santiago 2008 und Fisterra 2013

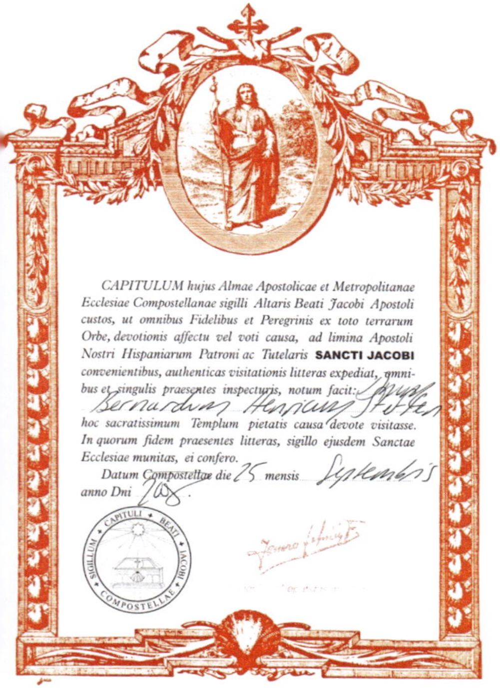

CAPITULUM hujus Almae Apostolicae et Metropolitanae Ecclesiae Compostellanae sigilli Altaris Beati Jacobi Apostoli custos, ut omnibus Fidelibus et Peregrinis ex toto terrarum Orbe, devotionis affectu vel voti causa, ad limina Apostoli Nostri Hispaniarum Patroni ac Tutelaris **SANCTI JACOBI** convenientibus, authenticas visitationis litteras expediat, omnibus et singulis praesentes inspecturis, notum facit: Bernardum Hermann Steffen hoc sacratissimum Templum pietatis causa devote visitasse. In quorum fidem praesentes litteras, sigillo ejusdem Sanctae Ecclesiae munitas, ei confero.

Datum Compostellae die 25 mensis Septembris anno Dni 2008

SIGILLUM CAPITULI BEATI JACOBI COMPOSTELLAE

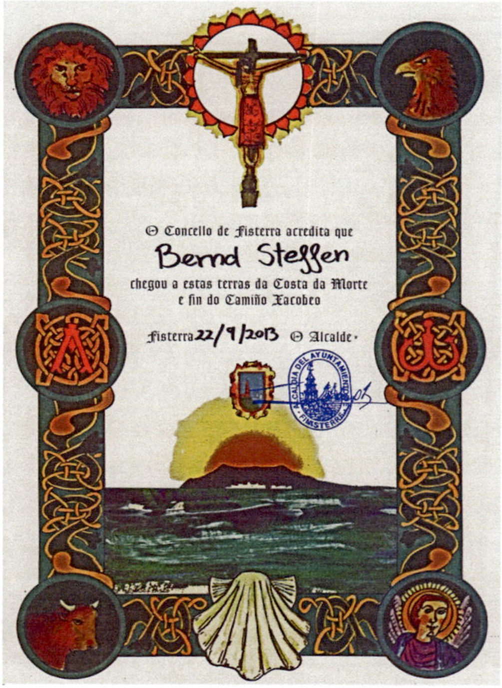

O Concello de Fisterra acredita que
Bernd Steffen
chegou a estas terras da Costa da Morte
e fin do Camiño Xacobeo

Fisterra 22/9/2013 O Alcalde

reliquien in Santiago de Compostela glaubt, ist vielleicht gar nicht so wesentlich. Wichtig ist, dass sich der Mensch Ziele setzt, nicht geographische, sondern persönliche. Dank des Pilgerweges Jakobsweg finden heute viele zu sich selbst. Der Streckenverlauf mit seinen Höhen und Tiefen trägt Symbolcharakter für das eigene Leben. Zweifel gehören dazu, Durststrecken und Passagen am Rande des Abgrunds. Aber ebenso Hochgefühle nach dem Bezwingen eines Bergpasses oder letztendlich das Erreichen des Zieles Santiago de Compostela.

Von der katholischen Kirche wurde den Menschen in einer einfachen Botschaft das Bild von einem versöhnenden Jesus Christus vermittelt, dessen Wirken durch die Fürsprache des Heiligen Jakobus den Gläubigen zuteilwerde. Später wurde dieses Konzept nach dem Vorbild Roms durch die Einführung des Heiligen Jahres und auch des unsäglichen Ablasshandels erweitert. Heute kann man sich den Ablass seiner Sünden zwar nicht mehr kaufen, aber das Prinzip lebt noch weiter in der Heiligen Pforte, nach deren Durchschreiten im Heiligen Jahr und dem Empfang der Sakramente der Gläubige aller Sünden ledig wird.

Der Pilgerweg ist eine faszinierende Verbindung aus Natur– und Kulturerlebnis und Pilgeralltag. Bücher, Filme, Reportagen, Internetforen, Mund-zu-Mund-Propaganda und Vorträge sowie Angebote von Reiseveranstaltern und gute Flugverbindungen haben den Bekanntheitsgrad des Jakobsweges wesentlich erhöht. Es ist sicher überspitzt formuliert, wenn man den Pilgerweg als die längste Psychiater-Couch der Welt bezeichnet. Aber viele, die den Pilgerweg mit seelischen Problemen angetreten haben, haben beim Pilgern ihr inneres Gleichgewicht wiedergefunden. Meine Erfahrungen in dieser Hinsicht lehrten mich, dass man zwar die bestehenden Probleme nicht lösen kann, dass man aber eine neue Sicht auf sie gewinnt und seinen Frieden damit schließen kann.

Der *Camino Francés* verbindet als Hauptverkehrsachse die Pyrenäen über die alten Königsstädte Pamplona, Burgos, León und Astorga mit Santiago de Compostela. Diese Straße war der erste sichere Pilgerweg zu Beginn der Reconquista. Gleich die erste schwere Bergetappe führt von Saint-Jean-Pied-de-Port über die Pyrenäen. Nach Passieren der lieblichen Weinberge der Rioja geht es durch die karge Landschaft der Spanischen Hochebene, die Meseta. Hier trifft man auf zwei Höhepunkte religiöser Architektur, die Kathedralen von Burgos und León, prächtige Glaubensburgen, für die Ewigkeit gebaut. Hinter Astorga sind zwei Gebirgszüge zu überqueren, die Montes de León mit dem Pass am Cruz de Ferro, mit 1 530 m über NN das Dach des Jakobsweges, sowie die Sierra Cantábrica mit dem Pass Alto de San Roque. Nach über 800 km erreicht man das Pilgerziel. Abwechslungsreiche Landschaften und faszinierende Kunst- und Kulturschätze entlang der Route zeichnen diesen Pilgerweg aus. Die unübersehbare Kommerzialisierung hat allerdings die ursprüngliche Anziehungskraft des Weges gemindert. Besonders auf den letzten 100 km ist der Camino Francés in den Sommermonaten derart überlaufen, dass die nicht abreißende Schar der Wanderpilger nahezu im Gänsemarsch ihrem Ziel entgegenstrebt. Jede Individualität bleibt dabei auf der Strecke. Auf diesem Jakobsweg erreichen mehr als 80 % aller Pilger das Pilgerziel Santiago de Compostela.

Der älteste Jakobsweg ist allerdings der **Camino Primitivo** (nicht „primitiv" nach deutscher Lesart, sondern „der erste seiner Art"). Er beginnt in Oviedo und mündet nach 280 km bei Melide in den Camino Francés. Nach weiteren 60 km erreicht man Santiago de Compostela. Der erste prominente Jakobspilger war Alfons II., König von Asturien und Galicien, der nach Bekanntwerden des Apostelgrabes im Jahre 812 sich von seiner Hauptstadt Oviedo zur Pilgerfahrt dorthin aufmachte. Der Camino Primitivo verlor allerdings seine Bedeutung, je sicherer der Camino Francés mit dem Fortschritt der Reconquista wurde. Die bessere Infrastruktur mit den großen Städten setzte sich durch.

Die **Vía de la Plata** beginnt in Sevilla und folgt der alten Römerstraße nach Norden. Plata ist dabei nicht mit „Silber" zu übersetzen. Der Name geht vielmehr auf die maurische Bezeichnung „Balata", „gepflasterter Weg", zurück. Man fährt von Sevilla aus die ansteigende Strecke auf die Meseta hoch und durchquert anschließend die Extremadura. Auf dem Weg liegen die historischen Städte Mérida, Cáceres und die berühmte Universitätsstadt Salamanca. Hinter Zamora hat man zwei Alternativen: weiter nördlich nach Astorga und weiter auf dem Camino Francés zu fahren oder in nordwestlicher Richtung auf dem Mozarabischen Jakobsweg den Weg über Ourense zu wählen. Die Vía de la Plata ist etwas länger als 1 000 km.

Der ***Camino del Norte / Camino de la Costa*** beginnt in San Sebastián und führt durch das Baskenland und Asturien nach Galicien. Er ist etwa 800 km lang. Die erste Hälfte führt an der Küste entlang. Man darf aber nicht erwarten, dass dies ein leichter Weg ist, weil die Berge und damit die großen Höhen fehlen. Ein ständiges Auf und Ab wegen der tief eingeschnittenen Flüsse sorgt für viele zu bewältigende Höhenmeter. Die wunderschöne Küstenlandschaft verlässt man hinter Ribadeo und gelangt durch die Bergwelt Galiciens nach Santiago de Compostela. Der höchste Punkt wird mit 700 m über NN erreicht.

Der ***Camino de Santiago de Levante*** beginnt in Valencia und führt quer durch Spanien durch die Autonomen Regionen Comunidad Valenciana, Castilla-La Mancha, Comunidad de Madrid, Castilla y León und Galicia. In Zamora trifft er auf die Vía de la Plata und vereinigt sich mit dem Camino Mozárabe über Ourense. Der Weg führt durch wunderschöne und manchmal recht einsame Landschaften. Die schönsten Städte Spaniens liegen auf dem Weg oder in seiner Nähe, wie Albacete, Toledo, Madrid, Ávila, Salamanca und Ourense. Der Camino de Levante ist mit 1 200 km der längste der Jakobswege. Für mich war er der anstrengendste aller meiner Jakobswege. Der Camino de Levante nimmt eine Sonderstellung unter allen Jakobswegen ein, weil Santiago im Rahmen seiner Missionstätigkeit diesen Weg benutzt haben soll.

Der ***Caminho Português*** beginnt eigentlich im Süden Portugals. Er bezeichnet aber im allgemeinen Sprachgebrauch nur den 235 km langen Abschnitt von Porto nach Santiago de Compostela. Er wird nach dem Camino Francés am zweithäufigsten begangen. Wählt man den Ausgangspunkt etwas weiter südlich, so passiert man neben den sehenswerten Metropolen Lissabon und Porto auch die beiden religiösen Zentren und Wallfahrtsorte Fátima und Braga sowie die Universitätsstadt Coimbra. Nach dem Grenzwechsel Portugal-Spanien (Uhr eine Stunde vorstellen!) kommt man durch die Kleinstadt Padrón, in der der Legende nach Santiago seine erste Predigt auf der Iberischen Halbinsel hielt. In Padrón soll der Leichnam Santiagos nach der Reise von Palästina angelandet sein.

Eine Besonderheit bildet der **Camino Fisterra**. Er ist der einzige Jakobsweg, der nicht nach Santiago hin, sondern von Santiago weg führt. Er beeindruckt durch landschaftliche Schönheit, führt durch unberührte Gegenden und im letzten Teil am Meer entlang. Man darf nicht versäumen, den letzten Anstieg zum Leuchtturm zu bewältigen, von wo aus man eine herrliche Aussicht auf die Küste und das Meer genießen kann. Früher war es Tradition, an einer bestimmten Stelle seine Kleider zu verbrennen, als Zeichen für den Neubeginn im Leben. Im Pilgerbüro von Fisterra erhält man wie in Santiago eine Compostela (Pilgerurkunde).

Die Jakobsmuschel (spanisch Vieira) ist Kennzeichen aller Jakobswege. Stilisiert und in gelber Farbe weist ihr Symbol, zusammen mit gelben Pfeilen, die Richtung nach Santiago de Compostela. In der Anfangszeit wurde den Pilgern in Santiago de Compostela eine Muschel für die Vollendung des Pilgerweges und als Zeichen der Vergebung der Sünden übergeben. Diese Bedeutung hat sich gewandelt: Heute trägt jeder Jakobspilger eine Muschel am Rucksack als Zeichen seiner Pilgerschaft.

Pilgergründe

Ich habe von jedem meiner zehn Jakobswege ein Fotobuch erstellt. Dafür habe ich eine Seite entwickelt, auf der ich meine Pilgergründe zusammengestellt habe:
* Man erlebt die Faszination eines 1000 Jahre alten Pilgerweges und man nimmt die Energie dieses Weges auf.
* Pilgern wird zur Lebensphilosophie, wie ein Süchtiger will man immer wieder den Camino erleben.
* Man erlebt Pilgern als eine Aktion der Selbstfindung, als Suche nach Sinn und Orientierung.
* Man entschleunigt sein Leben und man erlebt den Impuls, im Leben innezuhalten und alles auf die Halde zu legen.
* Man beschäftigt sich mit der Frage: Was ist wichtig?
* Man lernt, sich nicht über das zu definieren, was man besitzt.
* Man hat unvergleichliche persönliche Erlebnisse, sammelt einzigartige Erfahrungen, die das weitere Leben prägen.

* Man trifft Menschen verschiedener Glaubensrichtungen
  auf der Reise ins Innerste,
  man hat Kontakt mit Gleichgesinnten.
* Man lernt, seinen Körper zu achten und zu lieben,
  man freut sich über die eigene Leistungsfähigkeit.
* Man lebt freiwilligen Verzicht auf Konsum, Luxus und Komfort.
* Man ist auf sich allein gestellt, pflegt einen einfachsten Lebensstil,
  man erlebt täglich sich wiederholende Routinen:
  - Radfahren
  - Packen/Auspacken
  - Wäsche waschen
  - Vorräte einkaufen
  - Pilgermesse besuchen
  - Kulturstätten besichtigen
* Man lernt spanische Kultur und Lebensart kennen.
* Man erlebt unterschiedlichste Natur- und Kulturlandschaften:
  - Strand und Steilküste
  - Hochebene und Schluchten
  - Mittel- und Hochgebirge
  - Dörfer und Großstädte
  - Kulturgüter, Kulturerbe der Menschheit
* Man betätigt sich sportlich im Freien
  unter allen Witterungsbedingungen.
* Für Radfahrer ist der Weg das Ziel,
  als Radfahrer auf dem Camino hat man aber das Ziel:
  das Grab des Apostels Jakobus.
* Man lernt Demut, die Umstände so zu nehmen, wie sie sind,
  und man lernt, dass Ärgern und Jammern sowie Fluchen
  nicht weiterhelfen:
  - die Steigung wird nicht flacher,
  - der Gegenwind wird nicht schwächer,
  - und noch nicht einmal der Regen hört auf.
* Hat man ein Problem, so muss man sich damit beschäftigen
  und es zu Ende denken, die sonst üblichen Störungen gibt es nicht

(von Partner bis zu TV und Telefon).
* Die Schwierigkeiten des Weges werden kleiner,
  wenn man sich unter den Schutz des Apostels Santiago begibt.

Es gibt noch einige Motive mehr, die den Pilger bewegen. Vielleicht Unzufriedenheit, innere Unruhe, eine gewisse Sehnsucht? Wer wollte nicht ab und zu das Gefängnis des Alltags mit seinen Abhängigkeiten und Widrigkeiten, seiner Enge und seinen Grenzen hinter sich lassen? Einfach gehen, anderes tun und eine andere Lebensweise probieren.

Pilger und Gläubige, die den Jakobsweg unter Entbehrungen auf sich genommen haben, haben den Weg über die Jahrhunderte hinweg mit Energie aufgeladen. Dazu kommt, dass der Camino Francés genau in der Richtung der Milchstraße verläuft. Viele sagen, dass man statt des Jakobsweges auch einen beliebigen anderen Weg benutzen könnte, um ähnliche Wirkungen wahrzunehmen. Dies ist nicht der Fall. Ich versichere, dass ich in keinem Falle 10 Radtouren mit demselben Ziel irgendwo in der Welt unternommen hätte. Ich hoffe, diese Aussage ist glaubhaft und kann vom Leser nachvollzogen werden.

Beim Radfahren muss man einen Teil seiner Aufmerksamkeit auf die Straße und die anderen Verkehrsteilnehmer richten. Trotzdem sieht man die Welt mit anderen Augen und hat ein ganz anderes Empfinden für die Natur. Man hat viel Zeit, über sein Leben nachzudenken. Man nimmt sich jetzt die Zeit, sich mit der Natur und sich selbst zu beschäftigen. Man freut sich der Schönheiten der Natur und öffnet sich für die vielfältigen Begegnungen mit fremden Menschen, der Geschichte und Natur. Wenn ich beim Pilgern auf die vergangenen Jahre zurückblicke, gehen mir viele Gedanken durch den Kopf. Waren alle Entscheidungen richtig? Man stellt sein ganzes Leben auf den Prüfstand und Zeit zum Nachdenken hat man während der Pilgerreise genug. Der Jakobsweg ist ein Symbol für die Suche nach einem neuen Weg, für das Ankommen nach einer ungewissen Pilgerreise, für den Willen, sich zu verändern und anhand der gemachten Lebenserfahrungen Einstellungen zu korrigieren. Man tankt unterwegs körperlich und seelisch neue Kräfte. Wenn man allein unterwegs ist, hat das auch Vorteile. Man kann z. B. seinen Rhythmus selbst bestimmen und kommt in Pausen mit fremden Menschen schneller in Kontakt.

Man beschäftigt sich mit existenziellen Fragen:
- Wo stehe ich?
- Was will ich?
- Was trägt mich in meinem Leben?
- Woran kann ich mich orientieren?
- Was ist der Sinn meines Lebens?
- Bedeutet mir Gott etwas?
- Ändert sich mein Verhältnis zur Kirche?

Pilgern ist mehr als Wandern oder Radfahren, es ist ein Unterwegssein auf äußeren und inneren Wegen. Jeder Jakobsweg hat mich um Erfahrungen und Erkenntnisse reicher gemacht, die ich nicht mehr missen möchte.

Viele Krankheiten haben als Ursache das eigene Verhalten und lassen sich dementsprechend beeinflussen. Man hört in sich hinein. Wenn man zu dem Schluss kommt, dass man etwas falsch gemacht hat, dann zwingt sich einem der Entschluss auf, seine Lebensweise zu ändern und auf Selbstheilungskräfte zu setzen. Dazu können das Pilgern und die dabei gefundene Selbsterfahrung einen wesentlichen Beitrag leisten.

Motivation und Anlass

Der Jakobsweg ist in mein Leben getreten, ohne dass ich je danach gesucht hätte oder mich auch nur dafür interessiert hätte. Prinzipiell ist es möglich, fast zu jeder Zeit und in jeder persönlichen Lebenslage eine Pilgerfahrt zu beginnen. Besondere Lebensumstände sind aber besonders aussichtsreich, einen „Gewinn" aus der Pilgerreise zu ziehen:
* Man muss einen schweren Schicksalsschlag verarbeiten.
* Man kämpft für sich oder einen Nahestehenden gegen eine schwere Krankheit
* Es stehen Entscheidungen mit großer Tragweite an.
* Es muss ein großes persönliches Problem gelöst werden.
* Es beginnt ein neuer Lebensabschnitt.

Der Anlass zu meiner Beschäftigung mit dem Jakobsweg war eine Überschwemmungskatastrophe, von der unser Ferienhaus im spanischen Els Poblets betroffen war. Dieses Dorf liegt an der Costa Blanca in der Mitte zwischen Alicante und Valencia. Unser Haus befand sich 800 m entfernt vom Meer und auch 800 m entfernt vom Fluss Río Girona. Als wir im Jahr 2003 das Grundstück kauften, wunderten wir uns über die Größe des Flussbettes, durch das im Sommer lediglich ein Rinnsal floss. Ein Einschnitt von 30 m Breite und fast 10 m Höhe in der Landschaft schien uns hierfür doch sehr übertrieben. Wir sollten eines Besseren belehrt werden … Am 9. Oktober 2007 begann während unseres Aufenthalts im Ferienhaus stark zu regnen. Es regnete drei Tage lang so stark, dass schließlich ein Strom das Flussbett ausfüllte und der Pegel 1 m unter der Brücke stand. Das war der Anlass für den Vize-Alcalden, den alten Ortskern evakuieren zu lassen. Der 12. Oktober war der Feiertag Día de la Hispanidad, der in der ganzen spanischsprechenden Welt begangen wird. Am Vormittag geschah die gefürchtete **Gota Fr-a** ein maximal schädigendes Wetterphänomen an der spanischen Mittelmeerküste: Über den nahen Bergen stürzten in wenigen Stunden 416 mm Regen vom Himmel. Da der Boden nach drei Tagen starken Regens kein Nass mehr aufnehmen konnte, wälzten sich die Wassermassen den Berg hinunter. Durch den erhöhten Fließwiderstand in der Ebene türmte sich eine Welle auf, die in unserem Dorf eine Höhe von mehr als 3 m erreichte. Der Pegel von 1 m unter der Brücke schoss schlagartig auf 2 m über der Brücke hoch. Ein Tsunami, der nicht vom Meer, sondern aus den Bergen kam! An unserem Grundstück maß die Flutwelle noch 1,5 m Höhe. Da unser Haus als Ferienhaus ohne Keller konzipiert war, lag der Hausfußboden nur wenige 10 cm über dem Gelände. Im Haus stand das Wasser in kurzer Zeit annähernd 1 m hoch und vernichtete fast unseren gesamten Hausstand. Abends lief die Welle wieder ab und der Schaden wurde sichtbar. Einige Tage später hatten wir allen Schutt weggeräumt. Ein Sachverständiger des Consorcios der Versicherungen bestätigte uns, dass wir das Haus nicht abreißen müssten, sondern an die Renovierungsarbeiten gehen könnten. Diese Arbeiten zogen sich über einige Monate hin, zu Weihnachten konnten wir endlich wieder einziehen.

Einige Anmerkungen:
* Die spanischen Behörden haben uns völlig unbürokratisch geholfen. Nach zehn Tagen konnten wir eine Soforthilfe von 6 000 € beantragen und nur drei Tage später einen Scheck in Empfang nehmen.
* Von der Residenten-Partei PIREE kamen sechs Engländer, die uns bei der Säuberung von Haus und Grundstück halfen.
* Die Supermercados der Region unterstützten mit Einkaufsgutscheinen und mehrmals fuhren Hilfswagen mit Decken, Kleinmöbeln und vor allem Trinkwasser an unserem Haus vorbei.
* Im Angesicht der Katastrophe boten uns mehrfach wildfremde Menschen Gästezimmer in ihren Häusern an. Schließlich übernachteten wir während der dreimonatigen Bauarbeiten im Ferienhaus von Düsseldorfern, die wir vor der Katastrophe nur flüchtig kannten, und die nun zu Freunden wurden.
* Wenig Anteilnahme zeigte allerdings ein ehemaliger Berliner Arbeitskollege, der nur 30 km entfernt mit seiner Frau ein Haus bewohnte. Sie waren außer uns die einzigen Berliner in der Gegend. Wir hatten uns in unregelmäßigen Abständen wechselweise in unseren Häusern besucht. Auf Grund einer nichtigen Verstimmung hatten sie sich zurückgezogen. Während wir mehrfach erlebten, dass Nachbarn, die jahrelang verfeindet waren, im Angesicht der Katastrophe wieder zueinander gefunden hatten, ließen sich mein Kollege und seine Frau nicht sehen. Am dreißigsten Tag nach der Überschwemmung kam er zu einem flüchtigen Besuch vorbei und hinterließ, da wir kurz außer Haus waren, seine Visitenkarte. Das war's! Zur Ehrenrettung aller richtigen Berliner, ob eingeboren oder zugewandert, sei erwähnt, dass er ein aus Bayern Zugereister ist. Er wird wohl kein Berliner mehr werden.

Zu Weihnachten kamen die Düsseldorfer Freunde zu Besuch und brachten uns das Buch von Hape Kerkeling **Ich bin dann mal weg** mit. Als ich zu lesen begann, fesselte es mich so sehr, dass ich die Nacht durchlas und es erst um halb vier Uhr morgens ausgelesen zur Seite legen konnte. Der Jakobsweg-Virus hatte mich voll erwischt. Als ich dann zufällig noch einen Artikel über Radfahrer auf dem Jakobsweg in der Zeitung las, stand mein Entschluss fest: Ich wollte mich einer Gruppe von Fahrradpilgern (Cicloperegrinos) auf dem Jakobsweg anschließen. Bis zu meinem 62. Lebensjahr waren meine Familie und ich begeisterte Bergwanderer, mit dem Höhepunkt der Besteigung des Großglockners. Dann beendete eine Knieoperation die Wanderkarriere und machte damit auch das Wanderpilgern unmöglich. Als Flachland-Tiroler, der sein Leben in Berlin verbrachte, waren mir natürlich längere Bergfahrten völlig fremd und ich musste Neuland betreten. Zu diesem Zeitpunkt konnte ich selbstverständlich noch nicht ahnen, dass mich diese einzigartige und wunderbare Art des Reisens völlig gefangen nehmen würde. Für mich ist zurzeit ein Leben ohne Jakobswege undenkbar. Dies kommt einer Sucht schon sehr nahe. Hape Kerkeling, dem ich in einer Fernsehsendung wegen seines Films über den Jakobsweg eine E-Mail mit meiner „75/10"-Geschichte schickte, fand die Bezeichnungen „Junkie" und „ganz toll". Auch eine Reporterin des Mallorca Magazins hatte in einem Interview die Überschrift „Der Jakobsweg macht süchtig" geschrieben. Ich möchte aber betonen, dass diese Sucht weder mit „Junk" (Abfall) noch mit den negativen Seiten einer Sucht wie Unterordnung des Verstandes und Zerstörung des sozialen Verhaltens zu tun hat. Sie hat vielmehr mein Leben unendlich bereichert und mich um viele Erfahrungen reicher und reifer gemacht. Nicht zuletzt haben die problemlose Bezwingung der Berge und die Erkenntnis der eigenen Leistungsfähigkeit mein Selbstbewusstsein enorm gestärkt.

Vorbereitung

Meine Geschichte als Radfahrer

Ich bin am 18. Juli 1939 in Berlin geboren, sechs Wochen vor Ausbruch des Zweiten Weltkrieges. Drei Tage vor Kriegsende sind wir das dritte Mal ausgebombt worden und standen danach vor dem absoluten Nichts. Mit 12 Jahren trug ich als Heimarbeiter und mit 14 Jahren als Fabrikarbeiter zum Familienunterhalt bei. Mit 15 Jahren lernte ich das Radfahren und kaufte mir von meinem verdienten Geld ein gebrauchtes Fahrrad. Ein Jahr später unternahm ich mit einem Nachbarsjungen meine erste Fahrradtour: von Wuppertal den Rhein hinauf bis zum Bodensee und weiter bis München, 1 145 km in 13 Etappen. Ich benutzte das Fahrrad neben dem Schulbesuch weiter zur Fahrt zur Fabrik. Nach dem Abitur fuhr ich vormittags zur Technischen Universität, wo ich Elektrotechnik studierte und abends zur Fabrik. Nach dem Vordiplom erhielt ich ein Studiendarlehen (kein BAFÖG!) und konnte die Fabrikarbeit reduzieren zugunsten einer Arbeit als Werkstudent in der vorlesungsfreien Zeit. Nach dem erfolgreichen Abschluss meines Studiums und mit dem Kauf des ersten Autos trat das Radfahren in den Hintergrund. Es wurde erst wieder aktuell, als unser Sohn elf Jahre alt wurde. Damals plagte mich ein Nierenstein und der einschlägige Rat des Urologen: **Die Erschütterungen beim Radfahren verhindern das erneute Festsetzen eines solchen Konglomerat-Steines,** veranlassten mich, das Radfahren wieder aufzunehmen. Der Urologe sollte Recht behalten, ich hatte seitdem nie wieder Last mit einem Stein. Nach kurzer Vorbereitungszeit machten mein Sohn und ich eine Dänemark-Rundfahrt, legten 766 km in 12 Etappen zurück. Danach intensivierte ich mein Radfahren bis zu einer jährlichen Leistung von mehr als 10 000 km und mehreren Tagestouren von mehr als 200 km pro Jahr. Mit 60 Jahren ging ich in den Vorruhestand und wir verbrachten einen Teil unserer Zeit in Spanien. Die Jahresleistung stieg mit der größeren Freizeit und dem besseren Wetter auf 12 000 bis 15 000 km. In Spanien konnte ich mich auch mit dem Radfahren in den Bergen vertraut machen. In dieser Situation trat ich meinem ersten Jakobsweg als Fahrradpilger an.

Wenn man seinen ersten Jakobsweg bestreitet und nicht gewöhnt ist, längere Touren zu fahren, muss man sich mit einigen Problemchen auseinandersetzen. Zum einen sind die ungewohnte Haltung und die Belastung der Sitzfläche zu verkraften. Zum anderen müssen Mensch und Maschine zusammenwachsen. Die Einheit muss sich so einschleifen, dass man nur noch einen kleinen Teil seiner Aufmerksamkeit der Fahrtechnik, den größeren Teil der Natur und dem Pilgern widmen kann.

Die Wahl des Fahrrades und der Technik

Fahrradtyp

Jeder Fahrradpilger steht vor dem ersten Camino vor der entscheidenden Frage:

Welchem Fahrradtyp vertraue ich auf einer solchen Tour mein Leben an?

Zur Auswahl stehen:
* Rennrad
* Mountainbike
* Reiserad (Trekkingbike, Tourenrad)

Bedenke: Einmal gekauft und falsch gekauft,
ist einmal zu viel gekauft!!!
Denn: Es gibt kaum etwas auf dieser Welt,
das nicht irgendjemand
noch ein wenig schlechter machen
und noch etwas billiger verkaufen könnte.

Rennrad

Das Rennrad ist das leichteste Rad mit wenig Komponenten und sehr schmalen Felgen und Reifen. Es ist normalerweise mit mechanischen Felgenbremsen ausgestattet. Die Schaltgruppen für das Rennrad weisen einen kleineren Bereich auf als die Mountainbike-Gruppen und sind meist mit einem Tretlager mit zwei Kettenrädern versehen. Auf glatten und ebenen Straßen mit wenig Gepäck stellt das Rennrad sicher die erste Wahl dar. Als Fahrradpilger ist man aber auch auf weniger komfortablen Straßen unterwegs und mit wenig Gepäck fahren nur die Komfortpilger, die ihr Gepäck auf einem Begleitfahrzeug verstauen können. Der Typ Rennrad empfiehlt sich also nur für diese wenigen Komfortpilger. Für den Straßenbetrieb müssen Rennräder mit Beleuchtung, Gepäckträger und Schutzblechen nachgerüstet werden. Die typische Sitzposition ist weiter nach vorn geneigt und damit nicht optimal für die Beobachtung des Verkehrs sowie die Betrachtung der Landschaft. Auch die Griffposition am Lenker erweist sich für reaktionsschnelles Bremsen als eher ungünstig. Der kurze Radstand <1 m und der steile Lenkwinkel sind nicht für komfortable lange Fahrten geeignet.

Mountainbike

Das Mountainbike zeigt im schwierigen Gelände seine wahren Stärken. Es ist wie das Rennrad eher als Sportgerät denn als Verkehrsmittel zu betrachten. Weder lange Touren noch Gepäcktransport standen bei der Konzeption im Vordergrund. Es wurde vielmehr für die Abfahrten von Bergen auf Schotterpisten ausgelegt. Für diese sportliche Aktivität war auch das hohe Gewicht der massiven Stahlrahmen kein Hindernis. Das Mountainbike ist normalerweise mit 26"-Rädern und Reifen mit groben Stollen ausgestattet. Dies stellt für lange Fahrten auf glatten Straßen nicht die optimale Konstruktion dar. Für den Straßenbetrieb müssen Mountainbikes mit Beleuchtung, Gepäckträger und Schutzblechen nachgerüstet werden. Viele der heute auch bei anderen Fahrradtypen üblichen Bauteile sind für das Mountainbike entwickelt worden: Schaltung, Cantileverbremsen, Scheibenbremsen, Hydraulikbremsen, Federgabeln, Vollfederung. Ich habe aber auf meinen Caminos immer wieder Mountainbiker getroffen, die den Wander–Camino mit wenig Gepäck befuhren.

Reiserad

Die Hauptstärke des Reiserades besteht aufgrund seiner Laufruhe und seiner Stabilität in der Eignung für die lange Tour mit viel Gepäck. Dafür sorgt eine geänderte Radgeometrie mit einem längeren Radstand und einem größeren Nachlauf. Die Unterbringung von 20 bis 40 kg Gepäck in Vorder- und Hinterradgepäcktaschen sowie in einer Lenkertasche stellt kein Problem dar. Diese hohe Belastung bedingt stabilere Laufräder mit besonders belastbaren Felgen und Speichen. Die Sitzhaltung ist ein wenig nach vorn geneigt, ein Kompromiss aus Entlastung der Wirbelsäule und der Möglichkeit der Beobachtung des Verkehrs sowie der Betrachtung der Landschaft. Multifunktionslenker erlauben eine Vielzahl von Griffpositionen und damit reduziert sich das Problem, dass bei längerer Fahrt die kleinen Finger einschlafen. Der wichtigste Vorzug – und damit der entscheidende Vorteil gegenüber Rennlenkern – ist jedoch, dass man den kombinierten Schalt-/Bremshebel immer in der Hand hat. Im Gefahrenfalle kann man also die Bremsen oft entscheidende Zehntelsekunden früher betätigen. Dieser Gewinn an Sicherheit ließ mich auch vom Rennrad auf das Reiserad lange vor Beginn des Fahrradpilgerns umsteigen.

Mit dem Begriff Qualitätsreiserad verbindet man ein sorgfältig hergestelltes Rad, ausgestattet mit den besten Komponenten. Wird für den Rahmenbau eine gute Aluminiummischung verwendet, bleibt das Gewicht des kompletten Rades unter 14 kg. Dafür muss man dann aber mehr als 1 000 € anlegen. Zu diesem Preis erhält man ein Fahrrad mit kompletter SHIMANO-XT-Ausstattung. An die Anschaffung eines Reiserades aus einer Edelschmiede, in der einem für viele Tausend Euro alles auf den Leib geschneidert wird, habe ich nie gedacht.

Sitzhaltung

Rennradfahrer sitzen weit vornüber gebeugt und können dadurch ihre Beinkraft möglichst effektiv auf das Pedal bringen. Reiseradler haben ihren Oberkörper wesentlich weiter aufgerichtet. Meist wird die ideale Position von 45° nicht erreicht, man richtet sich weiter auf. Da gilt es, einen guten Kompromiss zu finden zwischen der Entlastung der Wirbelsäule (kleiner Winkel) und der Möglichkeit, Verkehr und Landschaft zu beobachten (großer Winkel). Direkt abhängig von diesem Winkel ist auch die Lastverteilung zwischen Gesäß und Armen/Händen. Senkrecht zu sitzen wie auf einem Hollandrad scheidet wegen der hohen Belastung für die Bandscheiben der Wirbelsäule aus. So würde man nie eine größere Tour ohne Schaden überstehen. Bei weiterer Neigung nach vorn wird die Halswirbelsäule stark überstreckt. Tipp: Öfters auf den Fahrradcomputer sehen, das entlastet die Halswirbelsäule. Der Nachteil eines steilen Sitzwinkels ist, dass man mehr Windwiderstand zu überwinden hat.

Auch der Sitzhöhe kommt entscheidende Bedeutung für Reiseradler zu. Der Sattel ist korrekt eingestellt, wenn das Knie in der untersten Position des Pedals noch leicht angewinkelt bleibt. Natürlich gibt es keine Einheitsposition, die für alle Radler passt, sowenig wie es den Einheitsmenschen gibt. Jeder versteht unter „bequem" etwas anderes und muss seine optimale Position selbst „erfahren". Wenn man vor der Anschaffung eines neuen Rades steht, gilt es zu entscheiden, ob man das preiswertere Rad aus dem Internet kauft und die Verantwortung für alle wesentliche Daten selbst trägt oder doch eine fachkundige Beratung eines Fachhändlers in Anspruch nimmt. Dieser kann das Rad für die richtige Sitzposition einstellen. Wie man allerdings die Fachkunde eines Händlers richtig einzuschätzen vermag, kann ich dem geneigten Leser nicht verraten.

Federung

Ich hatte mir ein vollgefedertes Reiserad zugelegt, sündhaft teuer für

Reiserad, beladen mit 2 Hintertaschen, Toptasche, Rucksack, Lenkertasche
Cockpit mit Karte in Lenkertasche, Navigationsgerät, Fahrradcomputer

viel mehr als 2 000 €. Ich hätte auf diesem Rad mein Gepäck auf 10 kg beschränken müssen. Ein solches Fahrrad hat eine Eigenfrequenz, bei der es sich bei entsprechender Fahrweise aufschaukelt. Das geschieht gerade bei Bergfahrten. Ich habe es weiterverkauft, eine teure Fehlinvestition!

Gegen die gefederte Sattelstütze ist nichts einzuwenden, sie erhöht den Fahrkomfort wesentlich. Man muss allerdings auf eine gute Qualität achten.

Eine Federgabel steigert ebenfalls den Fahrkomfort erheblich. An meinem neuesten Reiserad hat man eine Federgabel montiert. Ich habe keine negativen Erfahrungen damit gemacht, zur Sicherheit sollte man aber eine Federgabel mit Feststellmöglichkeit erwerben. Dabei gilt es zu beachten, dass eine gefederte Konstruktion gegenüber der ungefederten einen Gewichtsnachteil mit sich bringt.

Fahrradtechnik

Ich bin während meiner Fahrten auf den Jakobswegen von 2008 bis 2014 inzwischen bei meinem dritten Reiserad angekommen. Dies ist im Wesentlichen auf die Weiterentwicklung der Bremstechnik zurückzuführen. Mein Körpergewicht von mehr als 90 kg plus Gewicht des Reisegepäcks von 25 kg beansprucht mein Fahrrad aufs Äußerste, so dass man nicht eine normale Lebensdauer voraussetzen kann.

Rahmen

Rahmen für Reiseräder werden vor allem in der Diamantform (Herrenrad) gefertigt. Das stellt die verwindungsstabilste Form dar, die am wenigsten zum Flattern neigt. Das klassische Rahmenmaterial bildet Stahl. Das Material ist elastisch, dabei fest und langlebig. Allerdings werden moderne Rahmen immer häufiger aus Aluminium gefertigt. Da das Material zwar leichter, aber nicht so fest wie Stahl ist, muss dies der Konstrukteur durch größere Querschnitte kompensieren. Damit verliert man wieder einen großen Teil des leichteren Gewichts, gewinnt aber die Optik eines besonders stabilen Rahmens.

Lenker

Im Kapitel „Sitzhaltung" habe ich erörtert, welche Bedeutung dem Lenker für die Verteilung des Körpergewichts zukommt. Arme und besonders die Hände leiden unter dem Druck des Gewichts. Um ein „Einschlafen" der kleinen Finger zu vermeiden, empfiehlt es sich, die Griffhaltung zu variieren. Geeignet sind die Multifunktionslenker, die eine um 90° gedrehte Griffhaltung erlauben. Oberstes Gebot ist immer, dass man den Bremsgriff besonders im Stadtverkehr im ständigen Kontakt hat.

Bei meinem jetzigen Reiserad hat man einen Vorbau mit 31,8 mm° eingebaut. Für diesen Durchmesser konnte ich keinen Multifunktionslenker kaufen und habe stattdessen zwei Lenkerhörnchen montiert. Dies ist als Notbehelf zu akzeptieren.

Auf dem Lenker müssen viele Geräte ihren Platz finden:
* 2 Brems–/Schalthebel,
* Klingel,
* Rückspiegel,
* Fahrradcomputer,
* Fahrradnavigationsgerät.

Ich habe mein Navi aus Platzgründen auf dem Vorbau untergebracht.

Bremstechnik

Mein erstes Reiserad verfügte noch über die konventionelle Drahtseiltechnik und Felgenbremsen. Dies bedingt auch bei gut gepflegten Bremsseilen eine relativ hohe Betätigungskraft. Besser eignet sich da die hydraulische Felgenbremse, bei der die Betätigungskräfte schon wesentlich niedriger ausfallen. Am besten und komfortabelsten empfinde ich aber die hydraulischen Scheibenbremsen, die an meinem jetzigen Fahrrad montiert sind. Diese lassen sich sehr feinfühlig dosieren und bieten besonders bei Nässe mehr Bremsleistung. Ein Achter im Laufrad bleibt im Gegensatz zur Felgenbremse im Wesentlichen ohne Einfluss auf die Bremsleistung.

Für mich kommt der Bremstechnik elementare Bedeutung zu, da man mehrfach sehr lange Abfahrten zu meistern hat. Zum Beispiel erstreckt sich die Abfahrt vom Alto de San Roque über 1 000 Hm. Dies ergibt eine Strecke von 20 km bei 5 % Gefälle. Bei einer mittleren Geschwindigkeit von 40 km/h bremst man dabei eine halbe Stunde! Da man in solchen Abfahrten immer wieder mal eine Spitzengeschwindigkeit von 60 bis 70 km/h erreicht, muss man sich auf seine Bremsen absolut verlassen können.

Schaltung

Da die menschliche Leistung beim Radfahren zwischen 60 und 80 Pedalumdrehungen pro Minute optimal ist, wird die unterschiedliche Fahrgeschwindigkeit mit der Schaltung angepasst. Man hat die Wahl zwischen Naben- und Kettenschaltungen. Bei der Nabenschaltung befindet sich das Getriebe geschützt vor Verschmutzung in der Hinterradnabe. Ein Kettenrad und ein Ritzel erlauben eine robuste und langlebige Konstruktion. Das Getriebe kann im Stillstand geschaltet werden. Auf dem Markt ist eine 14-Gang-Nabenschaltung, die allerdings schwerer und wesentlich teurer als eine entsprechende Kettenschaltung ist. Die Kettenschaltung hat sich in den letzten Jahren in Richtung größeren Schaltbereich fortentwickelt. Heute sind drei Kettenräder und zehn Zahnkränze (Ritzel) Stand der Technik. Von den theoretisch 30 Gängen lässt sich in der Praxis etwa die Hälfte nutzen. Die restlichen entfallen wegen Überschneidung, bzw. wegen des ungünstigen Kettenlaufs. Schaltmechanik, Zahnräder und Kette liegen offen und verschmutzen leicht. Nach einer längeren Regenfahrt muss die Kette unbedingt geschmiert werden, um den Verschleiß in Grenzen zu halten. Wichtig ist vor allem für Bergfahrten mit schwerem Gepäck der sogenannte „Kriechgang". Ich habe die Schaltung an meinem aktuellen Fahrrad auf ein kleinstes Kettenrad mit 22 Zähnen und das größte Ritzel auf 36 Zähne gewechselt. Das ergibt bei einer Pedalumdrehung und einem Radumfang von 2,22 m eine Entfaltung (zurückgelegte Strecke bei einer Kurbelumdrehung) von 1,36 m. Damit sind auch längere Bergfahrten möglich, man tritt bei 6 km/h noch mit 73 Pedalumdrehungen. Man muss sich das Leben so leicht wie möglich machen!

Für die Schaltung führt wohl kein Weg an SHIMANO vorbei. Deren Reihe DEORE XT ist die passende. Jahrelang bin ich mit der Reihe DEORE LX gefahren, zur vollen Zufriedenheit. Für eine Jahresleistung von 10 000 km vorwiegend im Stadtbetrieb waren im Jahr zu wechseln: vier Ketten, zwei Ritzelpakete, ein Kettenrad. Diese Werte haben sich für DEORE XT nur wenig gebessert. Wenn alles kleiner und enger gebaut wird, ist eben schneller die Verschleißgrenze trotz höherer Qualität (und wesentlich höheren Preises) erreicht.

Laufräder

Stand der Technik sind Hohlkammerfelgen aus Aluminium. Bei der Belastung der Laufräder mit viel zusätzlichem Gepäck ist das Beste gerade gut genug. Man sollte also auf keinen Fall No-name-Produkte erwerben, sondern in jedem Fall auf Produkte namhafter Hersteller, und davon das höchstwertige Produkt, zurückgreifen. Besitzt man ein Fahrrad mit Felgenbremsen, so beachte man, dass beim Bremsen nicht nur die Bremsklötzer, sondern vor allem die Flanken der Felgen verschleißen. Dementsprechend gehört regelmäßige Kontrolle zur Pflicht.

Bei Reiserädern findet man am häufigsten Felgen von 28" Durchmesser (622 mm) und Reifen von 37 mm Breite. Bei der Verwendung von Scheibenbremsen ändert sich die Durchmesserangabe in 29".

Auch bei den Speichen sollte man in keinem Fall sparen. Die einzige nennenswerte Havarie auf allen meinen zehn Jakobswege erwischte mich auf meinem fünften Jakobsweg auf der achten Etappe. Plötzlich ein Knall und eine Speiche des Hinterrades war gebrochen. Natürlich worstcase auf der Ritzelseite. Man sollte es sich zur lieben Gewohnheit machen, die Laufräder regelmäßig zu warten. Wenn man das Zentrieren einige Male geübt hat, geht es schnell von der Hand. Ich speiche meine Laufräder ggf. selbst ein. Eine Anleitung zur Berechnung der Speichenlänge und auch eine Anleitung zum Einspeichen findet man im Internet.

Bei der Wahl der Reifen ist ebenfalls das Beste gerade gut genug. Ich benutzte auf allen zehn Jakobswegen Reifen der Marke SCHWALBE MARATHON. Diese Reifen bilden einen guten Kompromiss zwischen

Haftung im Gelände und beim Kurvenfahren sowie guten Schnelllaufeigenschaften auf glatter Straße. Die gut rollende glatte Mittelauffläche sichert einen geräuscharmen Schnelllauf und das grobe Profil an den Seiten sorgt für ausreichenden Halt in den Kurven. Ich pumpe die Reifen für das vollbeladene Rad mit 5 bar auf. Das ist gut für die Pannensicherheit, der Rollwiderstand gestaltet sich optimal, er schlägt nicht bei einem Stein oder Bordstein durch und es bilden sich keine Risse in den Flanken. Durch ihre Kevlar-Einlage sind sie praktisch „unplattbar", ich habe mir bei meinen zurückgelegten 10 000 km noch keinen einzigen Platten gefahren! Lediglich eines Abends beim Einkaufen hat mir ein „Scherzkeks" eine Heftklammer in den Vorderreifen geschossen. Als Schlauch benutze ich Butylschläuche mit Autoventil. Damit kann ich zur Not auch einmal das Druckluftgerät an einer Tankstelle benutzen.

Pedale

Die beste Haftung zwischen Pedal und Schuh ergibt die Technik Klickpedal. Ich bin wegen der starren Fixierung des Fußes kein Freund dieser Technik, ich benutze seit Jahrzehnten die offenen Stadtpedalhaken, die ohne Riemen auskommen und trotzdem den Fuß ausreichend festhalten und ein Kurbeln erlauben. Man kommt im Gefahrenfall sehr schnell aus diesen Haken heraus. Da habe ich einschlägige Erfahrungen sammeln können. Außerdem erlaubt dieser offene Haken die Benutzung von Sportschuhen mit einer stabilen Sohle, die man auch bei den abendlichen Besichtigungsgängen längere Zeit ermüdungsfrei tragen kann. Der Klickschuh mit seiner starren Sohle eignet sich dafür nicht, man muss ein zweites Paar Schuhe mitschleppen.

Beleuchtung

Wenn man auch als Cicloperegrino vorwiegend bei Tageslicht unterwegs ist, kann man dennoch nicht auf eine leistungsstarke und betriebssichere Beleuchtungsanlage verzichten. Beleuchtung erfüllt immer zwei Aufgaben: sehen und gesehen werden. Auch am Tage braucht man eine gute Beleuchtung: z. B. im Tunnel oder bei schlechtem Wetter. Stand der

Technik ist eine Anlage mit Nabendynamo und LED-Scheinwerfer und LED-Rücklicht.

Der Nabendynamo hat die Betriebssicherheit der Beleuchtung besonders bei starkem Regen um Größenordnungen gebessert. Ich bin schon früher vom Seitendynamo auf den Rollendynamo umgestiegen. Aber auch dieser gab nach einer stundenlangen Regenfahrt einmal den Geist auf. Ich hatte das Glück, ein Aufsteck-Rücklicht dabeizuhaben. So blieb es zwar vorn dunkel, ich war aber wenigstens für Überholer sichtbar.

Beim Scheinwerfer sollte man auf eine ausreichende Helligkeit achten. Auf dem Markt sind Scheinwerfer mit mehr als 40 Lux Helligkeit. Sie bieten auch eine Standlicht- und Tageslichtfunktion. Ein Dämmerungsschalter schaltet das Licht automatisch ein, z. B. wenn man am Tage in einen Tunnel einfährt.

Auch beim Rücklicht gehört eine Standlichtfunktion zu den Selbstverständlichkeiten. Ihr kommt hier eine noch größere Bedeutung zu als beim Scheinwerfer.

Rückspiegel

Auf verkehrsreichen Straßen besteht auch für Radfahrer die Notwendigkeit, den Verkehr hinten zu beobachten, um ggf. rechtzeitig reagieren zu können. Dafür ist die Montage eines Rückspiegels unerlässlich.

Trinkflaschen

Ich habe an meinem Reiserad einen Spezialhalter für 1 ½-l-PET-Flaschen montiert. Beim Etappenstart führe ich davon drei Flaschen im Gepäck mit und muss nur selten während einer Etappe etwas nachkaufen.

Fahrradschloss

Ein Fahrradschloss der höchsten Sicherheitsstufe ist für Fahrradpilger Pflicht, denn man muss meist ein hochwertiges Fahrrad sichern. Ich benutze ein Seilschloss von 1 m Länge zum Anschließen an eine Laterne o. Ä und ein kurzes Seilschloss zur Sicherung des Vorderrades.

Ich habe auf meinen zehn Caminos zwei Diebstahlversuche erlebt: In Albacete hatte ich im Hotel keine Parkmöglichkeit und musste das Fahrrad vor dem Hotel an eine Straßenlaterne anschließen. In der Nacht versuchte man das Rad zu stehlen, manipulierte an den Schlössern und demolierte, da das erfolglos blieb, Lampe und Spiegel. In Santiago de Compostela hatte ich das Fahrrad vor dem Hotel im Seminario Menor, der Kathedrale gegenüber, mit beiden Schlössern, jedoch ohne es an einen festen Gegenstand anzuschließen, gesichert. Der Dieb transportierte das gesicherte Fahrrad einfach ab, aber auch er konnte die Schlösser nicht knacken. Die Polizei gab mir das Fahrrad drei Tage später zurück. Erforderlich dafür war die Anzeige (Denuncia), die ich bei der Policía Nacional erstattet hatte. In beiden Fällen musste ich die manipulierten Schlösser nach der Rückkehr ersetzen.

Fahrradcomputer

Aus dem einstigen Tachometer, der nur Geschwindigkeit und Fahrstrecke anzeigen konnte, hat sich heute dank der Mikroprozessortechnik ein kompletter Rechner entwickelt. Neben den reinen Istwerten werden von ihm alle möglichen abgeleiteten Größen wie Maximal-, Minimal- und vielerlei Mittelwerte angezeigt, gespeichert und mit einer zusätzlichen Verbindung auf den heimischen Rechner übertragen. Ein Sensor am Vorderrad liefert alle Geschwindigkeitswerte, ein weiterer Sensor am Tretarm gibt die Trittfrequenz an und ein Brustgurtsensor überträgt die Herzfrequenz.

Ich habe mir den Fahrradcomputer ROX 9.0 der Firma SIGMA zugelegt, der auch vom Deutschen Sportbund die Lizenz als Trainingscomputer erhalten hat. Auf der Anzeige hat man sechs Werte. Den Wert an der untersten Stelle der Anzeige kann man aus je zehn Werten der Favoriten A und B auswählen. Für mich reichen diese fünf plus zehn Werte aus Favoriten A aus, eine Tour zu beschreiben. Die Pulsmessung und die barometrische Höhenmessung bilden einen wesentlichen Teil meiner Tour-Beschreibung.

Als ich 60 Jahre alt wurde, entschloss ich mich zum Kauf eines Fahrradcomputers mit Pulsanzeige. Einen Brustgurt zu tragen, ist aber unbequem, also blieb der Gurt in der Ecke liegen. Das darauffolgende Weihnachtsfest verlebten wir in unserem Ferienhaus in Spanien. Auf der Weihnachtsfeier brachte eine deutsche Freundin eine Virusgrippe mit und steckte mehrere Bekannte an, darunter auch meine Frau und mich. Diese Grippe griff das Kreislaufsystem stark an. Bei meiner Frau blieb ein dauerhaft erhöhter Blutdruck zurück, der steter Behandlung bedarf. Bei mir verlief die Krankheit glimpflicher. Eine Vorahnung leitete mich, den Brustgurt herauszusuchen und bei meiner ersten Ausfahrt nach dem Krankenlager anzulegen. Wie gut! Bei der Geschwindigkeit von 15 km/h auf ebener Strecke ohne Gegenwind zeigte das Gerät einen Puls von 120 P/min an. In den nächsten vier Wochen kontrollierte ich akribisch den Puls und trainierte ihn langsam wieder auf. Seit dieser Zeit nehme ich die Pulskontrolle obligatorisch vor. Auf den Touren achte ich darauf, dass der Puls den Wert 150 P/min nicht überschreitet. Diese Pulsfrequenz kennzeichnet die Dauerleistungsgrenze, unterhalb derer der Puls auch bei andauernder Leistung nicht weiter steigt. Ich habe aber diesen Wert nie messen lassen, meinen persönlichen Grenzwert habe ich dem Gefühl nach festgelegt. Da die wissenschaftlichen Grundlagen nicht eindeutig sind, tut man gut daran, seinen Körper zu beobachten und kennenzulernen.

Mein Fahrradcomputer errechnete auch für jede Etappe den erforderlichen Energiebedarf in Kilokalorien (kcal). Ich habe diese Werte hier nicht wiedergegeben, um das Zahlenwerk nicht zu überfrachten. Die Werte hängen sehr stark vom Konditionszustand ab. Auf allen Jakobswegen habe ich die Erfahrung gemacht, dass der mittlere Puls mit jeder Etappe trotz meines relativ guten Trainingszustandes von Etappe zu Etappe niedriger wurde. Der Energieverbrauch hängt direkt von der Pulshöhe ab, ist also ein sehr persönlicher Wert. Außerdem brächte eine Zuordnung von Etappe und zugehörigem Energieverbrauch nichts. Ich habe erlebt, dass ich für eine Etappe, ausgehend von Länge und Höhenprofil, einen Energieverbrauch von 3 000 kcal geschätzt hatte. Ein Starkwind als ständiger Gegenwind trieb aber den Puls und damit den

Energieverbrauch auf 4 600 kcal hoch. Ich kann aber den gesamten Energieverbrauch über alle 101 Etappen mitteilen: es waren fast 300 000 kcal, fast 3 000 kcal je Etappe. Trotz dieses ungeheuren Energieverbrauchs habe ich auf den Jakobswegen kaum an Gewicht verloren. Es ist unbedingt ratsam, beim leisesten Hungergefühl sofort etwas zu essen, was augenblicklich Energie zur Verfügung stellt, wie Studentenfutter (Mischung aus Nüssen und Rosinen) oder Traubenzucker. Ich bin einmal in meinem Leben als Radfahrer in den Zustand Hungerast (Unterzuckerung) geraten, dies will ich nie wieder erleben. Das schlimmste an dieser Verfassung ist die völlige Antriebslosigkeit, das absolute LmaA-Gefühl. Da hilft nur, sich eine Stunde in den Straßengraben zu setzen und zu warten, bis das Leben in den Körper zurückkehrt.

Reserveteile und Werkzeug

Das wichtigste Ersatzteil ist ein Reserveschlauch, damit man beim Reparieren eines Platten nicht zu viel Zeit verliert. Trotzdem sollte man ein funktionstüchtiges Flickzeug (Gummilösung!) und Kunstoffmontierhebel dabeihaben. Ich habe all meine Fahrräder auf Autoventile umgerüstet und führe stets eine passende Luftpumpe mit.

Es empfiehlt sich, Reservespeichen der richtigen Länge für Vorder- und Hinterrad sowie Nippelspanner mitzunehmen. Auf meinem 5. Camino brach eine Speiche des Hinterrades. Natürlich worstcase auf der Ritzelseite. Seitdem habe ich eine lange Speiche, von der ich den Kopf entfernt und S-förmig gebogen habe, für diesen speziellen Ort dabei. Diese lässt sich bei montiertem Ritzelpaket einfädeln und mit dem Speichenschlüssel befestigen.

Das Mitführen eines Fläschchens Öl zur Pflege der Kette nach einer Regenetappe ist unerlässlich. Unterlässt man diese Pflege, muss man mit erhöhtem Verschleiß für die Kette rechnen. Außerdem geht das Quietschen und Schleifen einer ungeölten Kette teuflisch auf die Nerven. Kettennietdrücker und wenige Kettenglieder benötigt man bei einem Kettenbruch.

Schraubenschlüssel, Innensechskantschlüssel, ein kleiner Schraubendreher und eine kleine Kombizange vervollständigen die mobile Werkstatt. Klebeband, Kabelbinder und Draht helfen bei Notoperationen.

Gepäck

Ich habe mir für meinen zweiten Jakobsweg ein weitgehend wasserdichtes Set bestehend aus zwei Hinterrad-Seitentaschen, einer Toptasche und einer Lenkertasche zugelegt. Die Taschen wiegen leer knapp 3 kg. Die drei hinteren Taschen haben zusammen ein Volumen von 60 l, die Lenkertasche von 7 l. Sie sind äußerst robust und mit einem Handgriff abzunehmen und einfach zu öffnen. Die Klickverschlüsse lassen sich verstellen und damit gut den Fahrraddimensionen anpassen. Sie halten die Taschen sicher und ohne Spiel besonders beim Bremsen fest. Nichts nervt mehr als Gepäcktaschen, die nicht die nötige Freiheit für Pedal und Schuh lassen. Von Klettverschlüssen rate ich ab, weil Öffnen und Schließen jedes Mal endlose Fummelei bedeutet. Das Beladen geht inzwischen weitgehend automatisch: eine Hintertasche für Radsachen, mit „R" gekennzeichnet, die andere für Kleidung und die Kulturtasche und die Toptasche für die Küchenutensilien. Die Taschen sind so beschichtet, dass sie Wasser abweisen, wofür auf meinen vielen Fahrten der Beweis erbracht wurde. Zur Sicherheit nehme ich dazu noch Regenhüllen für die Hintertaschen sowie die Lenkertasche mit. Darüber hinaus stellen die Regenhüllen mit ihrer neongelbgrünen Farbe einen zusätzlichen Sicherheitsfaktor dar.

An Vordertaschen habe ich wegen der zusätzlichen trägen Masse nicht gedacht. Ich fahre den Berg gerne mit 60 bis 70 km/h hinab und befürchte eine Beeinflussung des Lenkverhaltens. Meine Taschen belade ich mit bis zu 25 kg und sie begleiten mich nun schon auf meinem zehnten Jakobsweg. Ich achte darauf, beide Taschen ungefähr gleich schwer zu beladen. Schwere Gegenstände gehören in den unteren Teil der Taschen.

Eine Lenkertasche zählt zum Unverzichtbaren, weil wichtige Kleinteile für unterwegs immer griffbereit sein müssen. Die Tasche darf nicht zu groß und zu schwer sein, sonst beeinflusst sie das Lenkverhalten. Sie sollte wie die Packtaschen wasserdicht sein. Auf der Oberseite zahlt sich eine Kartentasche aus, in der man Karten oder für den Zielort Hotelbeschreibungen unterbringen kann. Auch hier sollte die Befestigung mit Klickverschluss erfolgen, sicher und leicht zu bedienen.

Als Handgepäck im Flugzeug nutze ich einen kleinen leichten Tagesrucksack, in dem ich einiges verstauen kann. Den Rucksack schnalle ich während des Fahrens auf die hinteren Gepäcktaschen und gewinne zusätzlichen Stauraum für Proviant, den Regenanzug oder eine Jacke für den Stadtbummel, denn er lässt sich auch leicht ohne Rad transportieren.

Als Radfahrer in Spanien und Portugal

In Spanien und Portugal hat der Fahrradverkehr trotz des erheblich radfahrerfreundlicheren Wetters wesentlich geringere Bedeutung als in Deutschland. Dementsprechend verfügen spanische Autofahrer über weniger Erfahrung mit Radfahrern. Trotzdem muss ich sagen, dass die meisten sich Mühe geben, dass wir gut miteinander auskommen. Man trifft aber immer wieder auf Machos, die sich beleidigt fühlen, wenn man ihre Kompetenz als Autofahrer in Frage stellt. So habe ich bei mehr als 20 Beinahe-Unfällen nur zweimal erlebt, dass die Autofahrer ihren Fehler einsahen und sich ehrlich entschuldigten. Meine Unfälle, an denen ich nie schuld war, verteilen sich in Bezug auf die Verursacher wie folgt:
* ein Lieferwagenfahrer (schwerster Unfall mit Verletzung),
* zwei Pkw-Fahrer,
* ein deutscher Pkw-Fahrer,
* drei junge Pkw-Fahrerinnen.

Erstaunlich nimmt sich die Zahl der weiblichen Unfallgegner aus. Hier scheint das Problem aber eher auf der Ebene Emanzipation zu liegen. Da wird betont forsch gefahren.

Ein großes Problem für Radfahrer besteht darin, dass spanische Autofahrer fast nie blinken, um ihre Fahrtrichtungsänderung anzuzeigen. Da bilden auch Polizeifahrzeuge keine Ausnahme. Gefahr droht, wenn Rechtsabbieger die eigene Spur kreuzen. Da hilft nur, alle Sensoren zu aktivieren und bremsbereit zu sein. Im zweispurigen Kreisverkehr, der in Spanien wesentlich häufiger anzutreffen ist als in Deutschland, nutzt es, in der Mitte der rechten Spur zu fahren. Trotzdem kann es einem passieren, dass ein Macho aus der Innenspur den Weg an einer Ausfahrt kreuzt.

Eine Unsitte spanischer Autofahrer ist, jede Kurve zu schneiden, auch wenn sie sie nicht überblicken können. Zahlreiche Todesopfer auf Mallorca, Opfer von Frontalzusammenstößen, sind der traurige Beweis dafür.

Sehe ich auf einer schmalen Straße, dass sich von hinten ein Fahrzeug zum Überholen nähert, es aber gleichzeitig Gegenverkehr gibt, fahre ich in die Mitte der Fahrspur und gebe erst bei freier Strecke das Überholen frei. Dieses Verhalten habe ich mir nach einem kleinen Unfall mit einem jugendlichen Autofahrer angewöhnt, der mich beim Überholen in einer Engstelle mit seinem Rückspiegel anrempelte. Ich konnte mit Mühe einen Sturz vermeiden und habe daraus meine Lehre gezogen.

Auf den Carreteras Nacionales fährt man mit Pkws und Lkws auf der gleichen Piste. Oft überholen die Fahrer mit viel zu geringem Abstand. Die Druckwelle von überholenden Lastkraftwagen ist ausgesprochen unangenehm. Besonders wenn man selber schnell bergab rollt, mit 40 bis 60 km/h und dabei ein Lastwagen mit geringem Abstand überholt, ergibt sich eine sehr instabile Situation.

Bei starkem Wind über eine Brücke zu fahren, kostet höchste Konzentration, um nicht auf die darunterliegende Fahrbahn oder auch in den hindurchfließenden Fluss geweht zu werden.

Anders als in Deutschland darf man in Spanien bestimmte Autobahnen, die Autovías, mit dem Fahrrad benutzen. Es ist sehr belastend, mit den motorisierten Verkehrsteilnehmern, die hier kaum je mit Radfahrern rechnen, die Straße zu teilen, besonders wenn es keinen Pannenstreifen gibt. Man kann sich wirklich nur wundern, dass, wenn man von einem Lastkraftwagen oder einem Bus überholt wird, diese ihre Richtung nicht im Geringsten verändern. Existiert ein Randstreifen, ist es gut, aber unter oder auf Brücken schrumpft dieser Raum auf etwa 20 cm zusammen. Vor solch einer Passage muss man sich nach hinten orientieren und eine

Solche Hinweisschilder für Autofahrer sieht man immer häufiger auf Spaniens Straßen

Lkw-/Bus-freie Kolonne abwarten. Dafür ist ein Rückspiegel unerlässlich. Manchmal entsteht der Eindruck, dass die Lkw-/Bus-Fahrer die Radfahrer nicht als gleichwertige Verkehrsteilnehmer akzeptieren und diese absichtlich bedrängen.

In Salamanca erlebte ich, was Dienstleistung sein kann. In einer Fahrradwerkstatt ließ ich eine defekte Speiche ersetzen. Die Freundlichkeit in diesem Laden ist gleichermaßen wohltuend wie zu Hause in Deutschland unbekannt. Die Montage war schnell ausgeführt, die defekte Speiche ersetzt und kostete unvorstellbar wenig, und das an einem Sonnabend!

Kartenmaterial und Navigation

Beim Autofahren gehört das Navigationssystem inzwischen zur obligatorischen Ausrüstung. Auch für Radfahrer gibt es Lösungen auf dem Markt.

Zur Feier des Tages, an dem ich meine Frau 50 Jahre zuvor kennengelernt hatte, schenkte sie mir ein Fahrradnavigationsgerät vom Marktführer GARMIN Typ Nüvi 550. Es erfüllte alle Anforderungen:
* robustes Gehäuse,
* auch bei starkem Regen wasserdicht,
* gute Bedienbarkeit,
* großer zusätzlicher Speicher,
* lange Laufzeit des Akkus,
* kein Datenverlust bei Akkuwechsel.

Die Tourenplanung am GARMIN ist allerdings umständlich und fehlerrelevant. Die einzige Möglichkeit, seine eigene Routenführung vorzugeben, besteht darin, Städte als Zwischenziele einzugeben. Oft führen jedoch die vom Navigationssystem vorgegebenen Straßen an der Zwischenziel-Stadt vorbei. Was dabei passieren kann, siehe zweiter Jakobsweg, Etappe sechs. Nach einem Bruch der Fahrradhalterung und dem Sturz des Geräts aus 1 m Höhe, verweigerte es zeitweise seinen Dienst und funktionierte nur noch eingeschränkt. Natürlich geschah das gerade nach Ablauf der Garantiefrist.

Kurz davor hatte mich mein Sohn von der Anschaffung eines Smartphones überzeugt. Also kaufte ich mir ein zugehöriges Navigationsprogramm: NAVIGON. Dieses benutzte ich genau einmal: Es war extrem eindimensional: Es kannte nur die Richtung vom Start zum Ziel. Im Verlauf der Etappe schaltet man zur Stromersparnis das Gerät ab und dann kurz vor dem Etappenziel wieder ein, um sich zum Hotel führen zu lassen. Auch wenn man schon 99% der Tour hinter sich hatte, schickte NAVIGON seinen Nutzer zum Start zurück. Impraktikabel!

Die letzten drei Jakobswege fuhr ich mit Hilfe eines speziellen Fahrrad-Navigationsgerätes: TEASI ONE. Man plant am heimischen PC die Tour mit BIKEMAP, überspielt auf das Gerät und lässt sich führen. Leider verweigerte das Gerät auf meinem zehnten Jakobsweg den Dienst. Es akzeptierte keine Eingabe auf dem Touchscreen. Nach der Tour brachte ich das Gerät zurück zum Fachmarkt CONRAD, wo es mir ein Jahr und zehn Monate nach dem Kauf anstandslos durch ein neues ersetzt wurde.

Mit GOOGLE-EARTH kann man sich eine gute Übersicht über die Tour verschaffen. Zur markierten Route einer Etappe wird an jeder Stelle die Höhe in Meter angegeben. Notiert man alle km die Höhe, so erhält mit einer weiteren Software, z. B. MICROSOFT-EXCEL, ein Höhenprofil der Etappe. Dies habe ich häufiger benutzt.

Zur Sicherheit führe ich jeweils eine Straßenkarte mit: España & Portugal 1: 300 000 (1 cm ≈ 3 km). Aus dem Atlas nehme ich zur Gewichtsersparnis nur die erforderlichen Seiten heraus.

Ich habe mir inzwischen für alle Jakobswege auf der Iberischen Halbinsel Jakobswegführer zugelegt. Die meisten stammen aus der OUTDOOR-Reihe der Conrad Stein Verlag GmbH. Diese arbeite ich vor der Tour durch, lasse sie dann aber zu Hause. Eine Sonderstellung nimmt das BIKELINE-Radtourenbuch „Jakobs-Radweg" aus der Verlag Esterbauer GmbH ein. Es enthält gute Beschreibungen, Höhenprofile und Karten im Maßstab 1: 100 000. Dies gibt es aber nur für den Camino Francés.

Vorsicht ist geboten bei den Touristik-Karten, die man vor Ort in den Tourismusbüros erhalten kann: Oft ist Norden nicht oben auf der Karte. Man wählt die Darstellung nach anderen Kriterien und dann erweist sich die Orientierung als schwierig.

Mit Hilfe von des Internetlexikons WIKIPEDIA fertige ich mir Beschreibungen von allen interessanten Orten an und nehme diese auf die Tour mit.

Inzwischen habe ich mir angewöhnt, alle Unterlagen auf meinem Smartphone zu speichern. Damit sind sie jederzeit verfügbar:
* Flugbuchungen,
* Autobusbuchungen,
* Hotelbuchungen,
* Ortsbeschreibungen und Adressen.

Etappenplanung

Wenn sich der angehende Jakobspilger einen Jakobsweg ausgesucht hat, kann er die im zweiten Teil des vorliegenden Buches dargestellte

Etappenplanung als Grundlage nutzen. Er sollte am Anfang kurze Etappen von 60 bis 80 km planen, denn er muss überall mit mindestens 1 % Steigung bezogen auf die Etappenlänge rechnen, d.h. bei 60 km Länge muss er 600 Hm bewältigen. Es gibt wenige Etappen mit mehr als 2 % Steigung, die habe ich dann unter die schwersten Bergetappen eingeordnet. Auf der Iberischen Halbinsel fehlen zwar, verglichen mit den Alpen, die ganz hohen Pässe, aber das ständige Auf und Ab des Geländes summiert sich schnell auf einige 100 oder gar 1 000 Hm.

Generell sollte man einplanen, möglichst früh am Morgen zu starten. Dem steht allerdings entgegen, dass viele Rezeptionen in den Hotels auch in der Hauptsaison erst ab 8 Uhr besetzt sind. Zur Morgenstunde ist es zwar in den Bergen oft noch recht kühl mit 5 bis 10 °C, aber man hält sich für den Nachmittag noch einige Stunden zur Besichtigung der Sehenswürdigkeiten frei. In den Übersichtstabellen am Anfang der Beschreibung eines jeden Jakobsweges habe ich die mittleren gefahrenen Geschwindigkeiten aufgeführt. Ich bin in meinem Alter nicht mehr als Rennfahrer unterwegs, sondern für mich zählt in erster und einziger Linie das Ankommen. Auf die langen Anstiege von bis zu 1 000 Hm muss man sich auch mental einstellen. Man arbeitet an der Grenze seiner Leistungsfähigkeit und schafft doch nur 6 bis 7 km in einer Stunde. Am Anfang nervt das gewaltig. Aber wenn man einige dieser Bergetappen hinter sich gebracht hat, hat man das seelische Gleichgewicht gefunden, diese Belastung klaglos zu ertragen.

Ausrüstung

Nachstehend habe ich eine Liste meiner Reiseutensilien zusammengestellt, die ich mir im Laufe der Zeit erarbeitet habe und die mir als Vorlage bei der Reisevorbereitung dient.

Für die eigene Sicherheit bringe ich Papiere, Karten und Geld in einem Brustbeutel unter.

Um den Kulturbeutel zu entlasten, fülle ich Duschgel, Shampoo und Hautcreme in kleine Behälter um, die ich einem „Flug-Kulturbeutel" entnommen habe.

Da man in Spanien in einfachen Hotels meist ein „kontinentales Frühstück", sprich Weißbrot oder Croissant mit Marmelade, erhält, habe ich mir früh angewöhnt, mir mein eigenes Frühstück im Hotel zu bereiten. Dafür nehme ich in Kauf, meine „Küche" mitzuschleppen.

An Fahrradkleidung nehme ich drei komplette Garnituren mit. Wenn nötig, kann ich unterwegs das Trikot wechseln. Auch muss ich so nicht unbedingt jeden Tag waschen, spätestens aber jeden zweiten Tag. Nicht jedes Hotel hält die erforderlichen Utensilien dafür bereit, also führe ich Waschpaste, Stopfen für das Waschbecken, Wäscheleine und Plastikbügel mit.

Für Regenfahrten befinden sich ein Regenanzug und Gamaschen im Gepäck. Der Anzug ist für längere Regenfahrten unbedingt erforderlich. Bei kurzen Regenschauern ziehe ich den mitgeführten Regenponcho an.

Meist ist man nach einer anstrengenden Bergauffahrt durchgeschwitzt. Für die folgende Abfahrt benutze ich eine Warnweste, um den Körper vor Auskühlung zu bewahren. Den Magen verkühlt man sich schneller als man denkt.

Ich habe mehrfach erlebt, dass die Temperatur beim Etappenstart knapp über 0 °C lag. Dafür muss man vorsorgen und ein Paar Winterhandschuhe und eine Wintermütze mitnehmen.

Ob Stadt, ob Land, Deutschland oder Ausland, ohne Helm fahre ich keinen Meter. Kurz nach der Wende fuhr ich einmal abends nach Sonnenuntergang durch ein märkisches Dorf. Ich wollte mit dem Rad vom historischen Kopfsteinpflaster über den Rinnstein auf den Gehweg hochspringen. An dieser Stelle hatte ein Trecker einen großen Flatschen Fett verloren. Ich konnte noch das Vorderrad darüber reißen, das Hinterrad rutschte jedoch aus, ich stand einen Augenblick quer und stürzte mit dem Kopf voraus gegen einen Torpfosten. Der Helm wies danach einen Riss von vorn bis hinten auf. Jeder kann sich ausmalen, wie der Kopf ohne Schutz durch den Helm ausgesehen hätte.

Da ich normalerweise eine Bifokalbrille benutzen muss, setze ich diese auch beim Radfahren auf. Dafür trage ich Brillen mit den größten Gläsern, die ich kaufen kann. Zum Kauf einer Sportbrille mit geschliffenen Gläsern habe ich mich noch nicht durchringen können.

Für die Versorgung leichter Verletzungen ist es unabdingbar, eine Reiseapotheke mitzuführen. Pflaster, Verbandsmaterial sowie ein Wund- und Desinfektionsspray müssen für die Versorgung kleiner Verletzungen stets griffbereitsein. Um dem „Wolf" vorzubeugen, benutze ich schon seit Jahren eine Sitzcreme. Ich nehme sonst keine Medikamente ein, nur gegen Herpes und gegen Fußpilz stecke ich vorsorglich ein Mittel ein. Auch gegen Durchfall und gegen Verstopfung bin ich gewappnet, musste die Mittel aber nie benutzen, dennoch jedes Jahr erneuern. Sonnenschutz mit dem Faktor 50 gehört auch in die Lenkertasche, damit man den Schutz gegen Mittag erneuern kann.

Hat man mehrere elektronische Geräte, empfiehlt sich zum Wiederaufladen die Mitnahme eines Vielfachsteckers oder einer kurzen Verlängerungsleitung mit Vielfachsteckdose, weil viele Hotels nur eine Steckdose im Zimmer zur Verfügung stellen.

Ausrüstungsliste

1. **Kleidung**
   1 Anorak, 1 Jeans, 1 Trainingshose, 1 Shorts
   1 Pulli, 2 Polohemden
   1 Schlafanzug kurz/lang
   2 Paar Strümpfe, 1 Paar Kompressionsstrümpfe
   3 Unterhemden, 2 Unterhosen
   1 Badehose, 1 Paar Badesandalen
2. **Fahrradkleidung**
   3 Fahrradtrikots kurz + 3 lang
   3 Fahrradhosen kurz + 1 lang
   3 Paar Fahrradstrümpfe, 1 Wintermütze
   2 Paar Fahrradhandschuhe + 1 Paar Winterhandschuhe
   1 Paar Fahrradschuhe
   1 Fahrradhelm
   1 Regenanzug, 1 Regenponcho, Gamaschen
3. **Reiseutensilien**
   1 Kulturbeutel: Sonnenschutz, Rasierer + Ladekabel, Zahnpflege, Necessaire, Medikamente, Ohropax, Reisenähset

1 Techniktasche: Kabel, Vielfachstecker
1 Notfallset, 1 Nackenkissen
1 Wecker, 1 Taschenlampe
1 Brille, 1 Sonnenbrille
1 Pfefferspray, 1 Gas
Literatur, Wörterbuch

4. **Reiseunterlagen**
1 Brustbeutel, 1 Mappe
Flugunterlagen, Busunterlagen, Hotelunterlagen
Karten + Beschreibungen
1 Jakobsmuschel, Credencial, Dokumentenrolle
1 Tagebuch, Schreibutensilien

5. **Küche**
1 Handtuch, Küchenpapier, Taschentücher
1 Stullenbrett, Becher, Besteck, Tauchsieder, Schachteln
Kaffeepulver, Kaffeeweißer, Traubenzucker
1 Waschpaste REI, Wäscheleine, Bügel

6. **Technik**
1 Fahrradcomputer + Brustgurt + Reservebatterien
1 Mobiltelefon + Netzgerät + Reservebatterie + Ohrhörer
1 Fotokamera + Netzgerät
1 KINDLE + Netzgerät
1 MP3-Player + Reservebatterien

7. **Packtaschen**
2 Seitentaschen, 1 Decktasche + Regenhülle
1 Lenkertasche + Regenhülle
1 Rucksack mit integrierter Regenhülle, Gummispanner
1 Verpackungstasche, Koffergurt, Packband, Klarsichtfolie

8. **Fahrradwerkzeuge, Reserveteile**
1 Reserveschlauch, Reservespeichen
1 Werkzeugsatz
2 Schlösser, Schlüssel

Die komplette Ausrüstung für die Tour

9. **Einkaufsliste**
   Brot, Zwieback
   Schinken, Wurst, Käse
   Konserven: Thunfisch, Bonito
   Butter, Joghurt, Honig, Marmelade
   Obst: Äpfel, Bananen
   Nüsse, Rosinen, Schokolade, Kekse
   Wasser, Sprudelwasser, Apfelsaft, Milch

Jahreszeit

Ich habe für meine Jakobswege als Jahreszeiten jeweils das Frühjahr oder den Spätsommer ausgesucht, weil dann ein ausgeglichenes Wetter herrscht, besonders mit nicht so hohen Temperaturen und wenigen Niederschlägen. Zu beachten ist bei einer Fahrt im September die wesentlich kürzere Tageslichtphase, so bleibt weniger Zeit für die Stadtbesichtigungen. Im Heiligen Jahr 2010 fuhr ich meinen dritten Jakobsweg im Juli, um die Feierlichkeiten zum Santiago-Tag am 25. Juli mitzuerleben. Übrigens erlebte ich auf dieser Tour im Juli die meisten Regentage aller meiner absolvierten Jakobswege. Auch meinen Jubiläums-Jakobsweg Nr. 10 startete ich am 4. Juli, um zu meinem 75. Geburtstag am 18. Juli in Santiago de Compostela zu sein.

Übernachtung

In den öffentlichen Pilgerherbergen werden die Wanderpilger bei der Vergabe der Betten bevorzugt. Manche Herbergen vergeben freie Betten erst ab 20 Uhr an Fahrradpilger. Es kommt vor, dass ein Fahrradpilger sein Bett noch spätabends an einen Wanderpilger abtreten muss. Er muss dann noch versuchen, ein freies Bett in einer Pension, einem Hostal oder einem Hotel zu ergattern. Im Schlafsaal einer Pilgerherberge mit manchmal mehr als 100 Betten ist für eine persönliche Intimsphäre natürlich kein Platz.

Bei meinem ersten Jakobsweg hatte der Reiseveranstalter die Etappenziele festgelegt und dort jeweils einfache Hotels gebucht. Auf dieser Tour hatte ich mehrfach Gelegenheit, Pilgerherbergen zu besichtigen. Dies stärkte meine Überzeugung: Ich bin zu alt für Jugend- und Pilgerherbergen. Nach einer Tour von 100 km und mehr als 1 000 Hm (Durchschnittswerte) brauche ich etwas mehr Komfort und auch meine Privatsphäre. Der unvermeidliche vielstimmige Schnarchchor in einem Mehrbettzimmer würde mir den so notwendigen Schlaf rauben. Auch waschen und frischmachen möchte ich mich zeitunabhängig, ebenso meine Wäsche reinigen. So bin ich bei der Praxis geblieben: Ich plane meinen Jakobsweg mit GOOGLE EARTH, neuerdings mit BIKEMAP, und buche dann im Internet meine entsprechenden Hotelübernachtungen, meist in Hostals oder einfachen Hotels. Der Nachteil einer solchen Praxis ist ganz eindeutig das starre Schema: Man muss das festgelegte Etappenziel und damit das Hotel erreichen, unabhängig von allen Einflüssen, ob es stürmt oder schneit. Glücklicherweise ist mir das auf meinen ersten 101 Etappen bisher immer gelungen. Ich musste nicht ein einziges Mal die Hilfe von Autobus oder Taxi in Anspruch nehmen.

Bei der Auswahl der Hotels sollte man die zentral gelegenen bevorzugen. Wenn man seine Besichtigungsrunde startet, hat man keine lange Anfahrt und kann ggf. das Rad im Hotel stehen lassen.

Da ich grundsätzlich in einfachen Hotels übernachte, ist die vorgefundene Ausrüstung manchmal sehr spartanisch. Zum täglichen Pilgerfeierabendstandardprogramm gehört das Wäschewaschen. Ich habe also in meinem Gepäck neben dem Waschmittel sowohl eine Wäscheleine als auch einen Pack mit sechs sehr flachen Bügeln, so dass ich meine Wäsche waschen und trocknen kann.

In den gewählten Hotels hatte ich bisher fast immer das Glück, mein Fahrrad in einem sicheren Raum abstellen zu können. In den wenigen Fällen, wo das nicht möglich war, wurde mir einmal das Rad gestohlen und einmal von Rowdys beschädigt.

Verpflegung

Fahrradpilger sollten im Hinblick auf ihre anstrengende Arbeit auf eine passende Ernährung achten. Ein „kontinentales Frühstück" reicht auf keinen Fall aus, um anschließend auf die Piste zu gehen. Wird im Hotel ein Frühstücksbuffet angeboten, kann man sich trotz fehlenden Vollkornbrotes ein nahrhaftes Frühstück mit Müsli und Joghurt zusammenstellen. Für die restlichen, weit überwiegenden Fälle besorge ich mir die Zutaten für ein richtiges Frühstück wie Vollkornbrot, Schinken und Käse in einem Supermarkt und koche mir auf dem Zimmer einen Kaffee mit Milch. Ich brauche für die Arbeit einer Tagesetappe ein herzhaftes Frühstück. Dauert die Etappe nur bis zum frühen Nachmittag, komme ich ohne Mittagspause aus. Dabei hilft, dass ich regelmäßig kleine Mahlzeiten einschiebe. In der Lenkertasche halte ich immer Müsliriegel, Studentenfutter und Traubenzucker parat. Einige Stücke Obst sind ebenfalls immer griffbereit.

Einen wichtigen Punkt auf der Fahrradtour bildet das ausreichende Trinken. Es ist empfehlenswert, regelmäßig kleine Mengen zu trinken. Mein Getränk auf langen Etappen ist eine Mischung zur Hälfte aus Apfelsaft und zur anderen Hälfte aus Sprudelwasser.

Ich habe es mir zur Angewohnheit gemacht, vor dem Einchecken im Hotel einen Supermarkt zu suchen. Dann bringe ich alles Eingekaufte in meinem Tagesrucksack unter. Das sind vor allem die Getränke, die ich täglich einkaufe: 1 l Milch, 1 l Apfelsaft, 1,5/3 l Sprudelwasser (Agua con Gas), 2 l Wasser zur Zubereitung von Kaffee oder Tee.

Energiegetränke lehne ich ab. Meine Mischung Apfelsaft/Sprudelwasser deckt den täglichen Bedarf ausreichend, so dass ich mir nicht die teuren fertigen Getränke kaufen muss.

Filmen und Fotografieren

Auf meinen ersten vier Jakobswegen nahm ich eine Videokamera mit. Den gewaltigen Zeitaufwand, den es erfordert, aus den Rohaufnahmen einen passablen Videofilm herzustellen, habe ich nie erübrigt. Mit wenig

Arbeitsaufwand kann man nicht mit der professionellen Fernsehtechnik mithalten, da lässt man es lieber ganz sein.

Die ständig präsente Raum- und Gewichtsnot lässt die Mitnahme einer umfangreichen Fototechnik nicht zu. Es empfiehlt sich, sich auf eine Kompaktkamera zu beschränken, die aber heute auch eine gute Fotoqualität liefern kann. Beim Kauf sollte man streng auf das Gewicht achten, denn der einzig mögliche Aufbewahrungsort, die Lenkertasche, verträgt keine große Last. Da man selten Schnappschüsse macht, stellt die Verschlusszeit nicht das erste Auswahlkriterium dar. Größere Bedeutung kommt einem möglichst großen Zoombereich zu, der auch Fotos von Details, z. B. von Fassaden, zulässt.

Mein Mobiltelefon macht übrigens so gute Aufnahmen, dass sie bezüglich der Qualität ohne weiteres mit den Kamerafotos mithalten können. Es steht allerdings nur ein Festbrennweitenobjektiv zur Verfügung.

Allein, zu zweit oder in der Gruppe?

Meinen ersten Jakobsweg fuhr ich in der Gruppe, die vom Reiseveranstalter zusammengestellt worden war. Ich lernte schnell, dass dennoch jeder auf sich allein gestellt war. Ich hatte eine Videokamera dabei und verlor durch das Filmen immer schnell den Anschluss an die Gruppe. Aber auch die anderen blieben nicht zusammen. Vielmehr erwies sich die Leistungsfähigkeit jedes Einzelnen, die sein Tempo bestimmt, als wichtiger als der Zusammenhalt der Gruppe.

Zwei und einen halben Camino fuhr ich mit meinem Compañero Alfred aus Trier zusammen. Er ist nur drei Monate jünger als ich. Wir hatten uns über ein Pilgerforum im Internet kennengelernt. Wir haben sehr unterschiedliche Statur: Alfred 70 kg und schlank, ich 93 kg und stämmig. Dies führte bei Abfahrten immer dazu, dass ich am Fuß des Berges minutenlang auf meinen Begleiter warten musste. Alfreds Fitness nahm von Tour zu Tour zu. Während ich auf konstantem Level weiterfuhr, bewältigte er die Bergauf-Passagen immer schneller. Nachdem er den letzten gemeinsamen Jakobsweg (meinen achten) in der Mitte abbrach und mir im Nachhinein mitteilte, dass er dies seiner Frau schon vor Beginn der Fahrt versprochen hatte, bleibt das wohl der letzte gemeinsame Jakobsweg. Dieser Vertrauensbruch ist nicht so leicht zu verschmerzen. Der Vorteil einer Zweiergemeinschaft ist ganz klar, dass, wenn einmal ein Notfall eintritt, sofort ein anderer zur Hilfe da ist. Dieser Fall trat aber während 27 gemeinsamer Etappen nicht einmal ein. Auch zu abendlichen Gesprächen kam es selten, weil Alfred es vorzog, in billigeren Unterkünften wie Pilgerherbergen, Feuerwehrheimen o. Ä. zu nächtigen.

So erwies sich für mich als beste Form des Fahrradpilgerns die Alleinfahrt. Man fährt seinen eigenen Rhythmus und muss auf andere keine Rücksicht nehmen. Da bleibt eine Menge mehr Zeit für den Hauptgrund des Pilgerns: die Beschäftigung mit der Natur und vor allem für die Reise ins Innere.

Anreise zum Startort und Rückreise

Jeder Fahrradpilger steht vor der Frage: Anreise mit dem eigenen Fahrrad oder Miete eines Fahrrades vor Ort? Ich plädiere uneingeschränkt für die Benutzung des eigenen Fahrrades. Nicht nur, dass dieses den eigenen Körpermaßen angepasst ist und dass man mit seiner Technik vertraut ist – Mieträder verfügen einfach oft nicht über die erforderliche Qualität. Mein erster Jakobsweg mit einem renommierten Radreiseveranstalter, bei dem an jedem Morgen erst ein „Technikstündchen" abgehalten werden musste, um das fremde Rad fahren zu können bzw. es fahrtüchtig zu machen, hat mich vom Mieten abgeschreckt.

Zur Auswahl für die Anreise mit dem eigenen Fahrrad stehen:
* eigener Pkw,
* Autobus,
* Bahn,
* Flugzeug.

Anreise mit dem eigenen Pkw

Die Fahrt mit dem eigenen PKW ist die unabhängigste Form des Anreisens. Ich habe dies bei meinem ersten Jakobsweg praktiziert. Ich genoss den Vorteil, in Spanien an der Costa Blanca zu starten, hatte also eine recht kurze Anfahrt von wenigen 100 km nach Pamplona. Bei einem Start in Deutschland kommen für die Strecke schon mehr als 1 000 km zusammen. Ich ließ das Auto gegen eine kleine Parkgebühr auf dem Campingplatz stehen und musste nur noch die Rückfahrt von Santiago de Compostela nach Pamplona zum Campingplatz organisieren. In diesem Fall bin ich mit dem Reisebus des Veranstalters mitgefahren. Das Busunternehmen ALSA verbindet alle großen spanischen Städte.

Anreise mit dem Autobus

Bei meinem zweiten Jakobsweg benutzte ich den Autobus, ebenfalls von der Costa Blanca aus. Die Firma ALSA fuhr mich von Dénia in zehn Stunden nach Sevilla. Der Fahrradtransport klappte problemlos. Die lange Hinfahrt nach Sevilla und die noch längere Rückfahrt von Santiago de Compostela nach Dénia über Madrid würde ich mir aber nicht noch einmal zumuten.

Anreise mit der Bahn

Es ist möglich, das Fahrrad in zahlreichen Intercity- und Eurocity-Zügen mitzunehmen. In jedem Fall ist es erforderlich, sich entsprechende Auskunft einzuholen. Ich habe einmal versucht, das Fahrrad in einer spanischen Regionalbahn mitzunehmen, dies war aber nicht möglich.

Anreise mit dem Flugzeug

Diese Anreisemöglichkeit empfehle ich jedem als erste Wahl. Der Vorteil liegt in der kürzesten Reisedauer und damit auch dem geringsten Stress. Beim Buchen sollte man den Fahrradtransport verbindlich mitbuchen. Bei IBERIA ist dies nicht möglich, deswegen scheidet die Fluglinie für mich aus. Für den Transport sollte das Fahrrad in einem Karton verstaut werden, der ausreichend stabil ist. Die Maße für den Karton gibt die Fluglinie vor. Das auf mehreren Flughäfen angebotene Einwickeln des Fahrrades in eine Plastikfolie bietet nicht genügend Schutz. Auf meiner neunten Tour wurden mir nach solchem Einwickeln Schaltung, Lampenhalter und Schutzblech verbogen und das neue Rad erhielt einige tiefe Kratzer. Also Karton! Da man üblicherweise den Jakobsweg nicht als Rundfahrt bestreitet, muss man am Landungsflughafen den Karton entsorgen und das Rad in Santiago de Compostela für den Rückflug neu verpacken. Ich lasse das Rad bei VELOCIPEDO, Rúa de San Pedro 23, in einen Karton verstauen und fahre dann mit dem Taxi zum Flughafen. Bei VELOCIPEDO weiß man auch, welche Vorkehrungen die Fluggesellschaften für den Transport fordern:

* Lenker längs stellen,
* Pedale nach innen schrauben,
* Reifendruck reduzieren.

Die im Fahrradhandel angebotenen Fahrradkoffer oder Fahrradtaschen sind impraktikabel, weil man keinen Rundkurs fährt und deshalb den Behälter über den Jakobsweg transportieren (mitschleppen) müsste. Dies scheidet wegen des Volumens sowie des Gewichtes aus

Die Kosten für den Fahrradtransport sind allerdings in den letzten Jahren explodiert. Bei der Fluglinie IBERIA kann man z. Z. den Rücktransport von Santiago de Compostela nicht zusammen mit dem Flug buchen. Als Alternative bietet sich an, das Fahrrad der Transportfirma SEUR zu übergeben und es sich nach Hause liefern zu lassen. Dies ist obendrein nur halb so teuer wie der Transport mit der IBERIA.

Die Fluglinie AIR BERLIN fing im Jahr 2013 an, ihr Engagement in Spanien stark zu reduzieren. Die Ziele Oviedo/Asturias und Santiago de Compostela sind ganz aus dem Flugplan gestrichen worden. Man erzählt, dass die Verdreifachung der Start- und Landekosten der Grund für diesen Rückzug wären. Man scheint aber inzwischen zur Vernunft zurückgekehrt zu sein: Im Jahre 2014 wurde der Flugbetrieb von und nach Santiago de Compostela wieder aufgenommen, wenn auch stark reduziert.

0. Meine 10 Jakobswege

Die gesamte Fläche der Iberischen Halbinsel beträgt knapp 600 000 km². Die größte Ausdehnung in Ost-/Westrichtung beträgt 1 000 km, in Nord-/Südrichtung 850 km. Vier Staaten teilen sich das Territorium: Spanien, Portugal, Andorra und Gibraltar. Davon hält Spanien mit 85 % den größten Anteil. Die Britische Kronkolonie Gibraltar an der Südspitze der Halbinsel nimmt zwar nur 6,5 km² der Fläche ein, sorgt aber für den größten Ärger zwischen den beiden EU-Partnern Spanien und Großbritannien. Die Briten wollen aber um keinen Preis auf dieses letzte Relikt Ihres Weltreiches British Commonwealth of Nations verzichten.

Ich bin in den Jahren von 2008 bis 2014 insgesamt zehn Jakobswege auf der Iberischen Halbinsel mit dem Fahrrad gefahren. Dabei habe ich mich bemüht, immer neue Routen zu benutzen. Ich konnte aber nicht

Tourenübersicht der 10 Caminos
Man erkennt nur 9 Startorte, weil Bilbao 2-mal Startort war

vermeiden, die letzten Etappen vor Santiago de Compostela mehrfach zu befahren, denn es gibt nur vier Einfallsstraßen nach Santiago de Compostela:
* im Westen auf der N-634 von Arzua (Caminos 1, 2, 6, 7, 9, 10),
* im Nordosten auf der N-550 von A Coruña (Camino 3),
* im Südosten auf der N-525 von Ourense (Camino 5),
* im Südwesten auf der N-550 von Pontevedra (Caminos 4, 8).

Die Wiederholung von Etappen vor Santiago war aber für mich kein Problem, da ich mit Jahresabstand immer wieder neue Eindrücke sammeln konnte.

Caminos 2008 – 2014, Etappen

24.07.2014

Nr.	Camino	Start – Ziel	Datum	Etappen-anzahl	Gesamt-länge [km]	Länge/ Etappe [km]	Gesamt-höhen-meter [Hm]	Höhen-meter/ Etappe [Hm]
1	Camino Francés	Pamplona – Burgos – León – Astorga – Santiago + Santiago – Fisterra + Saint-Jean-Pied-de Port – Pamplona	15.–28.09. 2008	13	844	65	13 017	1 001
2	Via de la Plata	Sevilla – Salamanca – Astorga – Santiago	01.–22.06. 2009	14	1 348	97	14 258	1 018
3	Camino del Norte Camino de la Costa	Bilbao – Santander – Gijón – Oviedo – A Coruna – Santiago	12.–28.07. 2010	9	1 007	112	11 680	1 298
4	Caminho Portugués	Lissabon – Coimbra – Porto – Santiago	09.–23.06. 2011	9	836	93	6 989	777
5	Camino de Levante	Mallorca – Dénia – Toledo – Madrid – Ávila – Salamanca – Ourense – Santiago	14.–30.09. 2011	13	1 506	116	13 536	1 042
6	Camino Primitivo	Bilbao – Santander – Covadonga – Oviedo – Lugo – Santiago	14.–27.06. 2012	9	836	93	10 564	1 174
7	Camino Francés 2	Burgos – León – Astorga – Santiago	15.–24.09. 2012	6	654	109	6 502	1 084
8	Caminos de Andalucía, Portugués, Fisterra	Granada – Málaga – Gibraltar – Cádiz – Sevilla – Faro – Porto – Santiago – Fisterra	12.06.– 03.07. 2013	13	1 451	112	11 008	847
9	Caminos Primitivo, Fisterra	Naveces – Lugo – Santiago – Fisterra	16.–24.09. 2013	4	464	116	6 653	1 664
10	Caminos de Levante, Via de la Plata, Francés 3	Madrid – Salamanca – León – Santiago	04.–19.07. 2014	11	1 211	110	11 888	1 081
	Summen			101	10 157	101	106 095	1 050

Mittlere Etappenlänge: 10 157 : 101 =   100,6 km
Mittlere Höhenmeter: 106 095 : 101 = 1 050,0 Hm

Der obenstehenden Liste kann man entnehmen, dass der erste Camino mit einer moderaten Länge je Etappe von 65 km begann. Aber schon bei diesem Camino wurde der Wert von 1 000 Hm je Etappe überschritten. Nur auf zwei Jakobswegen wurde dieser Mittelwert unterschritten. Bei all meinen 101 Etappen auf den verschiedenen Jakobswegen waren lediglich auf zwei Etappen mehr als 2 000 Hm zu bewältigen. Für den, der sich keine Vorstellung von „Höhenmeter – Hm" machen kann, hier ein Beispiel: Vom Rathausplatz in München bis zum Brennerpass hoch sind es 650 Hm. Damit kommt man also Richtung Süden über die Alpen. Wenn man die mittlere Etappenlänge 100 km mit den 1 000 Hm in Beziehung setzt, erhält man eine mittlere Steigung von 1 % über die gesamte Etappe. Eine solche Etappe habe ich unter „normale Etappen" eingeordnet. Es gibt wenige Etappen mit mehr als 2 % Steigung, die ich dann als schwerste Bergetappen bewerte.

1. Jakobsweg 15. bis 28. September 2008: Camino Francés: Saint-Jean-Pied-de-Port – Santiago de Compostela und Camino Fisterra: Santiago de Compostela – Cabo Fisterra

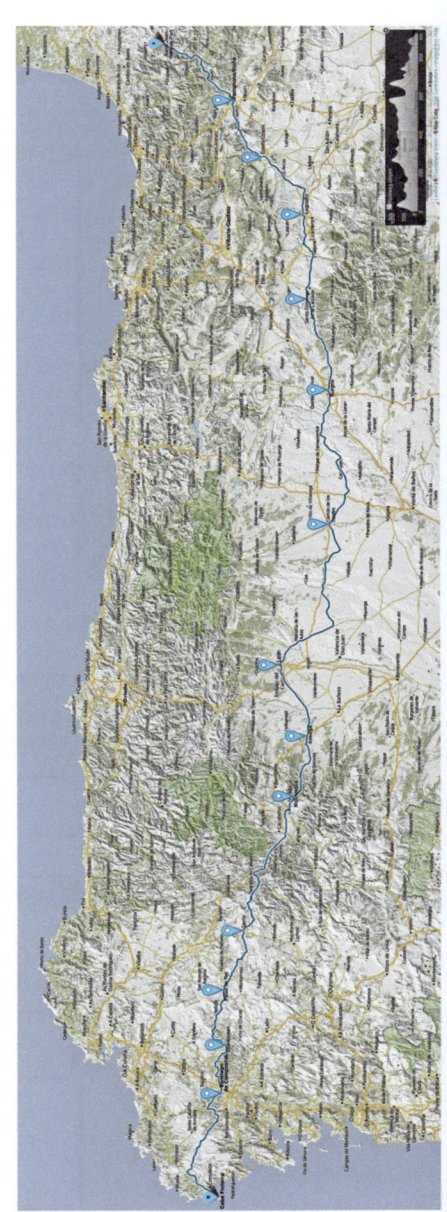

Meinen ersten Jakobsweg hatte ich wie schon erwähnt bei einem Radreiseveranstalter gebucht. Wir waren sechs Radfahrer, die sich in Pamplona mit der Reiseleiterin Eva trafen. Wir waren unterschiedlichen

Alters und auch die Leistungsfähigkeiten unterschieden sich beachtlich:

Marita und Martin,

Daniel aus der Schweiz,

Reinhard sowie

Karl, der mit 65 Jahren gerade in den Ruhestand gegangen war. In León stießen weitere vier Teilnehmer dazu.

Ich hatte meine Videokamera mitgenommen und die hier abgebildeten Fotos dieses Caminos Francés 1 sind Einzelbilder aus dem Videofilm.

Ich war von unserem Ferienhaus in Els Poblets an der Costa Blanca mit dem Auto nach Pamplona gefahren. Dies war der Treffpunkt des Radreiseveranstalters. Ich übernachtete einmal auf dem Campingplatz Ezcaba und ließ dann mein Auto dort für die Zeit meines Jakobsweges gegen eine geringe Parkgebühr stehen. Mit dem Begleitbus reiste ich nach Ende des Caminos gegen einen Kostenbeitrag zum Campingplatz zurück. Nach einer weiteren Übernachtung auf dem Campingplatz fuhr ich am Folgetag mit dem eigenen Auto nach Saint-Jean-Pied-de-Port, um die erste Etappe des Jakobsweges nachzuholen. Mit dem Autobus kehrte ich dann zum Etappenstart zurück, um mein Auto abzuholen und nach Hause an die Costa Blanca zu fahren.

Tourdaten 2008

Etappe Nr.	Etappenziel	Etappen- länge [km]	Etappen- Höhenmeter [Hm]	Mittlere Geschwindkt [km/h]	Maximale Geschwindkt [km/h]
1	Saint-Jean-Pied-de-Port– Pamplona	61	1 563	14,5	61,5
2	Estella	64	1 032	15,0	66,5
3	Logroño	54	922	15,4	56,8
4	Burgos	56 [1]	757	15,5	56,5
5	Castrojeriz	53	397	18,8	50,5
6	León	56 [2]	412	20,4	47,5
7	Astorga	63	551	17,3	53,5
8	Molinaseca	54	809	15,4	49,5
9	Sárria	113	1 574	16,2	56,5
10	Palas de Rei	66	1 451	13,4	58,0
11	Arzúa/Dombodan	50	884	16,5	58,0
12	Santiago de Compostela	46	936	14,3	55,0
13	Fisterra	108	1 729	16,5	61,5
	Summe	<u>844</u>	<u>13 017</u>		

Mittlere Etappenlänge: 844 / 13 = 64,9 km
Mittlere Höhenmeter: 13 117 / 13 = 1 001 Hm

Anmerkungen:
[1] Bustransfer Santo Domingo de la Calzada – Burgos 65 km
[2] Bustransfer Carrión de los Condes – León 85 km

Reiseunterlagen:
* BIKELINE Radtourenbuch Jakobsradweg 1 : 100 000,
* ADFC/Bruckmann-Radführer
  Der spanische Jakobsweg 1 : 75 000,
* Hotelinformationen vom Radreiseveranstalter,
* Informationen über die besuchten Städte aus dem Internet-Lexikon WIKIPEDIA.

1. Etappe am 28.09.2008: Saint-Jean-Pied-de-Port – Pamplona

Start der Etappe:	Saint-Jean-Pied-de-Port,	156 m hoch
Puerto de Ibañeta		1 057 m hoch
Roncesvalles		955 m hoch
Puerto de Erro		801 m hoch
Etappenziel:	Pamplona,	449 m hoch

Diese Etappe bin ich eigentlich als 13. und letzte gefahren. Im normalen Ablauf des Jakobsweges steht sie aber ganz am Anfang und deshalb beschreibe ich sie hier auch zuerst.

Saint-Jean-Pied-de-Port

Saint-Jean-Pied-de-Port ist ein Städtchen im französischen Teil der baskischen Pyrenäen mit einer sehenswerten Altstadt mit intakter Stadtmauer und dem Jakobustor sowie einer Zitadelle mit vier Bastionen oberhalb der Altstadt. Saint-Jean-Pied-de-Port bildet den Ausgangspunkt für die meisten Wanderpilger, die den Camino Francés pilgern. Dementsprechend lebhaft geht es im Städtchen zu. Überall sieht man aufgeregte Menschen aller Altersklassen im typischen Pilger-Outfit. In der Pilgerherberge holte ich mir den begehrten Stempel für mein Credencial.

Wenn man seinen Jakobsweg in Saint-Jean-Pied-de-Port beginnt, steht einem gleich mit dem längsten Anstieg auch die größte Herausforderung des gesamten Jakobsweges bevor: eine kontinuierliche Steigung von 901 Hm. Da stehen sowohl der Anstieg zum Cruz de Ferro mit 850 Hm als auch der Anstieg nach O Cebreiro mit 860 Hm hintan.

Bei herrlichem Wetter, fast wolkenlos bis 25 °C, verließ ich Saint-Jean-Pied-de-Port und machte mich an den Anstieg zum Pass Ibañeta. Man fährt in eine wunderbare Berglandschaft hinein, durch ein wunderschönes Tal, dessen bewaldete Berghänge mit fortschreitendem Aufstieg immer näher zusammenrücken. Auf halber Höhe bei Arnéguy überschreitet man die französisch-spanische Staatsgrenze. Bis zur Grenze führt die Route auf der Straße D-933 und dann weiter auf der N-135 entlang über Roncesvalles und den Pass Erro bis Pamplona. Hat man den Ibañeta-Pass erreicht, so hat man den ansteigenden Teil der Pyrenäen, diese Barriere zwischen der Iberischen Halbinsel und dem restlichen Europa, überwunden.

Schlacht von Roncesvalles, Rolandslied

Im Jahre 778 marschierte Karl der Große in Spanien ein, um den Christen bei der Rückeroberung der von den Mauren am Anfang des Jahrhunderts eroberten Gebiete zu helfen. Er drang bis Valencia vor, brach aber dann den Feldzug ab, als er die Nachricht erhielt, dass sein Reich von den Sachsen bedroht würde. Auf dem Heimweg marschierte er mit seinem Heer bei Roncesvalles über die Pyrenäen. Im unwegsamen Gelände hatten die Basken, die weder bei den Christen noch bei den Mauren mitkämpften, einen Hinterhalt gelegt. Die Nachhut des Heeres unter der Leitung von Roland wurde vom Heer getrennt und bis auf den letzten Mann niedergemetzelt. Nach der Plünderung des Schlachtfeldes zogen sich die Basken in die Berge zurück. Das Heer war zu spät umgekehrt, um Hilfe leisten zu können. Später schrieb die Kirche die Geschichte um: Der Kriegsherr Roland wurde als christlicher Märtyrer idealisiert und die Mauren zu den militärischen Gegnern umgemünzt. Diese Legende wurde trefflich benutzt, um die mitteleuropäischen Ritter zu den Kreuzzügen zu animieren. Diese unhistorische Version des Geschehens liegt auch dem Rolandslied aus dem 12. Jh., einem literarischen Meisterwerk des Mittelalters, zugrunde.

Roncesvalles

Roncesvalles ist auf dem Jakobsweg der erste Ort in Spanien.
Der Ort besteht aus nicht viel mehr als dem Augustinerkloster aus dem 12. Jh. der Iglesia de Santiago aus dem 13. Jh. und der Pilgerherberge.

Auch in dieser Pilgerherberge holte ich mir den Stempel für mein Credencial. Diese Herberge gehört zu den wenigen, die Fahrradpilger nicht aufnehmen!

In Roncesvalles treffen drei französische Jakobswege aufeinander.

Nach Verlassen von Roncesvalles fährt man durch eine hügelige, waldreiche Landschaft über den Puerto de Erro nach Pamplona. Der Jakobsweg führt über die Magdalenenbrücke an der Stadtmauer entlang zur Pilgerherberge.

Pamplona

Pamplona ist die Hauptstadt der Autonomen Region Navarra. Die kleine Altstadt mit ihrer anheimelnden Atmosphäre und den zahlreichen Parkanlagen lädt zur Besichtigung ein. Sehenswert sind die Kathedrale Santa María la Real aus dem 14. Jh. und das Rathaus mit der barocken Fassade aus dem 18. Jh. Von den Befestigungsanlagen sind noch Teile der alten Stadtmauern Las Murallas sowie die gut erhaltene Zitadelle aus dem 16. Jh. vorhanden. In der Pilgerherberge erwarben wir das Credencial und holten uns den ersten Stempel.

Sanfermines

Pamplona ist bekannt für seine prächtigen Osterfeierlichkeiten in der

Puerto de Ibaneta, 1 057 m hoch
Kapelle San Salvador

Pamplona Rathaus

„Semana Santa" (Karwoche) und besonders für seine Feier „Sanfermines" im Juli. Im 12. Jh. starb der getaufte Christ Fermin in Ausübung seiner Religion als Märtyrer. Die Feiern zu seinem Gedenken wurden dann im 14. Jh. um die Stierkämpfe erweitert. Die Festlichkeiten beginnen mit der Prozession des Schutzpatrons sowie der Gigantes, großer Pappmaché-Figuren, die von Weißgekleideten mit roten Halstüchern durch die Altstadt getragen werden. Die größte Attraktion bilden allerdings die Stierkämpfe in der Plaza de Toros sowie die „Encierros", die Stierläufe, bei der die Kampfstiere durch die engen Altstadtgassen zur Plaza de Toros getrieben werden und Menschen in den schmalen Straßen mit den Tieren mitlaufen. Ich bin an einem ganz gewöhnlichen Tag diese Straßen entlanggelaufen und schon allein die Vorstellung, dass wütende Kampfstiere in wilder Jagd hinter mir her galoppieren, ließ mir die Haare zu Berge stehen. Ernest Hemingway, ein glühender Bewunderer dieser Feste und dieser Tradition, machte Pamplona und die „Encierros" mit seinem Roman „Fiesta" weltberühmt.

Fazit: Diese erste Etappe ist mit ihren Anstiegen von 1 563 Hm eine ausgesprochene Bergetappe und gehört mit dem kontinuierlichen 900-Hm-Anstieg zum Puerto de Ibañeta zu den schwersten aller Caminos.

2. Etappe am 15.09.2008: Pamplona – Estella

Start der Etappe:	Pamplona	449 m hoch
Alto del Perdón		1 037 m hoch
Puente la Reina		344 m hoch
Etappenziel:	Estella	421 m hoch

Am Abend vor der ersten gemeinsamen Etappe trafen wir uns im Hotel in Pamplona zu einer Tour-Besprechung. Reiseleiterin Eva lenkte den Kleinbus mit Fahrradanhänger zum Gepäcktransport. Alle fuhren mit Mieträdern von Eva, nur ich hatte mein eigenes Fahrrad dabei. Dies hat sich für mich bewährt, die Mieträder entsprachen nicht dem Standard dieser Reise. Jeden Morgen vor der Abfahrt mussten in einem „Technikstündchen" kleine Reparaturen ausgeführt werden. Vom Aufpumpen der Reifen bis zum Feststellen des Steuerlagers reichte die Beschäftigung.

An einem Rad war die Kette zu kurz, so dass die Schaltung unzureichend arbeitete. Vier von uns waren zwischen 40 und 50 Jahre alt, Karl war 65 Jahre und ich 69 Jahre alt. Die Leistungsfähigkeit der Teilnehmer erwies sich als sehr unterschiedlich, einige fuhren Teilstrecken (Berganstiege) mit dem Begleitbus. Karl und ich fuhren auf gleichem Niveau und wir blieben meist zusammen, ohne den Bus zu benutzen.

Bei fast wolkenlosem Himmel und Temperaturen bis 25 °C verließen wir Pamplona auf der NA-1110 bis Zariquiegui und fuhren weiter auf der NA-6056 über den Alto del Perdón. Die Steigung hatte es in sich und dazu wehte ein starker Gegenwind. Dieser wuchs sich zu einem richtigen Sturm aus, als wir auf der Höhe ankamen, und es war schwierig, Rad zu fahren oder aufrecht stehen zu bleiben. Der Alto del Perdón bildet den Übergang des Jakobsweges über die Sierra de Perdón, 1 037 m hoch. Es ist ein Ort der Marienverehrung, Nuestra Señora del Perdón.

Gegenüber dem Marienschrein steht heute ein eisernes Pilgerdenkmal mit dem Spruch:
DONDE SE CRUZEN
EL CAMINO DEL VIENTO
CON EL DE LAS ESTRELLAS
WO SICH KREUZEN
DER WEG DES WINDES
MIT DEM DER STERNE

Ermita de Santa María de Eunate

Danach wählten wir unsere Route so, dass wir an der Ermita de Santa María de Eunate vorbeikamen. Die romanische Kirche aus dem 11. Jh., besitzt einen achteckigen Grundriss, genau wie die Grabeskirche in Jerusalem. Daher wird ihr Bau den Templern zugeschrieben. Das Innere der Kirche ist absolut sehenswert und man erlebt eine ganz eigene Stimmung. Außen

Karl   Reinhard

umgeben Arkaden die Kirche. Da sie außerhalb einer Siedlung steht, vermutet man, dass sie als Grabeskirche erbaut wurde. Sie befindet sich wenige Kilometer von Puente la Reina entfernt am aragonesischen Jakobsweg.

Puente la Reina

Der Ort ist benannt nach der Brücke über den Río Arga aus dem 11. Jh., gestiftet von einer anonymen navarresischen Königin. Sie wollte damit den Pilgern einen sicheren und kostenlosen Übergang über den Fluss verschaffen. Aus dem Mittelalter gibt es viele Berichte über betrügerische Fährleute, auch darüber, dass die Fähren zum Kentern gebracht wurden und die Pilger ertranken und anschließend ausgeraubt wurden. An der Stelle der heutigen Brücke sollen früher die beiden französischen Jakobswege über Pyrenäenpässe zusammengetroffen sein: der Camino Francés über den Puerto de Ibañeta und der Camino Aragonés über den Puerto de Somport. Wir besichtigten die Iglesia de Santiago aus dem 12. Jh., ein beeindruckender Bau mit einem wunderschönen Kreuzgang und holten uns in der Pilgerherberge daneben den obligatorischen Stempel für das Credencial. Hinter Puente la Reina fuhren wir zurück auf die NA-1 110 bis zum Etappenziel Estella.

Estella

Der Ort Estella liegt am Río Ega und ist von hohen Bergen umgeben. Er beeindruckt durch ein schönes mittelalterliches Stadtbild, das wir bei einem Rundgang durch die Altstadt näher in Augenschein nahmen. In der Pilgerherberge neben der Iglesia de San Miguel aus dem 12. Jh. holten wir uns den Stempel für das Credencial.

Fazit: Auch die zweite Etappe fordert mit 64 km Länge und Anstiegen von 1 032 Hm eine gute Kondition und gehört zu den schweren Etappen.

3. Etappe am 16.09.2008: Estella – Logroño

Start der Etappe:	Estella	432 m hoch
Fuente de Irache		519 m hoch
Etappenziel:	Logroño	384 m hoch

Es war wolkenlos und die Temperatur stieg bis 31 °C, als wir Estella auf der N-111 verließen. Wir machten einen Abstecher zum Monasterio Santa María la Real de Irache.

Santa María la Real de Irache

Dieses ehemalige Benediktinerkloster nahe Estella wurde bereits im 9. Jh. erwähnt. Die Anlage wurde als Baudenkmal eingestuft und dient

Alto del Perdón, 1 037 m hoch, Pilgerdenkmal

Puente la Reina

heute nicht mehr ihrem eigentlichen Zweck. Sehenswert ist die Klosterkirche aus dem 12. Jh., die allerdings fast immer geschlossen ist. In der Nähe befindet sich das ehemalige Klosterweingut Bodegas Irache mit einem Brunnen, aus dem kostenlos Rotwein und Brunnenwasser sprudeln. Beides ist sehr erfrischend, angesichts der noch vor uns liegenden Etappe sprachen wir dem Wein allerdings nur sehr eingeschränkt zu.

Teils auf dem Schotterweg des Wander-Caminos und später zurück auf der Nationalstraße N-111 ging es über Los Arcos nach Logroño.

Logroño
Unser heutiges Etappenziel war Logroño, die Hauptstadt der Autonomen Region La Rioja. Sie liegt im Tal des Ríos Ebro und wird zum Atlantik hin vom Kantabrischen Gebirge abgeschirmt. Die Stadt wurde in der Geschichte mehrfach zerstört, letztmalig im Jahre 1092 von El Cid, der zu jener Zeit auf der Seite der Mauren kämpfte. Ich machte einen Rundgang durch die Altstadt und besuchte die Concatedral de la Redonda aus dem 12. Jh., deren Ausstattung einen sehr überladenen Eindruck auf mich machte. An der Iglesia de Santiago el Real aus dem 16. Jh. faszinierte mich die bildhafte Darstellung Santiagos als Matamoros über dem Seitenportal. In einem Trödelcenter erstand ich eine Muschel zur Befestigung an meinem Rucksack, um mich als Jakobuspilger auszuweisen, und einige Klebebildchen „Camino de Santiago" für das Fahrrad.

Fazit: Auch die dritte Etappe lässt mit 54 km Länge und Anstiegen von 932 Hm keine Entspannung zu.

4. Etappe am 17.09.2008:
Logroño – Santo Domingo de la Calzada –Burgos

Start der Etappe:	Logroño	384 m hoch
Santo Domingo de la Calzada		637 m hoch
Etappenziel:	Burgos	856 m hoch

Bei fast wolkenlosem Himmel und Temperaturen bis 30 °C verließen wir Logroño auf der N-120 und fuhren, teils über den parallelen Wander-Camino, nach Nájera und weiter nach Cañas.

Irache:
Reinhard am Rotweinbrunnen

Logroño:
Santiago als Matamoros
Iglesia de Santiago el Real

Radfahren auf dem
Wandercamino in der Rioja

Cañas

Sehenswert ist das Monasterio de Santa María del Salvador, das als erstes Frauenkloster der Welt gilt.

Wieder auf der N-120 fuhren wir nach Santo Domingo de la Calzada.

Santo Domingo de la Calzada

Der Ort liegt in der Autonomen Region La Rioja am Río Oja. Die Gruppe traf sich wieder an der Concatedral de Santo Domingo aus dem 12./15. Jh. mit einem freistehenden Glockenturm aus dem 18. Jh. Auf der Plaza España mit dem Ayuntamiento (Rathaus) machten wir eine Siesta.

Santo Domingo ist bekannt durch das *„Hühnerwunder"*. Diese Legende existiert in mehreren Versionen, die aktuelle gebe ich hier wieder: Eine deutsche Pilgerfamilie aus Xanten erhielt keinen Platz in der Pilgerherberge und übernachtete im Wirtshaus von Santo Domingo. Die Wirtstochter wollte den halbwüchsigen Sohn verführen, doch dieser gab ihr einen Korb. Aus Rache versteckte sie einen silbernen Becher in dessen Gepäck und zeigte ihn am nächsten Morgen an. Nach geltendem Recht wurde er zum Tode verurteilt und sofort gehenkt. Betrübt setzten die Eltern ihre Pilgereise fort, erreichten Santiago de Compostela und kehrten nach 36 Tagen in den Ort zurück. Sie fanden ihren Sohn lebendig am Galgen, Santo Domingo hatte verhindert, dass ein Unschuldiger hingerichtet wurde. Sie liefen zum Richter und baten um Begnadigung. Der Richter saß gerade bei Tisch und hatte zwei gebratene Hühner vor sich auf dem Teller. Er antwortete nur: „Ihr Sohn ist so tot wie diese beiden Hühner hier." Nach diesen Worten wuchsen den Hühnern wieder Federn, der Hahn krähte laut, und sie erhoben sich und flogen davon. Der Sohn kam daraufhin frei. Seit dieser Zeit werden in der Kathedrale in einem festgemauerten Stall zwei weiße Hühner – ein Huhn und ein Hahn – gehalten.

Die Sage behauptet, dass die Pilger, die vom Hahn begrüßt werden, Glück auf dem weiteren Pilgerweg hätten.

Übrigens: Bei der Besichtigung schrie mich der Hahn mehrfach gellend an und ich bin gut durch meine Pilgerfahrt gekommen, q. e. d.

Vom Reiseveranstalter war nun vorgesehen, nach der Besichtigung der Kathedrale von Santo Domingo de la Calzada bis Burgos mit dem Bus zu fahren. Die Fahrräder wurden auf den Anhänger geladen und wir nahmen im Bus Platz.

Burgos

Burgos ist Provinzhauptstadt in der Autonomen Region Castilla y León am Río Arlanzón. Die Stadt wurde im 9. Jh. im Rahmen der Reconquista als Bastion gegen die Mauren gegründet und stieg im 11. Jh. zur Krönungsstadt der Könige Kastiliens auf. Aus der Nachbarschaft stammt der Held des 11. Jh., El Campeador El Cid (Der Herr). Dass diese schillernde Gestalt zeitweise auf der Seite der Mauren gegen die Christen kämpfte und u.a. Pamplona zerstörte, fällt gegen seine späteren Verdienste als christlicher Kämpfer gegen ebendiese Mauren nicht ins Gewicht. Im Jahr 1094 kämpfte er in Valencia bis zu seinem Tod gegen die maurischen Truppen und vertrieb sie. Heute liegt er mit seiner Frau Jimena in der Kathedrale begraben.

Während des Militärputsches – später in Spanischer Bürgerkrieg umbenannt – war Burgos Basis der faschistischen Regierung des Generals Franco.

Wir kamen am späten Nachmittag in Burgos an. Nach dem Anmelden im Hotel blieb nur wenig Zeit, diese wunderschöne Stadt zu besichtigen. Ich wanderte zur Catedral Santa María la Real aus dem 13. Jh., die 1984 als einzige spanische Kathedrale zum UNESCO-Weltkulturerbe erklärt wurde. Ich schlüpfte gerade noch in das Innere, obgleich die offizielle Besuchszeit bereits abgelaufen war. Ich staunte über die prachtvolle Ausstattung und besichtigte auch das Grabmal Cristóbal Colóns (Christoph Kolumbus). Anschließend stieg ich noch auf den Burgberg, von dem man einen wunderschönen Blick über die Stadt genießen kann.

Fazit: Der Veranstalter hatte den Bustransfer Santo Domingo de la Calzada – Burgos vorgesehen, ich wäre lieber die ganze Etappe mit dem Fahrrad gefahren. Die Fahrt über die Meseta hat ihren eigenen Reiz, den ich gern voll ausgekostet hätte.

Burgos vom Castillo gesehen:
Iglesia San Esteban und
Catedral Santa María la Real

Burgos: Rodrigo Díaz „El Cid"

Pause auf der Meseta mit Karl

5. Etappe am 18.09.2008: Burgos – Castrojeriz

Start der Etappe:	Burgos	856 m hoch
San Antón		803 m hoch
Etappenziel:	Castrojeriz	808 m hoch

Bei leicht bewölktem Himmel und Temperaturen bis 25 °C verließen wir Burgos auf der N-120 und fuhren, teils über den parallelen Wander-Camino, bis Olmillos de Sasamón und danach auf der BUP-4041 über Hontanas und San Antón nach Castrojeriz. Diese Etappe in der Meseta führte uns durch eine flache Landschaft, viele Felder.

San Antón
Der Convento de San Antón ist ein ehemaliges Kloster des französischen Antoniterordens aus dem 12. Jh. Es dient heute als Pilgerherberge, in der wir uns einen Stempel für das Credencial holten. Diese scheint sehr beliebt, denn ein Blick in den Schlafsaal zeigte uns eine Unmenge Doppelstockbetten und zusätzliche Matratzen in den Gängen.

Castrojeriz
Unser heutiges Etappenziel Castrojeriz ist eine Gemeinde in der Provinz Burgos. Nach dem Anmelden im Hotel machte ich einen Stadtrundgang und besuchte u. a. die Parroquia Santo Domingo aus dem 13. Jh.

Fazit: Auf dieser leichten Etappe über die Meseta macht das Radfahren richtig Spaß. Wir legten 53 km bei Anstiegen von 397 Hm zurück.

6. Etappe am 19.09.2008: Castrojeriz – Carrión de los Condes – León

Start der Etappe:	Castrojeriz	808 m hoch
Frómista		786 m hoch
Carrión de los Condes		839 m hoch
Etappenziel:	León	837 m hoch

Bei bedecktem Himmel und Temperaturen bis 31 °C verließen wir Castrojeriz auf der BU-403 und fuhren, teils über den parallelen Wander-Camino, nach Boadillo del Camino.

Boadillo del Camino

Sehenswert im Ort ist die Parroquia de la Asunción mit einer spätgotischen Gerichtssäule (Rollo gótico jurisdiccional). Diese war ein Symbol richterlicher Gewalt und gleichzeitig Gerichts- und Vollstreckungsort. Nach der Besichtigung fuhren wir weiter nach Frómista.

Frómista

Die bemerkenswerte Kirche San Martín stammt aus dem 11. Jh. Eine Besichtigung dieses Kleinodes der Romanik ist absolut empfehlenswert.

Carrión de los Condes

Die Kleinstadt in der Provinz Palencia am Río Carrión erreichten wir als Nächstes. Vom Reiseveranstalter war vorgesehen, nach der Besichtigung des Benediktiner-Klosters Monasterio de San Zoílo aus dem 11. Jh. bis León mit dem Bus zu fahren.

León

León ist Provinzhauptstadt in der Autonomen Region Castilla y León am Río Bernesga und war zwei Jahrhunderte lang Hauptstadt des Königreiches León, einem Vorläufer des spanischen Staates. Leider kamen wir erst am späten Nachmittag in León am Hotel an. Ich beeilte mich, einzuchecken und sofort den Stadtrundgang zu beginnen. Ich lief zur Catedral Santa María de Regla de León aus dem 13. Jh. und machte außen und innen Videoaufnahmen. Als die Messe begann, blieb ich sitzen. Musik lockerte die strenge Liturgie auf: Eine Sängerin trat auf, begleitet von zwei Geigen und der Orgel. Bei dieser Gelegenheit und in dieser Umgebung das „Ave María" zu hören, beschert einem Gänsehaut. So etwas bleibt im Gedächtnis und vervollkommnet das Pilgererlebnis. Auf dem weiteren Rundgang besichtigte ich weitere Sehenswürdigkeiten wie:

* * Convento de San Marcos aus dem 12. Jh., früher Pilgerhospital,
* * Colegiata und Basílica Real de San Isidoro de León,
  ein Meisterwerk romanischer Baukunst aus dem 12. Jh.
  mit dem Pantheon Real,
* * Palacio de los Guzmanes, 16. Jh., heute Diputación de León,
* * Casa de Botines, 19. Jh. (Antonio Gaudí).

Fazit: Schon wieder eine Etappe mit Bustransfer, die dadurch zu den leichten Etappen zu zählen ist.

Frómista: Iglesia Romana San Martín

León: Convento de San Marcos
León: Catedral de Santa María de Regla de León
Siesta

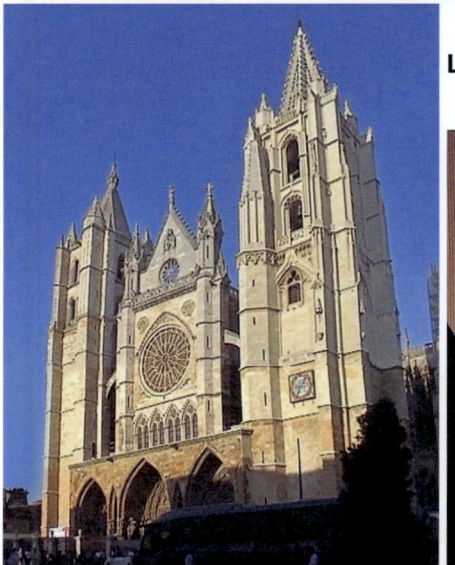

7. Etappe am 20.09.2008: León – Astorga

Start der Etappe:	León	837 m hoch
Órbigo		783 m hoch
Etappenziel:	Astorga	837 m hoch

Beim Frühstück wurden uns die vier Neuen vorgestellt:
   Martine und Erik aus Belgien sowie
   Toni und Alex, Vater und Sohn aus Österreich.

Die Herren rüsteten sich mit Mieträdern des Veranstalters aus. Martine fuhr nach einer Knieoperation ein eigenes Elektrofahrrad Pedelec, dessen Reichweite aber noch nicht den Anforderungen einer Bergetappe gewachsen war.

Bei bedecktem, später leicht bewölktem Himmel und Temperaturen bis 26 °C verließen wir León auf der CV-161 und fuhren, teils über den parallelen Wander-Camino, über Villar de Mazarife und weiter auf der LE-413 und der N-120 nach Órbigo und zum Etappenziel Astorga.

Órbigo

Der Ort ist bekannt für seine Brücke Puente de Órbigo aus dem 13. Jh. und den „Paso honoroso". Im 15. Jh. schwor der Ritter Don Suero de Quiñones, 300 Lanzen zu brechen, um sich von der Fessel einer Frau zu lösen. Es gelang und zum Gedenken daran werden jedes Jahr im Juli mittelalterliche Ritterspiele veranstaltet.

Astorga

Die Stadt Astorga liegt in der Provinz León der Autonomen Region Castilla y León. Sie fungiert als Bischofssitz der größten Diözese Spaniens. Die Stadt wurde von den Römern gegründet und lag an der Kreuzung zweier wichtiger römischer Straßen: der Via de la Plata und der Via Trajana, dem heutigen Jakobsweg.

Die römischen Ausgrabungen, die Stadtmauer und das Römermuseum zeugen von dieser Zeit. Wir kamen am frühen Nachmittag in Astorga an und ich beeilte mich, meinen Stadtrundgang zu beginnen. Mein erster Weg führte mich zur Catedral de Santa María aus dem 8. Jh. Nach Besichtigung dieses Bauwerks und Empfang des Stempels für das Credencial besichtigte ich mit Daniel zusammen den Palacio Episcopal von

Puente de Órbigo

río Órbigo

Astorga: Catedral de Santa María

Astorga: Palacio Gaudí

Antoni Gaudí aus dem 19. Jh. Das Gebäude diente nie als Bischofssitz und beherbergt heute ein Pilgermuseum.

Fazit: Eine leichte Etappe, mit 63 km Streckenlänge und Anstiegen von 551 Hm mit Erholungscharakter bei der Fahrt über das Ödland Páramo.

8. Etappe am 21.09.2008: Astorga - Molinaseca

Start der Etappe:	Astorga	837 m hoch
Cruz de Ferro		1 530 m hoch
Etappenziel:	Molinaseca	581 m hoch

Für heute stand die Königsetappe des Camino Francés auf dem Plan: die Fahrt über die Montes de León mit dem Pass beim Cruz de Ferro, dem Dach des Caminos. Bei bedecktem, später leicht bewölktem Himmel und Temperaturen bis 22 °C verließen wir Astorga auf der LE-142 und fuhren nach Castrillo de Polvazares.

Castrillo de Polvazares

Wir besichtigten dieses mittelalterliche Bauerndorf, eine kulturhistorisch bedeutende Anlage mit alten Steinhäusern und gepflasterten Dorfstraßen.

Weiter ging es auf der LE-142 über Rabanal del Camino und Foncebadón zum Cruz de Ferro. Wir fuhren die ganze Etappe auf der Landstraße, die z. T. hohe Anforderungen mit mehr als 10 % Steigung stellte.

Cruz de Ferro

Das Cruz de Ferro (Cruz de Hierro) befindet sich auf dem Monte Irago in den Montes de León, Passhöhe 1530 m, dem höchsten Punkt des Jakobsweges. Bereits die Kelten nutzten den Ort als Kultstätte. Sie brachten einen Stein aus der Heimat mit und legten ihn an der Spitze des Berges ab, und damit auch ihre Sorgen. Daran anknüpfend legen auch die heutigen Pilger am Cruz de Ferro mitgebrachte Steine nieder und entledigen sich damit symbolisch ihrer Last.

Für mich bedeutete das Erreichen des Passes nicht nur die Bewältigung der ersten großen Bergetappe, sondern vielmehr den ersten Höhepunkt des Camino Francés. Wenn man diesen Steinhaufen sieht, kann man sich schwerlich der Magie des Ortes entziehen. Ich legte meinen mitgebrachten Stein ab und auch einen Stein für unseren verstorbenen Freund Rüdiger. Etwas abseits gedachte ich nochmals sehr intensiv seiner. Erstaunlich, wie in solch einem Augenblick eine Gestalt wieder lebendig vor dem geistigen Auge steht.

Auch dieser Ort soll unhistorisch sein. Man hat offensichtlich aus touristischen Gründen den Steinhaufen um einige 100 m in die Nähe der Straße verlegt. Dafür spricht auch der äußere Anschein: im Laufe der Jahrtausende müsste ein riesiger Steinberg entstanden sein und nicht dieses heutige Häufchen.

Weiter auf der LE-142 führte uns die Abfahrt durch Manjarín und El Acebo zum heutigen Etappenziel Molinaseca.

Molinaseca
Diese Gemeinde am Río Meruelo gehört noch zur Autonomen Region Castilla y León. Sehenswert sind die Iglesia de San Nicolás de Bari aus dem 17. Jh. mit einer Christus-Skulptur aus dem 14. Jh. sowie die Römische Brücke.

Fazit: Ich hatte leichte Beklemmung vor dieser Königsetappe zum Dach des Caminos und die Reiseleiterin hatte jeden Einzelnen gewissenhaft befragt, ob er sich das zutraut. Ich bin froh, dass ich den Anstieg gewagt und gemeistert habe und nicht den verlockenden Bustransfer gewählt hatte.

9. Etappe am 22.09.2008: Molinaseca – Sarria

Start der Etappe:	Molinaseca	581 m hoch
Ponferrada		508 m hoch
Villafranca del Bierzo		507 m hoch
O Cebreiro		1 293 m hoch
Alto do Poio		1 337 m hoch
Etappenziel:	Sarria	426 m hoch

Nach der gestrigen Königsetappe des Camino Francés folgte heute die nächste schwere Bergetappe. O Cebreiro sollte ein weiterer Höhepunkt auf dem Camino werden. Mit einer Länge von 113 km erwartete

Cruz de Ferro

uns die längste Etappe dieses Caminos. Kurz nach dem Start gab es für etwa eine Stunde leichten Regen, den einzigen des ganzen Caminos. Wir mussten Regenkleidung anlegen und entsprechend vorsichtig fahren. Bei 1000 m Höhe fuhren wir in die Wolken hinein. Dieser dichte Nebel durchnässt sehr schnell, so dass wir die bereits abgelegte Regenkleidung wieder herausholen mussten. Wir verließen Molinaseca auf der LE-142 bis Ponferrada. Danach fuhren wir auf der N-VI über Villafranca del Bierzo hoch nach O Cebreiro.

Dieser Anstieg war mit Abschnitten von 10 % Steigung ziemlich steil, außerdem steckte uns noch die Bergetappe des Vortages in den Knochen. Nach einer kurzen Abfahrt auf der LU-633 ging es wieder hoch über den Alto de San Roque zum Alto do Poio, ehe die lange Abfahrt über Fonfria, Triacastela und Samos nach Sarria folgte. Die ersten 400 Hm nach dem Pass ging es noch durch die Wolken, entsprechend gefährlich war die Fahrt und man musste das Tempo stark reduzieren. Die Höchsttemperatur blieb mit 18 °C entsprechend niedrig.

Ponferrada

Das Stadtbild wird beherrscht von der Templerburg Castillo de Ponferrada. Im 12. Jh. bauten die Templerritter die Burg und nutzten die ehemalige Römerfestung als Fundament.

Villafranca del Bierzo

Früher erhielten kranke Pilger, die Santiago de Compostela nicht mehr erreichen konnten, an der Puerta del Perdón (dem Tor der Vergebung) der Iglesia de Santiago aus dem 12. Jh. die Pilgerbescheinigung Compostela. Sehenswert ist auch das Castillo aus dem 12. Jh.

O Cebreiro

Kurz vor O Cebreiro überfuhren wir die Grenze zur Autonomen Region Galicia. O Cebreiro ist ein uriges Dorf, bestehend aus einigen nach keltischer Art gebauten Steinhäusern. Diese Pallozas sind aus Granit gebaut und haben nur einen Raum ohne Fenster und Kamin. Mensch und Tiere lebten einträchtig unter dem mit Stroh gedeckten Dach. Sehenswert ist auch die kleine Iglesia de Santa María aus dem 9. Jh., eine der ältesten Kirchen am Jakobsweg. Eine Legende aus dem 12. Jh. besagt:

Bei äußerst rauem Winterwetter wollte der Priester für den einzigen Besucher nicht die Messe abhalten. Dieser bestand jedoch auf seinem Recht, worauf sich während der Messe Wein und Brot tatsächlich in Blut und Fleisch verwandelten. Der Kelch ist noch heute zu besichtigen, und er ist so wichtig, dass er sowohl in der Flagge als auch im Wappen Galiciens abgebildet wird. Päpste haben die Legende bestätigt und zur Anbetung freigegeben.

Danach fuhren wir weiter auf der LU-633 zum Pilgerdenkmal auf dem Alto de San Roque, das im Nebel fast verschwand und nach einer Abfahrt weiter zum Alto do Poio, ehe die Abfahrt nach Samos beginnt.

Sarria
Der Ort liegt in der Provinz Lugo der Autonomen Region Galicien. Sarria ist der letzte verkehrsgünstig zu erreichende Ort auf dem Jakobsweg vor der 100-km-Grenze.

Fazit: Auf die gestrige Königsetappe folgte heute wieder eine schwerste Bergetappe, sie war mit 113 km doppelt so lang und zählte mit Anstiegen von 1 574 Hm doppelt so viele Höhenmeter wie die gestrige.

10. Etappe am 23.09.2008: Sarria – Palas de Rei

Start der Etappe:	Sarria	425 m hoch
Portomarín		343 m hoch
Etappenziel:	Palas de Rei	567 m hoch

Bei bedecktem Himmel und Temperaturen bis 18 °C verließen wir Sarria auf der LU-633 und fuhren über Portomarín nach O Hospital, machten einen Abstecher nach Vilar de Donas und setzten danach auf der N-547 den Weg nach Palas de Rei fort.

100-km-Stein
Sarria bildet für viele Pilger den Ausgangspunkt ihrer Pilgerreise: Für die Erlangung einer Compostela wird von Wanderpilgern verlangt, dass sie mindestens 100 km bis Santiago de Compostela zurücklegen, und mit dem Start in Sarria ist diese Bedingung erfüllt. Damit wird aber auch Missbrauch getrieben: Ich habe beobachtet, dass am Restaurant bei km 98,5 eine größere Pilgerschar Taxis beorderte zur Fahrt zum nächsten

Etappenort. Weiterhin ist mir an anderen Orten, an denen Selbstbedienung am Stempel herrscht, aufgefallen, dass Pilger einen Riesenstapel von 50 Credenciales und mehr abstempelten. Es heißt, dass Spanier gern ihrer Bewerbung um eine höhere Stellung die Compostela als Nachweis ihrer sozialen Kompetenz beifügen. Dem Missbrauch ist also Tür und Tor geöffnet.

Ich fuhr mit Karl den Wander-Camino bis zum 100-km-Stein. Dies war von der Reiseleitung nicht vorgesehen und ist für Radfahrer auch wirklich nicht empfehlenswert. Einen großen Teil der manchmal unwegsamen Strecke mussten wir die Räder schieben oder gar tragen.

Portomarín

Portomarín ist ein Ort in der Provinz Lugo in der Autonomen Region Galicien. Im Jahre 1956 wurde der Stausee Embalse de Belesar des Ríos Miño geflutet. Davor wurde der Ort höher verlegt und dabei die Kirche San Nicolás aus dem 12. Jh. Stein für Stein abgetragen und am neuen Ort wiedererrichtet.

Fazit: Auch diese Etappe gehört mit 66 km Länge und Anstiegen von 1 451 Hm zu den schweren Bergetappen. Viele kurze, aber heftige Steigungen brechen immer wieder den Rhythmus.

11. Etappe am 24.09.2008:
Palas de Rei – Dombodan

| Start der Etappe: | Palas de Rei | 567 m hoch |
| Etappenziel: | Dombodan | 351 m hoch |

Bei leicht bewölktem Himmel und Temperaturen bis 25 °C verließen wir Palas de Rei auf der N-547 und fuhren über Melide nach Arzúa. Wir holten uns dort in der Pilgerherberge einen Stempel für unser Credencial. Ein Bett in dieser überlaufenen Herberge hätten wir als Cicloperegrinos auf keinen Fall erhalten. Danach fuhren wir auf der CP-601 nach Dombodan.

Fazit: Dies ist eine typische galicische Etappe mit vielen kleinen aber heftigen Anstiegen. 50 km und 884 Hm gehören zu einer schweren Etappe.

12. Etappe am 25.09.2008:
Dombodan – Santiago de Compostela

Start der Etappe:	Dombodan	351 m hoch
Flughafen Lavacolla		341 m hoch
Etappenziel:	Santiago de Compostela	260 m hoch

Bei wolkenlosem Himmel und Temperaturen bis 27°C verließen wir Dombodan und fuhren auf Nebenstraßen nach Santiago de Compostela. Wenn man so etwas mit einer schlechten Wegbeschreibung tut, muss man natürlich Verirren und Suchen in Kauf nehmen. Aber letztlich hatten wir doch den unvergleichlichen Blick auf die vielen Kirchtürme der Stadt Santiago de Compostela, dem lange ersehnten Ziel.

Santiago de Compostela

Die Hauptstadt der Autonomen Region Galicia ist Sitz eines katholischen Erzbischofs und bildet als Ziel der Jakobswege den drittwichtigsten Wallfahrtsort der Christenheit nach Rom und Jerusalem.

Der Name „Santiago de Compostela" ist zusammengesetzt. Der erste Teil, Santiago, stellt eine abgeschliffene Form des lateinischen *Sanctus Iacobus* dar, deutsch heiliger Jakobus. Zur Erklärung des zweiten Namensteils, Compostela, gibt es zwei Versionen, die sich ebenfalls aus dem Lateinischen herleiten: zum einen *campus stellae,* Sternenfeld, und zum anderen *compostum,* Friedhof. Die zweite Version ist wahrscheinlicher, denn man hat bei Ausgrabungen tatsächlich Reste eines Friedhofes entdeckt, zugehörig einem römischen Militärlager aus den ersten Jahrhunderten n. Chr.

Nach der Ankunft in Santiago de Compostela bildet der Besuch der Kathedrale den Höhepunkt und Abschluss der Pilgerreise. Hinter dem Hauptaltar steht etwas erhöht eine Statue Santiagos. Zum Dank für die erfolgreiche Pilgerfahrt umarmt man von hinten diese Statue und besucht anschließend den Reliquienschrein unterhalb des Hauptaltars. Dies gilt für die Pilger als Glanzpunkt der Pilgerfahrt, auch für die, die – wie ich – nicht konfessionsgebunden sind. Möglichst schnell begibt man sich dann ins Pilgerbüro, um dort das Credencial vorzulegen und die Compostela zu beantragen. Die Stempel, die man unterwegs gesammelt hat, werden geprüft, manchmal auch kritisch hinterfragt, und man erhält dann gegen eine kleine Spende seine Pilgerbescheinigung Compostela in lateinischer Sprache.

Im Jahr 1985 wurde Santiago de Compostela von der UNESCO zum Weltkulturerbe erklärt.

Aber nicht allein die Kathedrale und die Pilgerströme bestimmen den Charakter der Stadt. Durch stetig steigende Einnahmen kam Reichtum nach Santiago de Compostela und der Ort entwickelte sich zu einem Handels- und Kulturzentrum. Im späten Mittelalter wurde die Universität gegründet. Das heutige Bild der Altstadt mit den prachtvollen zivilen und sakralen Bauten zieht nicht nur die Pilger, sondern auch viele normale Touristen an. Ich genoss die geschäftige und internationale Atmosphäre beim Spaziergang durch die verwinkelten Gassen der Altstadt.

Vom Reiseveranstalter war nach der Ankunft in Santiago de Compostela ein Besichtigungstag eingeplant. Mich reizte es jedoch, die Doppeletappe nach Fisterra, dem „Ende der Welt", zu fahren. Dafür verzichtete ich auf die Pilgermesse in der Kathedrale mit dem abschließenden Schwingen des Botafumeiro (Weihrauchfasses). Zu dem Zeitpunkt wusste ich noch nicht, dass ich Santiago de Compostela noch viele Male erleben sollte.

Fazit: Auch dies war eine typisch galicische Etappe mit vielen kleinen und nervenden Anstiegen. Sie ist mit 46 km Länge und Anstiegen von 936 Hm, also mit über 2 % Steigung, eine sehr schwere Bergetappe.

13. Etappe am 26.09.2008: Santiago de Compostela – Fisterra

Start der Etappe:	Santiago de Compostela	260 m hoch
Cee		31 m hoch
Etappenziel:	Leuchtturm Cabo Fisterra	118 m hoch

Bei wolkenlosem Himmel und Temperaturen bis 25 °C verließ ich allein Santiago de Compostela und fuhr auf der C-543 nach Bertamiráns, weiter auf der AC-450 nach Negreira, auf der AC-546 nach Brandomil und Baiñas, auf der AC-444 nach Cee und schließlich auf der AC-572 nach Fisterra und weiter bis zum Leuchtturm am Cabo Fisterra. Den anderen Reiseteilnehmern waren die Mieträder schon weggenommen worden, so dass sie diese Etappe nicht mitfahren konnten. Mit einem Autobus der Linie ALSA fuhr ich am späten Nachmittag nach Santiago de Compostela zurück. Das Fahrrad konnte ich ohne Probleme im Bus mitnehmen.

Die Getreidespeicher Hórreos sind typisch für Galicien. Die Stelzenkonstruktion verhindert mit den oben auf den Pfeilern aufliegenden Scheiben das Eindringen von Mäusen und Ratten.

Cabo Fisterra

Als die Römer die Iberische Halbinsel unterwarfen und an dieses Kap kamen, waren sie so beeindruckt von der Weite des Meeres, dass sie diesen Ort „finis terrae", das Ende der Welt nannten. Sie sollen sich sogar wie die Lemminge von den Felsen gestürzt haben. Wenn dies wirklich geschehen sein sollte, so ist anzunehmen, dass die Einheimischen dabei ein wenig nachgeholfen haben.

Ich kletterte in den Felsen herum, besuchte den Kilometerstein „0" und die Stelle, wo früher Pilger ein Kleidungsstück verbrannten. Damit sollte symbolisch das alte Leben beendet und ein neuer Anfang gestartet werden. Dann fuhr ich wieder hinunter nach Fisterra, holte mir in der Pilgerherberge meinen Stempel für das Credencial und kam gerade noch rechtzeitig zur Bushaltestelle, um den Bus nach Santiago de Compostela zu erreichen.

Fazit: Die Stationen dieser Etappe sind in den Radreiseführern auf zwei Tage verteilt. Da ich jedoch keine Zeit hatte, fuhr ich mit 107 km und 1 729 Hm meine schwerste Etappe dieses Camino.

So erlebt man die Kathedrale, wenn man sie bei der Ankunft von der Praza do Obradoiro erblickt: Die Tränen kullern und verschleiern den Blick

Pilgerpass (Credencial de Peregrinos) und Pilgerbescheinigung (Compostela) sind Nachweis einer erfolgreichen Pilgerschaft

Getreidespeicher Hórreo
Cabo Fisterra: Leuchtturm

2. Jakobsweg 1. bis 22. Juni 2009:
Vía de la Plata: Sevilla – Astorga
und Camino Francés:
Astorga – Santiago de Compostela

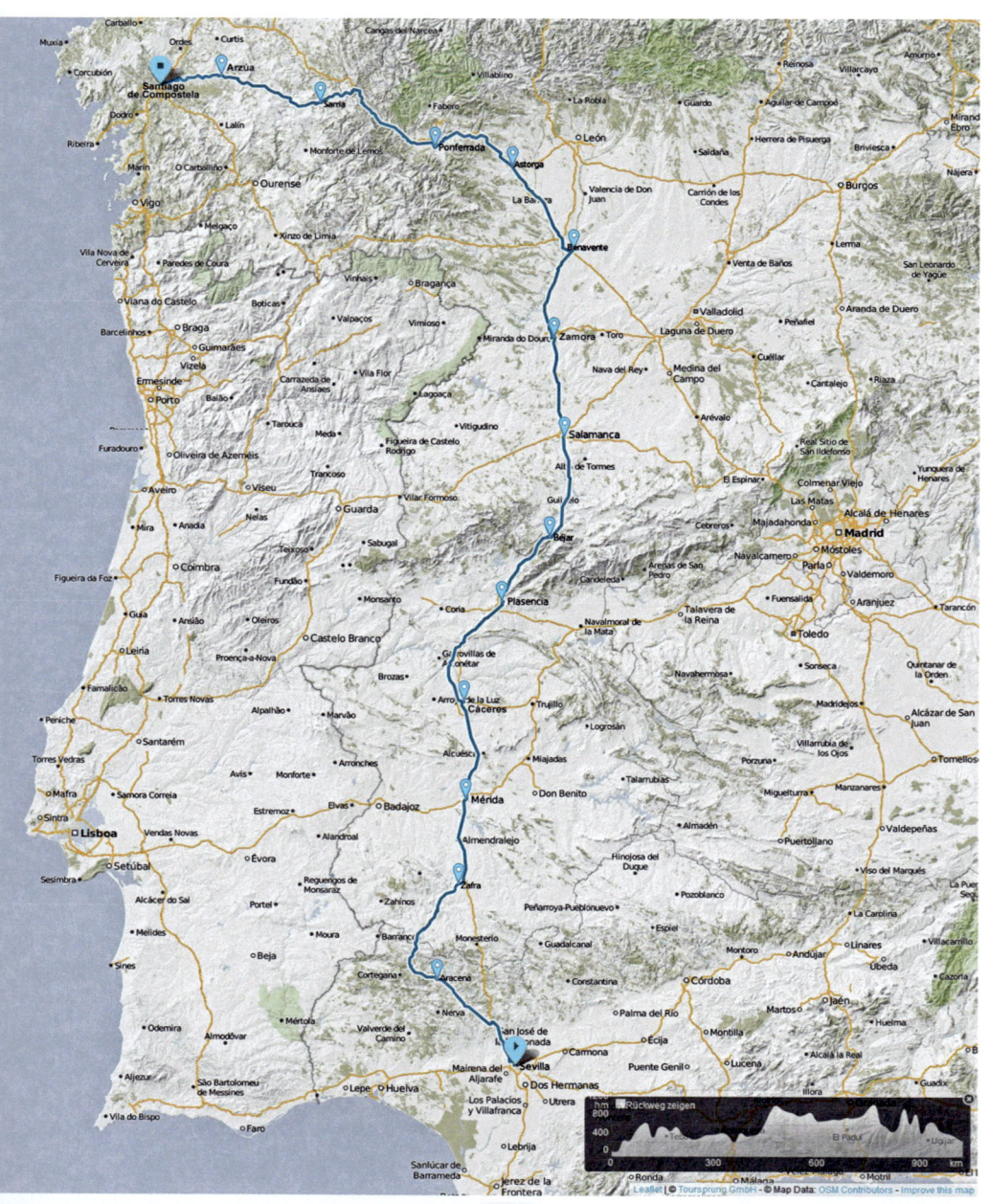

Für meinen zweiten Jakobsweg hatte ich mir die Via de la Plata ausgesucht. Ich klapperte alle einschlägigen Reiseveranstalter ab, musste aber feststellen, dass für den Juni-Termin keine Radreise angeboten wurde. Auch einen Mitstreiter konnte ich nicht finden. So reifte langsam der Entschluss, diesen Camino allein zu organisieren und auch allein zu

Tourdaten 2009

Etappe Nr.	Etappenziel	Etappen-länge [km]	Etappen-Höhenmeter [Hm]	Mittlere Geschwindkt [km/h]	Maximale Geschwindkt [km/h]
	Sevilla	98	232	13,2	41,0
1	Aracena	90	1 248	13,7	56,5
2	Zafra	101	1 414	13,0	60,0
3	Mérida	120 + 32	1 312 + 252	14,9	58,0
4	Cáceres	72	659	15,7	50,5
5	Plasencia	103	1 002	16,2	58,0
6	Béjar	93	1 608	12,7	52,0
7	Salamanca	85 + 12	918 + 25	14,9	58,0
8	Zámora	77	441	16,6	44,5
9	Benavente	84	511	16,5	46,0
10	Astorga	63	307	16,1	46,0
11	Ponferrada	60	897	13,1	49,5
12	Sárria	102	1 429	13,7	61,5
13	Arzúa	91	1 452	12,5	58,0
14	Santiago de Compostela	42 + 23	551	15,1	55,0
	Summe	<u>1 348</u>	<u>14 258</u>		

Mittlere Etappenlänge: 1 348 / 14 =   96,3 km
Mittlere Höhenmeter: 14 258 / 14 = 1 018 Hm

fahren. Die Erfahrungen des ersten Camino gaben mir die Gewissheit, diesen Anforderungen gewachsen zu sein.

Während der Planung stellte ich fest, dass die wichtigen Städte, die ich besuchen wollte, als Etappenziele jeweils etwa 100 km auseinanderlagen. Die Etappen und die zu befahrende Route plante ich mit Hilfe von GOOGLE EARTH am PC. Parallel dazu gab ich die Routen in mein neues Navigationsgerät GARMIN Nüvi 550 ein. Ich wollte wie beim ersten Camino nicht in Pilgerherbergen, sondern in einfachen Hotels übernachten und buchte meine Unterkünfte vorab im Internet. Inzwischen hatte ich auch erfahren, dass Fahrradpilger bei der Bettenvergabe in Pilgerherbergen gegenüber Wanderpilgern zurückstehen müssen: Selbst bei zugeteiltem und bereits bezahltem Bett muss dieses freigemacht werden und man muss alles wieder einpacken und abziehen, wenn spät abends ein Wanderpilger ankommt. Dieses möchte ich mir auf alle Fälle ersparen.

Startpunkt war unser Ferienhaus an der Costa Blanca. Mit einem ALSA-Bus fuhr ich am 1. Juni 2009 um 22 Uhr ab Dénia nach Sevilla, Ankunft am nächsten Tag um 10:30 Uhr. Während der Busfahrt durch die Nacht hatte ich ausreichend Zeit, Musik vom MP3-Spieler meines Mobiltelefons zu hören. An Schlafen war wegen der vielen Haltestellen und der Ruhepausen des Fahrers nicht zu denken. Ich hörte Orchesterwerke meines Lieblingskomponisten Johannes Brahms und auch das Chorwerk „Ein Deutsches Requiem". Eine Textstelle aus dem 5. Satz des Requiems kam mir bei anstrengenden Anstiegen immer wieder in den Sinn, so dass ich meine gesamte Pilgerfahrt unter dieses Motto stellen möchte:

> *Ich habe eine kleine Zeit*
> *Mühe und Arbeit gehabt*
> *und habe großen Trost gefunden.*
> (Jesus Sirach 51,35)

Sicher hat der Verfasser dabei nicht an Radfahrer gedacht, aber für mein Leben auf den Caminos passte es wie die berühmte Faust aufs Auge.

Ich hatte wieder meine Videokamera dabei und die hier abgebildeten Fotos dieses Caminos sind Einzelbilder aus dem Videofilm.

Reiseunterlagen:
* ADAC-Reiseführer plus: Spanien mit Karte 1 : 300 000,
* Navigationsgerät GARMIN Nüvi 550 mit Fahrradbetrieb und für den Außeneinsatz wasserdicht,
* Hotelinformationen der Internet-Buchungen,
* Informationen über die besuchten Städte aus dem Internet-Lexikon WIKIPEDIA.

Sevilla:

Sevilla ist die Hauptstadt der Autonomen Region Andalucía am Río Guadalquivir, dessen 90 km bis zum Meer von hier aus auch für Hochseeschiffe schiffbar sind.

Nach dem Einchecken im Hotel und dem Auspacken fuhr ich zum Touristenbüro, wo ich eine Karte von Sevilla und kostenlos einen Pilgerpass Credencial erhielt. Solche Stadtkarten sind wie schon erwähnt oft mit Vorsicht zu genießen: Anders als im Deutschen ist oben nicht immer Norden, sondern wie in diesem Fall Westen. Das ist verwirrend. Nachdem ich mich orientiert hatte, fuhr ich zur Kathedrale und traf dort den Pfarrer. Er interessierte sich sehr für meine Pilgerfahrt und legte mir nach einem guten Gespräch in spanischer Sprache dazu einen Fragebogen auf Deutsch vor, den wir anschließend diskutierten. Freudig registrierte ich meinen ersten Stempel dieses Jakobsweges im Credencial. Danach besichtigte ich die faszinierende Catedral Santa María de la Sede aus dem 15. Jh. Sie ist die größte gotische Kirche der Welt und seit 1987 Weltkulturerbe der UNESCO. Sie wurde auf den Überresten der arabischen Moschee Mezquita Mayor aus dem 12. Jh. erbaut. In der Hauptkapelle hinter dem Altar Capilla Mayor befindet sich das in den Maßen von 20 x 23 m größte Altarretabel der Welt. Die Holzschnitzarbeit ist komplett mit Blattgold belegt. Im unteren Teil befindet sich das in Silber getriebene Bild der Virgen de la Sede, das der Kathedrale den Namen gegeben hat. Neben prachtvollen Grabplastiken befindet sich das Grabmal Cristóbal Colóns (Christopher Kolumbus) von 1902. Ob sich die Gebeine Kolumbus' darin befinden, war lange ungewiss, da viele Städte denselben Anspruch erhoben. Im Jahre 2006 schaffte ein DNA-Test Gewissheit über die Echtheit. Sehenswert ist auch der neben der Kathedrale stehende Turm Giralda, der auf dem Minarett der Mezquita bis zu einer Höhe von 105 m aufgebaut wurde. Im Inneren gibt es keine

**Sevilla Catedral:
Turm Giralda, Orgel, Grabmal Cristóbal Colón**

Treppe, sondern eine Rampe, die für Reiter angelegt wurde.

Am nächsten Morgen fuhr ich zum Gelände der Weltausstellung 1992 auf der Insel Cartuja, die von zwei Armen des Guadalquivir umflossen wird. Leider verfallen das Gelände und die darauf befindlichen Gebäude, da offensichtlich keine Nachnutzung möglich ist.

Von dort fuhr ich zur Ausgrabungsstätte des römischen Itálica in der Stadt Santiponce und besichtigte die eindrucksvollen Ruinen und Mosaiken der Tempel und Wohnhäuser. Außergewöhnlich ist das riesige Amphitheater mit 160 m Länge für 25 000 Zuschauer. Ich fuhr nach Sevilla zurück zur Kathedrale. Jetzt nahm ich mir mehr Zeit, die Kathedrale von außen und innen zu besichtigen und einige Videoaufnahmen zu machen.

Itálica: Amphitheater

Weitere Ziele meines Stadtrundganges waren:
* der Königspalast Reales Alcázares, erbaut von den Mauren, heute Domizil der spanischen Königsfamilie,
* das Archivo General de Indias mit den Dokumenten der Kolonialzeit,
* der Turm Torre del Oro, ein achteckiger Turm am Guadalquivir,
* die Plaza de España,
* die Stierkampfarena Plaza de Toros (oval, für 18 000 Zuschauer).

Itálica: Mosaiken in einem Wohnhaus

Itálica:

Im Zweiten Punischen Krieg legten die Römer an diesem Ort einen Militärposten an. Von hier ging die weitere Unterwerfung der Iberischen Halbin-

sel aus. Nach dem Übergang der Herrschaft auf die Westgoten wurde Itálica als Festung genutzt. Mit der Eroberung durch die Mauren verlor Itálica seine Bedeutung, verfiel und wurde lange Zeit als Steinbruch benutzt. Im 18. Jh. erkannte man dieses historische Erbe und begann mit Ausgrabungen, die heute noch andauern.

1. Etappe am 03.06.2009: Sevilla – Aracena

Start der Etappe:	Sevilla	12 m hoch
Santiponce		19 m hoch
Etappenziel:	Aracena	726 m hoch

Bei tiefhängenden Wolken und einer Temperatur von 19 °C verließ ich Sevilla und fuhr auf der N-630 über Camas, an Santiponce (Itálica) vorbei bis El Garrobo und weiter auf der N-433 über Arroyo de la Plata und Higuera de la Sierra nach Aracena.

Nach dem Start von Sevilla und dem Passieren von Santiponce wurde die Fahrt recht einsam. Gestartet von Meereshöhe lag das Ziel am Rande des zentralspanischen Hochlandes Meseta 700 m höher. Durch das wellige Gelände waren aber etwa doppelt so viele Höhenmeter zu bewältigen. Nach der Mittagspause lösten sich die Wolken auf und die Temperatur stieg schnell auf über 30 °C. Nach 22 km kommen die Berge in Sicht und man fährt an einem Kupfertagebau vorbei. Der Abbau lohnte sich nicht mehr, die Betreiber gaben ihn auf und hinterließen eine Mondlandschaft. Der Umweltschutz besitzt in Spanien einen sehr niedrigen Stellenwert und den Begriff Renaturierung hat man hier noch nicht verinnerlicht.

Ich hatte mein Gepäck von etwa 30 kg auf die beiden hinteren Seitentaschen, die Obertasche und den Rucksack verteilt. Im Rucksack hatte ich etwa 5 kg untergebracht und trug ihn während der Fahrt auf dem Rücken. Im Laufe des Tages stellte sich aber heraus, dass das Fahren mit Rucksack wegen der ständigen Ruckelei sehr beschwerlich war und über kurz oder lang sicher zu einer Verletzung führen würde. Also kontrollierte ich am Etappenziel mein Gepäck ein weiteres Mal, diesmal noch kritischer, und sortierte 4 kg aus, die ich bei der nächsten Gelegenheit mit der Post nach Hause schickte.

Heutiges Etappenziel war die Stadt Aracena.
Aracena:
Mein gebuchtes Hotel lag kurz vor der Stadt Aracena. Die Auffahrt zum Hotel erwies sich als sehr steiler Schotterweg, so steil, dass ein Hochfahren mit dem Rad nicht möglich war, weil das Hinterrad durchdrehte. Ich musste das Gepäck abladen und hochtragen. Danach verspürte ich wenig Lust, nach meiner ersten anstrengenden Etappe diesen steilen Weg nochmals hinunterzuschlittern und später wieder hinaufzuschieben, und verpasste dadurch den touristischen Glanzpunkt Aracenas, die Wundergrotten Grutas de Maravillas.

Fazit: Die erste Etappe von 98 km Länge mit Anstiegen von 1 248 Hm forderte gleich die volle Beanspruchung einer schweren Bergetappe.

2. Etappe am 04.06.2009: Aracena – Zafra

Start der Etappe:	Aracena	726 m hoch
Embalse de Aracena		353 m hoch
Etappenziel:	Zafra	520 m hoch

Zafra ist eine Stadt in der Autonomen Region Extremadura. Sehenswert sind die Iglesia de la Candelabra aus dem 16. Jh. und der Palacio de los Duques de Feria aus dem 15. Jh.

Beim Einchecken im Hotel fragte ich den Wirt, ob es einen Preisnachlass für Pilger gäbe. Er verneinte, gab mir aber für den Preis des gebuchten Zimmers die Hochzeitssuite mit Himmelbett und eigenem Patio, ein kostenloses Frühstück und einen Parkplatz für das Rad in der Garage. Dieses pilgerfreundliche Verhalten bleibt im Gedächtnis!

Fazit: Auch die zweite Etappe mit einer Länge von 101 km und mit Anstiegen von 1 414 Höhenmetern gehört zu den schweren Bergetappen.

3. Etappe am 05.06.2009: Zafra – Mérida

Start der Etappe:	Zafra	520 m hoch
Etappenziel:	Mérida	209 m hoch

Bei tief hängenden Wolken und 18 °C verließ ich Zafra auf der EX-320 und fuhr bis Salvatierra de los Barros, auf der BA-098 bis Santa Marta, auf der EX-105 bis Almendralejo und auf der N-630 bis Mérida. Die Straßen waren zum Teil in katastrophalem Zustand, was den Fahrgenuss stark einschränkte. Schon bald nach dem Start kamen die ersten Regenschauer und ich musste Regenkleidung anlegen. Da es schnell gehen musste, hängte ich nur den Regenponcho über, was ich aber schnell bereute. Eine starke Bö von hinten riss den Poncho hoch und stülpte ihn mir so über den Kopf, dass ich plötzlich völlig im Dunklen war. Nach diesem Schrecken hielt ich den Regenanzug immer griffbereit. Später wurde aus den Schauern ein starker Dauerregen, so dass ich in einem kleinen Ort eine Zwangspause einlegte. Der Gastwirt überraschte mich, als er für einen großen Becher Café con Leche nur 90 Centimos verlangte.

Unterwegs benutzte ich mein Navigationsgerät GARMIN Nüvi 550. Es wird mit einer Laufzeit von acht Stunden beworben. Real erreicht man aber nur zwei bis drei Stunden und ich habe mir vier Zusatzakkus gekauft. Um die Laufzeit zu verlängern, habe ich die Sprachansage abgeschaltet. Bei Stadtverkehr ist die Ansage wegen des Lärms auch schwer zu verstehen. Dass dies auch gefährlich sein kann, musste ich auf dieser Etappe lernen. Wenn man von der geplanten Route abweicht, wird man nur durch Ansage auf eine Neuberechnung hingewiesen. Kurz danach erscheint das neue Bild in der gleichen Ansicht, ohne einen optischen Hinweis auf die Neuberechnung der Route. Auf dieser Etappe hatte ich die falsche Ausfallstraße erwischt und dies wegen der abgeschalteten Sprachansage zu spät bemerkt. Als ich es zur Kenntnis nahm, wollte ich nicht umkehren, sondern fuhr die neue Strecke weiter. Wegen der dünn besiedelten Landschaft und der entsprechend wenigen Straßen summierte sich der Umweg am Abend auf mehr als 50 km und 350 Hm. Aber: Der Weg ist das Ziel! Und die Fahrt durch solch interessante Landschaft lässt den Umweg wenig spüren.

Fazit GARMIN: Beim Durchfahren einer Stadt muss man das Navi ständig im Auge behalten. Nach jeder Kreuzung gilt es die Anzeige zu kontrollieren und ggf. sofort umzukehren und die Route zu korrigieren.

Nach drei Etappen legte ich wie geplant in Mérida einen Ruhe- und Besichtigungstag ein. Die Freude daran wurde aber stark gemindert durch ein Gewitter und Starkregen am Ruhetag bis zum Mittag.

Mérida

Mérida ist die Hauptstadt der Autonomen Region Extremadura. In der Zeit der römischen Besatzung war Mérida Hauptstadt einer römischen Provinz. Aus dieser Zeit stammen viele Überreste repräsentativer römischer Gebäude, die noch heute das Stadtbild prägen und die ich mit dem Fahrrad besuchte und in Videoaufnahmen festhielt.

* Tempel der Diana
* Forum einschließlich Trajansbogen
* Theater und Amphitheater
* Circus Maximus, Pferderennbahn in der Abmessung 400 x 100 m
* Wasserleitungen Acueductos
* Puente Romano über den Río Guadiana

Das Hotel in Mérida bleibt in Erinnerung als das mit der unfreundlichsten Bedienung der Hotels aller von mir gefahrenen Jakobswege:

* Das Zimmer wurde vor dem Beziehen nicht gezeigt,
* beim Tragen des Gepäcks wurde nicht geholfen,
* rüde wurde sofortige Bezahlung verlangt,

Zafra: Palacio de los Duques de Feria

Mérida: Tempel der Diana   Römerbrücke

* als abends meine Frau anrief, war der Name Steffen nicht bekannt und das Gespräch wurde nicht durchgestellt.

Fazit: Diese Etappe sollte eigentlich eine der kürzeren werden, durch den Umweg aber wurde daraus mit 120 km Länge und Anstiegen von 1 312 Hm eine schwere Bergetappe.

4. Etappe am 07.06.2009: Mérida – Cáceres

Start der Etappe:	Mérida	209 m hoch
Etappenziel:	Cáceres	451 m hoch

Der Himmel war stark bewölkt und die Temperatur betrug 16 °C, als ich Mérida verließ und auf der N-630 über Aldea del Cano und Valdesalor nach Cáceres fuhr.

Die N-630 verläuft meist schnurgerade durch die eintönige Landschaft, die parallele, kostenlose Autobahn A-66 nimmt den Autoverkehr auf. Es sind riesige Viehweiden mit Bäumen in sehr großem Abstand, Landwirtschaft scheint nicht möglich zu sein. Von Zeit zu Zeit erkennt man an Hand von Brücken die alte Via de la Plata, die jetzt durch Grundstücke führt und an den Grundstücksgrenzen meist zugesperrt ist.

Cáceres

Cáceres ist eine Provinzhauptstadt in der Autonomen Region Extremadura. Im 15. Jh. ließ Isabella I. von Kastilien die Türme aller Häuser, deren Besitzer sie nicht unterstützt hatten, abreißen. Seitdem trägt Cáceres den Beinamen „Enthauptete Hauptstadt". Seit 1986 gehört die Altstadt von Cáceres zum UNESCO-Weltkulturerbe.

Cáceres war eine der ersten Basen während des Militärputsches des Generalissimus Franco. Sofort nach der Einnahme der Stadt wurden mehr als 600 demokratische Bürger der Stadt ohne Gerichtsurteil erschossen, darunter alle Bürgermeister von Cáceres und der umliegenden Dörfer.

Nach dem Einchecken im Hotel machte ich mich auf den Weg, die Altstadt zu besichtigen. Diese beeindruckt durch zahlreiche Kirchen, Paläste und wunderschöne Stadthäuser. Ich besichtigte die Plaza Mayor und die Concatedral de Santa María und erhielt meinen Stempel für das Credencial.

Fazit: Diese Etappe ist mit 72 km Länge und Anstiegen von 659 Hm eine der kürzeren mit wenigen Steigungen und lässt sich als leicht klassifizieren.

5. Etappe am 08.06.2009: Cáceres – Plasencia

Start der Etappe:	Cáceres	451 m hoch
Nationalpark Monfragüe		199 m hoch
Etappenziel:	Plasencia	450 m hoch

Bei stark bewölktem Himmel und einer Temperatur von 14 °C verließ ich Cáceres und fuhr auf der EX-390 nach Torrejón el Rubio, auf der EX-208 zum Nationalpark Monfragüe am Río Tajo und danach weiter bis Plasencia.

Kurz nach dem Start begann es zu regnen, starker Regen beeinträchtigte die Fahrt den ganzen Vormittag über, und das bei einem starken Rückenwind. Ich begrüßte die Mittagspause und gönnte mir in einer Raststätte ein Menú del Día. Nach dem Mittagessen hörte es auf zu regnen und die Temperatur stieg auf 21 °C.

Nationalpark Monfragüe

Der heutige Nationalpark weist eine Größe von 180 km² auf. Er wurde im Jahr 1979 als Naturpark eingerichtet, 2003 von der UNESCO zum Biosphärenreservat erklärt und 2007 zum 14. Nationalpark Spaniens erhoben.

Diese Gegend ist sehr wenig besiedelt und deshalb vorzüglich geeignet als Vogelschutzgebiet, in dem viele Greifvögel brüten. Ich konnte mich kaum losreißen vom Anblick der vielen großen Greifvögel. Daneben waren auch Störche, Reiher und andere Vogelarten zu sehen.

Plasencia

Die Stadt Plasencia in der Autonomen Region Extremadura bietet eine derart große Anzahl von kulturhistorischen Bauwerken, dass man kaum weiß, wo man mit der Besichtigung beginnen soll. Ich wanderte zu den beiden Kathedralen Catedral Vieja aus dem 13. Jh. und der Catedral Nueva aus dem 16. Jh., wo ich mir meinen Stempel für das Credencial holte. Danach ging ich zur Plaza

Cáceres: Stadtmauer an der Plaza Mayor mit dem
Torre de Bujaco und dem Tor Arco de Estrella
Nationalpark Monfragüe

Cáceres: Monumento a los Cofrades
Plasencia: Catedral Nueva

Mayor mit dem Ayuntamiento.

Fazit: Mit 103 km Länge und Anstiegen von 1 002 Hm handelt es sich um eine normale Etappe. Der starke Regen am Vormittag brachte zusätzliche Erschwernis.

6. Etappe am 09.06.2009: Plasencia – Béjar

Start der Etappe:	Plasencia	450 m hoch
Etappenziel:	Béjar	952 m hoch

Der Himmel war leicht bewölkt, es wehte ein starker Rückenwind und die Temperatur betrug bis 21 °C, als ich Plasencia verließ und auf der N-630 bis Béjar fuhr.

Für die Routenplanung meines Navigationsgerätes muss ich, wenn ich eine bestimmte Straße fahren will, Zwischenziele angeben. Diese Zwischenziele liegen üblicherweise nicht direkt auf der Straße, sondern etwas abseits davon. Ich war an diesem Tag nicht besonders konzentriert und bemerkte nicht, dass mein GARMIN mich durch das Zwischenziel Villar de Plasencia lotste und mich danach in die Berge schickte. Ich wusste nur, dass der Weg nach Béjar starke Steigungen bringen würde. Plötzlich brach die Navigation ab und ich stand in der Gegend, siehe nebenstehendes Bildschirmfoto. Ich beratschlagte mit einem freundlichen Autofahrer den weiteren Weg, er riet mir aber dringend, zur N-630 zurückzukehren und von dort weiter nach Béjar zu fahren. Diese Unaufmerksamkeit bescherte mir zusätzlich 2 x 16 km Umweg und 600 Hm.

Béjar
Béjar ist ein Ort in der Provinz Salamanca der Autonomen Region Castilla y León. Ich kam wegen des Umweges erst spätabends in Béjar an und konnte mir gerade noch die Kirche Iglesia El Salvador anschauen.

Fazit: Diese Etappe zählt mit 93 km Länge und Anstiegen von 1 608 Hm zu den schweren, durch die zusätzliche Belastung durch den Umweg wurde sie aber zu einer sehr schweren.

7. Etappe am 10.06.2009: Béjar – Salamanca

Start der Etappe:	Béjar	952 m hoch
Etappenziel:	Salamanca	808 m hoch

Bei leicht bewölktem Himmel, starkem Rückenwind und Temperaturen zwischen 14 und 22 °C verließ ich Béjar und fuhr auf der N-630 bis Salamanca.

Salamanca

Salamanca ist eine Provinzhauptstadt in der Autonomen Region Castilla y León am Río Tormes. Hier bestanden schon in der altiberischen Zeit eine Siedlung und ein Handelszentrum.

Der Herrschaftswechsel verlief wie in Spanien üblich: Auf die Römer folgten die Westgoten, auf diese die Mauren und darauf die Christen. Während der Kriege zwischen Christen und Mauren wurde die Stadt mehrfach zerstört und blieb lange Zeit unbewohnt. Erst im 12. Jh. begann die Wiederbesiedelung. Aus dieser Zeit stammt die alte Kathedrale. Im Jahre 1218 wurde die Universität gegründet, die älteste bestehende Universität Spaniens. Ihr Maskottchen, der Frosch (eigentlich eine Kröte) auf dem Totenschädel, ist ein Wahrzeichen Salamancas. 40 000 Studenten studieren in Salamanca und die vielen jungen Leute beleben das Stadtbild. Im Jahre 1988 wurde die Altstadt Salamancas von der UNESCO zum Weltkulturerbe erklärt. Wenn man sich von Süden der Stadt nähert, kann man schon von weitem wegen der kargen, platten Landschaft rund um Salamanca die beeindruckende Silhouette mit den

Bildschirmfoto vom Irrweg
Béjar: Iglesia El Salvador

Türmen der beiden Kathedralen erkennen.

Nach sieben Etappen legte ich wie geplant in Salamanca einen Ruhe- und Besichtigungstag ein. Ich begann meinen Stadtrundgang an der Neuen Kathedrale Catedral Nueva aus dem 16. Jh. Diese bildet einen Gebäudekomplex mit der alten Kathedrale Catedral Vieja aus dem 12. Jh., beide absolut sehenswert. In der nahegelegenen Pilgerherberge holte ich mir den Stempel für mein Credencial. Neben der Universität steht die Casa de las Conchas, deren Fassade mit 300 Muscheln als Pilgersymbol geschmückt ist. Einen Glanzpunkt Salamancas bildet die Plaza Mayor, die oft als schönster Platz Spaniens bezeichnet wird. Viele Restaurants laden zum Verweilen ein. Bei einer Tasse Café con Leche (Milchkaffee) kann man diese schöne Umgebung genießen und das Treiben auf dem Platz beobachten. Anschließend fuhr ich noch zur Römischen Brücke Puente Romano.

Salamanca: Río Tormes zu den Kathedralen

Cristóbal Colón: Hier geht's lang!

Universität: Frosch (Kröte) auf Totenschädel

Iglesia de la Clerecía Casa de las Conchas

Fazit: Diese Etappe auf der Nationalstraße N-630 gehört mit 85 km Länge und Anstiegen von 918 Hm zu den normalen Etappen.

8. Etappe am 12.06.2009: Salamanca – Zamora

Start der Etappe:	Salamanca	808 m hoch
Etappenziel:	Zamora	652 m hoch

Bei wolkenlosem Himmel und Temperaturen bis über 30 °C verließ ich Salamanca und fuhr auf der N-630 bis Zamora.

Am Vormittag traf ich die ersten beiden Wanderpilger. Sie trotteten auf dem Camino neben der schnurgeraden N-630 einher. Den Hauptverkehr nimmt zwar die parallele kostenlose Autobahn A-66 auf, trotzdem ist jedes einzelne vorbeifahrende Fahrzeug belästigend. Diese Situation geht schon den Radfahrern auf die Nerven, wie viel schlimmer muss es da erst den Wanderern ergehen; bemitleidenswert!

Zamora

Zamora ist eine Provinzhauptstadt in der Autonomen Region Castilla y León am Río Duero. Ich war froh, das Hotel zu erreichen, denn diese Hitze von mehr als 35 °C schlauchte doch stark. So verspürte ich an diesem Tag keine Lust mehr, die Stadt zu besichtigen.

Fazit: Eine leichte Etappe mit einer Länge von 77 km und Anstiegen von 441 Hm auf der Nationalstraße N-630.

9. Etappe am 13.06.2009: Zamora – Benavente

Start der Etappe:	Zamora	652 m hoch
Etappenziel:	Benavente	750 m hoch

Als Erstes holte ich die Besichtigung der Stadt Zamora nach und machte einige Videos von der romanischen Catedral Santa María Magdalena aus dem 12. Jh., vom Castillo, dem Ayuntamiento und der sehenswerten Markthalle.

Bei wolkenlosem Himmel und Temperaturen bis über 30 °C verließ ich dann Zamora und fuhr auf der N-630 bis Benavente.

Wieder mussten die Wanderpilger parallel zur Nationalstraße N-630 laufen. Hier erlebt man die Meseta sehr intensiv: plattes Land mit Feldern und Wiesen, soweit das Auge reicht. Kaum ein Baum, an dem sich das Auge orientieren kann. Da die parallele Autobahn noch nicht durchgängig fertiggestellt war, donnerten die Lastkraftwagen beim Überholen ganz dicht vorbei. So macht das Pilgern keinen Spaß, nicht für Wanderer und nicht für Radfahrer. Besonders an abschüssigen Strecken, wo man als Radfahrer an die 60 km/h fährt, bringt einen die Luftdruckwelle, die ein überholender Lkw vor sich her schiebt, doch ganz schön ins Schlingern.

Ich war jetzt tagelang auf der N-630 unterwegs, aber plötzlich ist sie nicht mehr da! An einem Kreisverkehr gibt es nur noch die Auffahrt zur Autobahn A-66. Die Alternative wäre, eine Landstraße zu nehmen, die aber, wie ein Blick auf die Landkarte lehrte, einige 10 km Umweg bedeuten würde. Also rauf auf die Autobahn. Die Strecke bis zur nächsten Ausfahrt hatte einen Pannenstreifen, so dass die Fahrt sogar komfortabler als auf so mancher Nationalstraße war. Ich konnte die Autobahn ohne Zwischenfall an der nächsten Anschlussstelle verlassen, dort gab es die N-630 wieder und ich konnte bis zum Etappenziel Benavente fahren.

Fazit: Auch diese Etappe auf der Nationalstraße N-630 ist mit einer Länge von 84 km und Anstiegen von 511 Hm wieder als leicht zu klassifizieren.

10. Etappe am 14.06.2009: Benavente – Astorga

Start der Etappe: Benavente   750 m hoch
Etappenziel: Astorga   874 m hoch

Nach dem Frühstück hielt mich ein starker Regenguss im Hotel fest. Nach zwei Stunden ging der Starkregen in Nieselregen über und ich konnte starten. Die Temperatur stieg mit der aufkommenden Sonne von 17 °C auf über 25 °C. Ich fuhr auf der N-VI von Benavente bis Astorga. Bis 6 km vor Astorga verlief die Straße wieder schnurgerade und unendlich langweilig und da ist man auch als passionierter Radfahrer glücklich, diese Strecke hinter sich zu bringen. Kurz vor Astorga wurde die Landschaft hügelig und waldig und in der Ferne tauchten die Berge Montes de León auf.

Zamora: Catedral Santa María Magdalena und Merlú

Astorga: Ayuntamiento, Parróquia de San Pedro

Astorga:

Astorga ist eine Stadt in der Provinz León der Autonomen Region Castilla y León am Río Tuerto. Sie ist Bischofssitz der größten Diözese Spaniens.

Nach zehn Etappen legte ich wie geplant in Astorga einen Ruhe- und Besichtigungstag ein. Die Freude daran wurde aber stark gemindert durch ein Gewitter und Starkregen bis zum Mittag des Ruhetages. Außerdem blieben die meisten Einrichtungen am Ankunftstag Sonntag und am Ruhetag Montag geschlossen. So konnte ich mir weder im Touristenbüro Unterlagen über Astorga besorgen, noch konnte ich das Museum in der Kathedrale besichtigen. Meinen Stempel für das Credencial erhielt ich in der Pilgerherberge.

Da ich schon beim ersten Camino Astorga besichtigt hatte, war der Ärger nur halb so groß. Ich besuchte noch die römischen Ausgrabungen, die Stadtmauer und das Ayuntamiento.

Fazit: Mit 63 km Länge und Anstiegen von 307 Hm auf der Nationalstraße N-VI war die Etappe eine leichte.

11. Etappe am 16.06.2009: Astorga – Ponferrada

Start der Etappe:	Astorga	874 m hoch
Cruz de Ferro		1 530 m hoch
Etappenziel:	Ponferrada	533 m hoch

Bei leicht bewölktem Himmel und einer Temperatur von 16 °C verließ ich Astorga auf der LE-142 und fuhr über Castrillo de los Polvazares, El Ganso (1000 m Höhe), Rabanal del Camino und Foncebadón
zum Cruz de Ferro.

Ich besuchte zum zweiten Mal das Cruz de Ferro und konnte mich auch dieses Mal nicht dem Zauber dieses Ortes entziehen. Es ist körperlich nicht zu greifen, aber die Gewissheit, dass hier seit Jahrtausenden gläubige Menschen ihren Sorgenstein abgelegt haben, versetzt einen in die richtige Stimmung. Auch in diesem Jahr war es wieder der erste Höhepunkt des Caminos. Ich legte meinen Stein, den ich von zu Hause mitgebracht hatte, am Kreuz ab, legte eine kleine Denk- und Ruhepause ein und fuhr dann ins Tal hinab. Das Tagesziel war die Stadt Ponferrada.

Ponferrada:

Ponferrada ist die Hauptstadt der Comarca El Bierzo der Provinz León in der Autonomen Region Castilla y León am Zusammenfluss von Río Sil und Río Boeza. Hauptsehenswürdigkeit des Ortes ist die Templerburg aus dem 12. Jh.

Am Cruz de Ferro mit dem Sorgenstein

O Cebreiro: Iglesia de Santa María

Ponferrada: Templerburg

Nach dem Anmelden im Hotel wanderte ich zur Burg und besichtigte die gesamte beeindruckende Anlage.

Fazit: Die Königsetappe über das Dach des Camino mit 1 530 m Höhe bringt zwar einen langen Anstieg, zählt aber insgesamt nur 60 km und 897 Hm. Trotzdem ist sie als schwere Etappe zu kennzeichnen.

12. Etappe am 17.06.2009: Ponferrada – Sarria

Start der Etappe:	Ponferrada	533 m hoch
Villafranca del Bierzo		511 m hoch
O Cebreiro		1 293 m hoch
Alto do Poio		1 337 m hoch
Etappenziel:	Sarria	426 m hoch

Der Himmel war wolkenlos und die Temperatur betrug 18 °C, als ich Ponferrada auf der N-VI verließ und über Villafranca del Bierzo nach Pedrafita do Cebreiro fuhr. Man fährt durch ein wunderschönes grünes Tal mit herrlichen Felsformationen. Die Steigungen, die an einigen Stellen 10 % betragen, bedeuten aber ein schönes Stück Arbeit. Kurz nach Pedrafita do Cebreiro passiert man die Grenze zwischen Castilla y León und Galicia. Die Sonne brannte und es wurde heiß. Die Höhe von über 1000 m machte das Radfahren aber erträglich. Auf der LU-633 sind es noch 5 km bis O Cebreiro, einem weiteren Höhepunkt des Camino Francés. Diese Etappe war ich auch im Vorjahr als achte Etappe gefahren, so dass ich mir eine erneute Beschreibung sparen kann. Im Vorjahr hatte ich diese Etappe ab 1 000 m Höhe in tiefhängenden Wolken zurückgelegt, in diesem Jahr strahlte allerschönster Sonnenschein. In O Cebreiro traf ich ein Ehepaar aus Düsseldorf auf einem Tandem, Guido und Brunhilde. Sie fuhren die Abfahrten schneller als ich, wir trafen uns aber jeden der folgenden Abende bis zur Ankunft in Santiago de Compostela wieder, da wir die gleiche Etappeneinteilung hatten.

Fazit: Auf die gestrige Königsetappe folgte heute wieder eine schwerste Bergetappe, 102 km lang mit Anstiegen von 1 429 Hm.

13. Etappe am 18.06.2009: Sarria – Arzúa

Start der Etappe:	Sarria	426 m hoch
Portomarín		343 m hoch
Etappenziel:	Arzúa	375 m hoch

Bei dicht bewölktem Himmel und einer Temperatur von 16 °C verließ ich Sarria auf der C-535 nach Portomarín, danach fuhr ich auf der N-540 und N-547 über Palas de Rei und Melide nach Arzúa. Auch diese Etappe verlief so wie im Vorjahr.

Bei der Ausfahrt aus Sarria fuhr ich auf der leicht ansteigenden Vorfahrtsstraße C-535. Wegen der Regengefahr hatte ich meinen hell leuchtenden knallroten Regenanorak angezogen und die Packtaschen mit dem neongrünen Regenschutz verpackt. An einer Kreuzung warteten mehrere nicht vorfahrtsberechtigte Autos. Als ich mich schon im Kreuzungsbereich befand, fuhr plötzlich eine junge Frau los, knallte gegen mein Fahrrad und brachte mich zu Fall. Ich konnte gerade noch die Füße aus den Haken befreien, so dass ich nicht unter dem Rad zu liegen kam. Die junge Frau bat mich inständig, nicht die Polizei zu rufen, und bezahlte meinen Schaden sofort in bar. Dieser Unfall ist völlig unerklärlich. Woran die junge Frau in diesem Augenblick auch gedacht haben mag, der Straßenverkehr war es sicher nicht …

Mittags lösten sich die Wolken auf und es wurde sehr heiß, über 30 °C. Ich war zufrieden, mein Etappenziel Arzúa zu erreichen. In der Pilgerherberge holte ich mir meinen Stempel für das Credencial.

Fazit: Auch diese Etappe gehört mit 91 km Länge und Anstiegen von 1452 Hm zu den schweren Bergetappen. Viele kurze, aber heftige Steigungen fordern die Kondition.

14. Etappe am 19.06.2009: Arzúa – Santiago de Compostela

Start der Etappe:	Arzúa	375 m hoch
Flughafen Lavacolla		341 m hoch
Etappenziel:	Santiago de Compostela	260 m hoch

Es war leicht bewölkt und die Temperatur betrug 18 °C, als ich Arzúa auf der N-547 in Richtung Flughafen Lavacolla verließ. Die Nationalstraße ist vormittags stark befahren mit vielen Lkws, die Holz transportieren. In dem hügeligen Gelände gibt es ein ständiges Auf und Ab. Ich war froh, die lärmende Straße am Flughafen von Santiago de Compostela verlassen zu können, einige Kilometer auf dem Wanderweg zu fahren und dann später auf die N-634 zu stoßen. Diese führt bis in die Stadt und kurze Zeit später stand ich auf der Praza do Obradoiro, dem wunderschönen Vorplatz der Kathedrale. Wie im Vorjahr überwältigte mich erneut der Anblick der Kathedrale. Kurze Zeit später traf auch das Tandem aus Düsseldorf auf dem Platz ein und wir begrüßten uns herzlich. Wir filmten und fotografierten uns gegenseitig. Nach dem Anmelden im Hotel fuhr ich zum Pilgerbüro, wo ich die Compostela beantragte und auch erhielt. Es gab eine lange Warteschlange bis zur Straße hinaus und ich stellte mich eine Stunde lang an. Vor mir in der Schlange stand ein 50-jähriger Mann, der allein seit Saint-Jean-Pied-de-Port gewandert war. Als er sich umdrehte, konnte ich auf seinem Hemd lesen: **ü*Papa, Du schaffst es*©** Ich beglückwünschte ihn zum Erreichen seines Zieles, wie es ihm seine Tochter mit auf den Weg gegeben hatte. Die Wartezeit verging im angeregten Gespräch mit dem Mann aus Berlin-Pankow wie im Fluge. Am Schalter wurden wir getrennt und ich konnte ihm, der kein Spanisch spricht, nicht helfen. Jeder Pilger hat als Erstes eine Liste auszufüllen und muss ankreuzen, aus welchen Gründen er diese Pilgerfahrt auf sich genommen hat. Der Pankower kreuzte auf einer neuen Seite dieser Liste „nicht religiös" an. Daraufhin erhielt er nicht eine Compostela, sondern eine Wanderbestätigung. Dieses Verfahren war auch für mich neu und so trauerten wir gemeinsam um die verpasste Compostela bei einem Bier im nächsten Straßencafé.

Fazit: Wieder zählt diese Etappe zu den typisch galicischen Etappen mit vielen kleinen, aber heftigen Anstiegen und einer mittleren Steigung von mehr als 2 %.

Ich blieb noch zwei Tage in Santiago und besichtigte die schöne Altstadt und die vielen Sehenswürdigkeiten. Ich besuchte an beiden Tagen die Pilgermesse um 12 Uhr, umarmte die Statue Santiagos über dem

Hauptaltar und erwies der Reliquie die Ehre. Ich hatte das Glück, an beiden Tagen das Schwenken des Botafumeiro zu erleben. Dies ist ein 1,60 m hohes, 80 kg schweres Weihrauchgefäß, das an einem 30 m langen Seil von der Decke hängt. Durch eine sinnreiche Konstruktion wird es von acht starken Männern in Mönchskleidung durch das Querschiff geschwenkt, bis es zur Decke hochschwingt und in der ganzen Kathedrale seinen Weihrauch verteilen kann.

Die Rückfahrt von Santiago de Compostela nach Dénia mit dem Linienbus der ALSA war langwierig und anstrengend: Santiago de Compostela – Madrid 13:45 – 22:00 Uhr und Madrid – Dénia 24:00 – 7:30 Uhr am nächsten Tag. Dies war das erste, einzige und letzte Mal, dass ich mit dem Bus die Hin- und Rückreise zu einem Camino unternommen habe.

Einfahrt auf die Praza do Obradoiro

**Statue Santiagos über dem Hauptaltar
Schwenken des Botafumeiro**

3. Jakobsweg 12. bis 28. Juli 2010:
Camino del Norte/Camino de la Costa: Bilbao – Gijón – A Coruña – Santiago de Compostela

Das Heilige Jahr 2010

Im Heiligen Jahr 2010 wollte ich im Juli meinen Camino fahren und rechtzeitig zu den Feierlichkeiten in Santiago de Compostela ankommen. Am Santiago-Tag, dem 25 Juli, finden in Santiago viele Veranstaltungen statt, die ich auf keinen Fall versäumen wollte. Wie im Vorjahr hatte ich bei meiner Suche nach einem Reiseveranstalter keinen Erfolg und fand auch keinen Mitstreiter. So musste ich auch diesen Camino wieder allein organisieren und auch allein fahren. Die Erfahrungen meines zweiten Camino, den ich auch allein gefahren bin, gaben mir die Gewissheit, diesen Anforderungen gewachsen zu sein. Auch Etappen von 130 km bei mehr als 2 000 Höhenmetern konnten mich nicht mehr schrecken. Ich wählte die Etappenziele wiederum so aus, dass sie jeweils etwa 100 km auseinanderlagen. GOOGLE EARTH diente mir als Werkzeug bei der Planung am PC. Parallel dazu gab ich die Routen wie im Vorjahr in mein Navigationsgerät GARMIN Nüvi 550 ein.

Am 12. Juli 2010 flog ich mit AIRBERLIN von Palma de Mallorca nach Bilbao, meinem Startort. Das Fahrrad hatte ich in einem Fahrradkarton verstaut und nach der Landung einwandfrei erhalten. Die Fahrradpacktaschen hatte ich in einer Übertasche verpackt und mit Packgurten gut gesichert und ebenfalls unbeschädigt erhalten. Nach dem Montieren des Rades fuhr ich vom Flughafen durch das überaus hässliche Industriegebiet nach Bilbao zu meinem Hotel.

Tourdaten 2010

Etappe Nr.	Etappenziel	Etappenlänge [km]	Etappen-Höhenmeter [Hm]	Mittlere Geschwindkt [km/h]	Maximale Geschwindkt [km/h]
	Bilbao	63	427	14,5	36,2
1	Santander	125	1 324	14,6	60,7
2	San Vicente de la Barquera	76	1 058	14,4	60,9
3	Ribadesella	73	780	15,0	47,8
4	Gijón	88	1 057	14,3	51,2
	Oviedo[1]	65	491	16,0	48,4
5	Luarca	106	1 276	14,0	61,7
6	Ribadeo	80	797	14,4	53,6
7	Viveiro	81	866	14,3	54,0
8	A Coruña	135	2 011	13,2	56,9
9	Santiago de Compostela	83	1 230	13,5	60,5
	Santiago de Compostela	32	363	10,1	50,9
	Summe	1 007	11 680		

Mittlere Etappenlänge: 1 007 : 9 =   111,9 km
Mittlere Höhenmeter: 11 680 : 9 = 1 298 Hm

[1] Ruhetag in Gijón / Oviedo

Reiseunterlagen:
* OUTDOOR-Reiseführer Nordspanien: Jakobsweg Küstenweg,
* Navigationsgerät GARMIN Nüvi 550 mit Fahrradbetrieb und für den Außeneinsatz wasserdicht,
* Hotelinformationen der Internet-Buchungen,
* Informationen über die besuchten Städte aus dem Internet-Lexikon WIKIPEDIA.

Der OUTDOOR-Reiseführer ist zwar für die Wanderpilger geschrieben, ich habe trotzdem für diesen und für die folgenden Jakobswege die entsprechenden Ausführungen gekauft. Sie enthalten auch für Fahrradpilger einige Informationen und man kann sich vorab mit der Tour vertraut machen.

Ich hatte wieder meine Videokamera mitgenommen und die Fotos dieses Caminos sind Einzelbilder aus dem Videofilm.

Bilbao

Bilbao ist eine Provinzhauptstadt in der Autonomen Region Baskenland, spanisch País Vasco, baskisch Euskadi, an der Ría de Bilbao, in die die Flüsse Nervion und Ibaizabal münden. Die Stadt ist die wichtigste Industrie- und Hafenstadt des Baskenlandes und zählt fast eine Million Einwohner.

Auf der ganzen Iberischen Halbinsel kann man sich untereinander einigermaßen verstehen, wenn man eine der vielen hier gesprochenen Sprachen spricht, da der Unterschied mehr dem von Dialekten entspricht. Dies darf man aber nicht öffentlich sagen, denn die spanische Seele ist in dieser Hinsicht sehr empfindlich. Während der Zeit des Faschismus waren alle lokalen Sprachen verboten zugunsten von Castellano (kastilisch), das in der Zeit als Spanisch alleinige Amtssprache war. Umso mehr sind die Vertreter der übrigen Sprachen nach dem Ende des Faschismus ins andere Extrem übergeschwungen und machen ihre Identität an der Verbreitung und Pflege dieser Sprachen fest. Die baskische Sprache ist aber eine völlig allein stehende Sprache, die mit dem Latein der römischen Besatzer, das bei allen Sprachen auf der Iberischen Halbinsel Pate stand, keine Berührungspunkte hat. Zum Verständnis des Baskischen hilft es einem überhaupt nicht weiter, wenn man eine romanische Sprache spricht. Glücklicherweise sind die Beschriftungen im öffentlichen Raum zweisprachig Baskisch/Spanisch.

Für den Folgetag hatte ich einen Besichtigungstag eingeplant. Mein erstes Ziel bildete Portugalete an der Mündung der Ría de Bilbao in den Golf von Biscaya. Eine absolute Sehenswürdigkeit ist die Puente Vizcaya, die älteste noch betriebene Schwebefähre der Welt aus dem Jahr 1893. Sie ist 160 m lang und mit einer Höhe von 45 m für die Passage von Hochseeschiffen geeignet. Seit dem Jahr 2006 gehört sie zum UNESCO-Weltkulturerbe. Ich fuhr mit der Fähre ans andere Ufer und dort mit einem Aufzug zur oberen Brücke, von wo aus man einen wunderschönen Ausblick über die Ría de Bilbao bis zum Golf von Biscaya hat. Danach nahm ich den Weg am Nervion-Ufer zurück und besichtigte das Guggenheim-Museum für Moderne Kunst, fertiggestellt 1997. Dieser Bau mit der Außenhaut aus Titan gehört zu den wichtigsten Beispielen moderner Architektur des 20. Jahrhunderts. Vor dem Museum steht die 12 m hohe Skulptur eines Hundes, die komplett mit Blumen bepflanzt ist. Puppy war nur für die Eröffnung errichtet worden und sollte danach entfernt werden. Nach heftigen Protesten der Bürger Bilbaos wurde sie aber nicht abgerissen und ist heute eines der Wahrzeichen Bilbaos. Mit der Zahnradbahn fuhr ich auf den Artxanda, von wo aus sich ein schöner Blick auf Bilbao bietet. Kaffee und Kuchen ersetzten mir ein Mittagessen. Danach ging es in die Altstadt, wo ich die Catedral de Santiago aus dem 14. Jh. besichtigte. Das Innere ist ungewöhnlich spartanisch ausgestattet, die Orgel auffallend klein. Da ist man in anderen Landesteilen ganz andere Pracht gewöhnt.

In Bilbao und Portugalete habe ich mehrere Versuche unternommen, einen Pilgerpass Credencial zu erhalten, immer vergeblich. Entweder boten die besuchten Stellen keine Credenciales an und vertrösteten auf Salamanca oder waren überhaupt geschlossen.

1. Etappe am 14.07.2010: Bilbao – Santander

Start der Etappe:	Bilbao	24 m hoch
Portugalete		25 m hoch
Etappenziel:	Santander	14 m hoch

Portugalete: Schwebefähre Puente Colgante
Bilbao: Guggenheim-Museum und Puppy

Portugalete: Schwebefähre Puente Colgante
von der oberen Brücke aus gesehen

Als ich den diesjährigen Camino begann, nieselte es und ich musste von Beginn an Regenkleidung anlegen. Ich war noch nicht aus Bilbao hinaus, da wurde der Regen stärker, so dass ich fast gar nichts mehr sehen konnte. So fuhr ich in Portugalete an der Hängebrücke vorbei, weil ich weder den Pfeiler noch irgendeinen Hinweis erkennen konnte. Ich

Santander: Kathedrale und Post Correos

Santander: Strand El Sandinero

musste umkehren und benutzte die Schwebefähre. Es ist ein eigenartiges Gefühl, in dieser schwebenden Gondel hoch über dem Wasser zu gleiten. Auf der anderen Seite des Nervion erwartete mich eine steil ansteigende Straße mit bis zu 20 % Steigung. Danach schloss sich eine Baustelle an, die gar kein Ende nehmen wollte. Plötzlich befand ich mich auf der Autobahn A-8 und musste wieder einmal umkehren. In Muskiz folgte ich dem Hinweis auf die Pilgerherberge in 5 km Entfernung, diese war aber geschlossen. Dasselbe versuchte ich nochmals in Laredo, konnte aber ebenfalls kein Credencial erhalten und wurde auf Santander vertröstet. In Laredo nahm ich die Fähre nach Santoña. Sie fährt von einem Sandstrand ab, über den man das schwer beladene Fahrrad schieben muss. Dann balanciert man das Fahrrad über ein schmales Brett auf das Schiff und ist froh, ohne Wasserung das Boot zu besteigen. Ich traf einen spanischen Wanderpilger, der mit zwei jungen Frauen zusammen den Camino wanderte. Wir kamen in ein lebhaftes Gespräch und es zeigte sich, dass es gut ist, ein wenig die Landessprache zu sprechen. In Somo erreiche ich genau die Fähre nach Santander und sparte mir so die 25 km Fahrt rund um die Ría de Santander durch das hässliche Industriegebiet von Santander. Inzwischen war es Abend geworden und ich fuhr direkt zum Hotel und meldete mich an. Das Fahrrad schloss ich vor dem Hotel an, denn das Hotel wollte für die Garagenbenutzung 10 € kassieren. Für einen Rundgang durch die Stadt war es inzwischen zu spät geworden und ich verschob ihn auf den nächsten Morgen.

Santander

Santander ist die Hauptstadt der Autonomen Region Cantábrica an der Ría de Santander. Im Jahre 1941 vernichtete ein verheerendes Feuer die Stadt und damit auch den historischen Stadtkern. Man findet heute nichts mehr aus der Zeit vor dem Brand, nur die Kathedrale wurde originalgetreu wiederaufgebaut.

Am nächsten Morgen fuhr ich auf dem Weg zur Kathedrale an der Universität, an der Zentrale der Banco Santander, am Einschiffungsgebäude Embarcación Palacete und am Ayuntamiento vorbei. Ich besichtigte die Kathedrale, die bei mir wenig Eindruck hinterließ, und holte mir dann in der Sacristía (Sakristei) endlich mein Credencial und den ersten Stempel.

Fazit: Rekapituliert man die Stationen dieser Etappe und ihre Höhen, denkt man, dass die Fahrt entlang der Küste eine Spazierfahrt sein müsste. Man ist dann aber ganz erstaunt, dass der Fahrradrechner am Etappenende 125 km und 1 324 Hm anzeigt, etwas mehr als bei einer normalen Etappe.

2. Etappe am 15.07.2010:
Santander – San Vicente de la Barquera

Start der Etappe:	Santander	24 m hoch
Santillana del Mar		85 m hoch
Etappenziel:	San Vicente de la Barquera	39 m hoch

Bei stark bewölktem Himmel und einer Temperatur von 13 °C verließ ich Santander auf der N-611 bis Barreda und fuhr dann auf der CA-131 bis Santillana del Mar. Der Abstecher von 2 km zum Museum Altamirahöhle ist empfehlenswert. Die Höhle wurde im Jahr 1868 entdeckt und gehört zum UNESCO-Weltkulturerbe. Sie enthält 930 steinzeitliche Höhlenmalereien aus der Zeit 16 000 bis 11 000 vor Christi. Gemalt wurde mit Holzkohle, Rötel und Manganerde. 1979 wurde die Höhle für den Publikumsverkehr geschlossen, weil durch die Feuchtigkeit in der Atemluft der Besucher Schäden verursacht wurden. 500 m entfernt wurde eine originalgetreue Nachbildung geschaffen, die ich besichtigte und die mir ganz neue Eindrücke lieferte. Es ist sehr beeindruckend, diese uralten Zeichnungen und die Maltechnik zu sehen, auch wenn es .nur Repliken sind.

Weiter fuhr ich auf der CA-131 über Comillas nach San Vicente de la Barquera, dem heutigen Etappenziel.

San Vicente de la Barquera

Der Ort in der Autonomen Region Cantabria liegt an der Ría de San Vicente. Man fährt in die Stadt über die aus dem 16. Jh. stammende Puente de Maza mit ihren 28 Bögen. Sehenswert sind weiterhin die Stadtmauer und die Burg aus dem 8. Jh.

Fazit: Die zweite Etappe war zwar mit 76 km kürzer als die erste, die 1 058 Hm machten sie aber zu einer schweren Etappe.

3. Etappe am 16.07.2010: San Vicente de la Barquera –Ribadesella

Start der Etappe:	San Vicente de la Barquera	39 m hoch
Llanes		11 m hoch
Etappenziel:	Ribadesella/Pando	139 m hoch

Bei wolkenlosem Himmel und einer Temperatur von 11 °C startete ich in die heutige Etappe. Ich fuhr weiter auf der N-634 Richtung Llanes. Als ich durch den Ort Riego (Riego: span. Bewässerung) fuhr, begann es – Nomen est Omen – stark zu regnen. So fielen der geplante Stadtrundgang in Llanes sowie der Abstecher zum prähistorischen Heiligtum Peña Tú, einem Felsblock in Form eines Kopfes, buchstäblich ins Wasser. Auch auf den Abstecher zu den Bufónes de Arenillas musste ich verzichten. Dies bedauerte ich besonders, denn dieses Naturschauspiel der Meerwassergeysire, die in Ufernähe bis zu 40 m hohe Fontänen in die Luft speien, hätte ich doch sehr gern erlebt. Später erfuhr ich, dass man das sehr selten miterleben kann, nur im Winter bei Nordsturm und dementsprechend hohem Wellengang. In Ribadesella hörte es auf zu regnen, ich konnte einkaufen, mir einen Stempel für das Credencial besorgen und auf ansteigender Strecke zu meinem Hotel im 7 km entfernten Pando hochfahren.

Fazit: Diese Etappe ist mit 73 km Länge und Anstiegen von 780 Hm nicht sonderlich beanspruchend, eine normale Etappe.

4. Etappe am 17.07.2010: Ribadesella – Gijón

Start der Etappe:	Ribadesella/Pando	139 m hoch
Colunga		23 m hoch
Villaviciosa		11 m hoch
Etappenziel:	Gijón	13 m hoch

Die heutige Etappe nach Gijón begann ich bei hoher geschlossener Wolkendecke und einer Temperatur von 13 °C. Ich fuhr auf der N-632 bis Colunga, wo ich mir in der Touristeninformation einen Stempel für das Credencial besorgte. Von Colunga aus empfiehlt sich ein Abstecher von 4 km und 150 Hm zum Museo Jurásico. Es ist eine architektonisch interessante Konstruktion mit zwei Kuppeln, die eine Sammlung von Dinosauriern enthält. Es handelt sich allerdings ausschließlich um Repliken, es ist kein Stück im Original zu sehen. Zurück in Colunga kam ich in einen starken Regenschauer. Weiter ging es auf der N-632 nach Villaviciosa. Inzwischen hatte es wieder aufgeklart. Hier feierte man einen lokalen Feiertag mit einer langen Prozession. Eine Kapelle war dabei mit vielen Dudelsackspielern in Nationaltracht, darunter einige Frauen. Auf der N-632 erreichte ich das heutige Etappenziel Gijón.

Gijón

Gijón ist eine Hafen- und Industriestadt in der Autonomen Region Principado de Asturias (Asturien) am Río Pinzales. Es ist der wichtigste Hafen an der spanischen Nordküste mit einer 2500 Jahre alten Geschichte. Die Stadt ist der Endpunkt der Vía de la Plata, die in Sevilla im Süden Spaniens beginnt. Nach dem Anmelden im Hotel fuhr ich in die Altstadt. Hier beeindrucken besonders die Basílica del Sagrado Corazón und die Plaza Mayor.

Fazit: Auf die gestrige normale Etappe folgte eine beanspruchende Etappe von 88 km Länge und 1 057 Hm, eine schwere Etappe.

Der nächste Tag, mein 71. Geburtstag, sollte ein Ruhe- und Besichtigungstag sein. Ich hatte für diesen Tag die Besichtigung von Oviedo eingeplant. Früh fuhr ich mit dem Bus der Firma ALSA unter Mitnahme des Fahrrads hin und nachmittags mit dem Fahrrad zurück. Den ganzen Tag über hatte ich Kaiserwetter, wolkenlos mit Temperaturen bis 26 °C.

Oviedo

Oviedo ist die Hauptstadt der Autonomen Region Fürstentum Asturien, Principado de Asturias, am Río Nalón. Die Stadt geht auf eine römische Siedlung zurück. In den Jahren 812 bis 912 war Oviedo die Hauptstadt des Königreichs Asturien, von Cangas de Onís hierher verlegt und dann mit der fortschreitenden Reconquista nach León verlagert. Als im Jahr

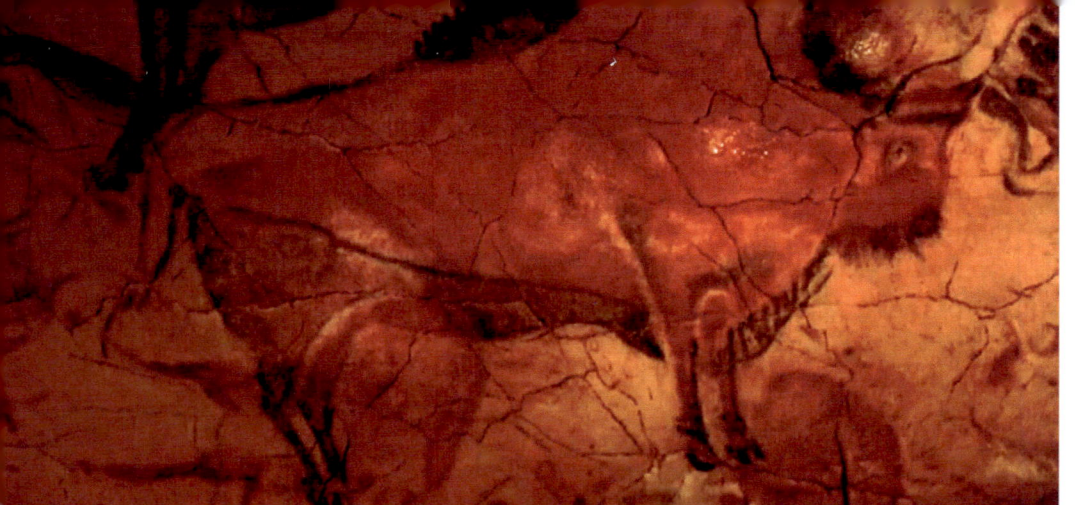
Altamira: Höhlenzeichnungen

Colunga: Museo de Jurásico

**Gijón: Plaza del Marqués mit der Statue Rei Pelayos,
der Colegiata de San Juan de Bautista und dem Palacio Revillagigedo**

**Oviedo: Catedral de San Salvador und die Statue La Regenta
Oviedo: spätromanische Kirche Iglesia María del Naranco**

812 ein Grab entdeckt wurde, das man dem Heiligen Jakobus zuschrieb, machte sich König Alfons II. von Oviedo aus auf den Weg nach Santiago. Diese Reise gilt als der erste Pilgerzug nach Santiago, deswegen wird er Camino Primitivo, der „erste seiner Art", genannt. Ich besichtigte die Catedral de San Salvador aus dem 15. Jh. Einen Teil des Gebäudes bildet heute die Cámara Santa (Heilige Kammer) aus dem 9. Jh., einst Teil des Palastes des Königs Alfons II. Sie beherbergt die wichtigste spanische Reliquiensammlung. Seit 1998 gehört sie zum UNESCO-Weltkulturerbe.

Etwas außerhalb von Oviedo befinden sich die präromanischen Kirchen Iglesia de Santa María del Naranco und Iglesia San Miguel de Lillo aus dem 9. Jh. Eine Besichtigung ist unbedingt zu empfehlen. Die schlichten Bauten mit ihren einfachen Verzierungen wirken ungeheuer eindrucksvoll. Auch sie zählen zum UNESCO-Weltkulturerbe.

Als ich in Gijón zurück war, hatte ich zwar keinen Ruhetag, sondern einen anstrengenden Besichtigungstag hinter mir, dafür aber unvergessliche Eindrücke und Erinnerungen gewonnen. Dies war ein ganz besonderer Geburtstag.

5. Etappe am 19.07.2010: Gijón – Luarca

Start der Etappe:	Gijón	13 m hoch
Avilés		25 m hoch
Cudillero		65 m hoch
Etappenziel:	Luarca	11 m hoch

Nach dem schönen Wetter am gestrigen Tag gab es heute eine geschlossene Bewölkung und Nieselregen beim Start. Ich verließ Gijón auf der AS-19 und fuhr bis Avilés durch ein dreckiges und stinkendes Industriegebiet, das Erinnerungen an den Ruhrpott der 60er Jahre aufkommen ließ. In Avilés besorgte ich mir einen Stempel für das Credencial und setzte meinen Weg auf der N-632 fort. Plötzlich verkündete ein Hinweisschild, dass die Straße gesperrt sei: Cortado. Ich fuhr trotzdem weiter und sah wenige Kilometer weiter, dass die halbe Straße weggerissen war. Einen weiteren Kilometer weiter war sogar die gesamte Straße weggebrochen, beide Bergrutsche Ergebnis eines Starkregens oder eines

Erdbebens. Inzwischen hatte es aufgehört zu regnen und klarte auf. Einen Teil der N-632 hatte man zwischenzeitlich zur Autobahn erklärt, so dass ich auf Forststraßen über einen Berg fahren musste. Kurz vor Luarca begegnete ich einem dänischen Wanderpilger mit zwei mittelgroßen Hunden. Er finanzierte seinen Pilgerweg durch Betteln. Auch ich gab ihm ein wenig Geld für das Futter für seine Hunde.

Fazit: Auch diese Etappe ist mit 106 km Länge und Anstiegen von 1 276 Hm eine schwere Etappe.

6. Etappe am 20.07.2010: Luarca – Ribadeo

| Start der Etappe: | Luarca | 11 m hoch |
| Etappenziel: | Ribadeo | 11 m hoch |

Auch meine heutige sechste Etappe begann ich bei Nieselregen und kühlem Wetter. Ich verließ Luarca auf der N-634. Nach 10 km endete die ausgebaute parallele Autobahn A-8 und die Lastwagen donnerten nun unmittelbar an mir vorbei. Bei Kilometer 10,3 fuhr ich an einem weiteren Felssturz vorbei, der von einer Leitplanke aufgehalten wurde, aber 50 m weiter war die gesamte Brücke mitgerissen worden. Die Umleitung über schmale, nachgeordnete Straßen war von den Lastwagenkolonnen komplett zerfahren, da macht das Radfahren wenig Spaß! Mittags klarte das Wetter auf und bei blauem Himmel fuhr ich den 5 km langen Abstecher in Tapía de Casariegos zum Meer hinunter. Dort machte ich meine Mittagspause am Strand und beobachtete die Wellen und die Surfer. Danach setzte ich meinen Weg auf der N-640 fort zu meinem heutigen Etappenziel Ribadeo. Kurz vor der Stadt verlässt man die Autonome Region Principado de Asturias und gelangt nach Galicia. Ribadeo liegt an der ausgedehnten Ría de Ribadeo. Kurz vor dieser Ría hatte man die N-640 zur Autobahn gemacht und so die Brücke über die Ría für alle nichtmotorisierten Fahrzeuge gesperrt. Mir blieb nichts anderes übrig, als leise vor mich hin knurrend die 25 km Umweg um die Ría zu fahren.

Fazit: Endlich wieder eine Etappe mit einer leichten Steigung von 1 %, eine normale Etappe von 80 km Länge mit Anstiegen von 797 Hm.

7. Etappe am 21.07.2010: Ribadeo – Viveiro

Start der Etappe:	Ribadeo	11 m hoch
Playas de las Catedrales		5 m hoch
Etappenziel:	Viveiro	30 m hoch

Bei hoher, geschlossener Bewölkung und einer Temperatur von 15 °C verließ ich Ribadeo und fuhr auf der N-634 zu den Stränden Playas de las Catedrales. Der Abstecher zu diesen Stränden ist absolut lohnenswert. Diese bizarren Felsformationen mit ihren Canyon-artigen Durchgängen und tiefen Höhlen bieten ein beeindruckendes Bild. Das Naturkuriosum ist mit dem feinsten Sand verbunden, der jeden Spaziergang bei Ebbe zu einem Erlebnis werden lässt. Zurück auf der N-634 fuhr ich nach Foz. Die sehenswerte Catedral de San Martiño des Ortes stammt aus dem 6. Jh. und wartet mit Malereien aus dem 14. Jh. auf. Die Catedral gehört zu den ältesten Kirchen Spaniens. Weiterhin sind die Reste der Festung Fazouro aus dem 2. Jh. v. Chr. bemerkenswert. Weiter ging es auf der N-642 über Burela zum Etappenziel Viveiro.

Viveiro
Viveiro ist eine Stadt in der Provinz Lugo in der Autonomen Region Galicia am Fluss Landro. Die Stadt diente schon bei den Kelten als wichtige Hafenstadt, bei den Römern ebenso. Ich besuchte die Iglesia de San Pedro aus dem 10. Jh. und die Stadtmauer mit den drei Toren aus dem 13. Jh.

Fazit: Auch diese Etappe ist mit 81 km Länge und Anstiegen von 866 Hm, einer normalen Steigung von 1 %, zu den normalen Etappen zu zählen.

8. Etappe am 22.07.2010: Viveiro – A Coruña

Start der Etappe:	Viveiro	30 m hoch
Ortigueira		17 m hoch
Etappenziel:	A Coruña	30 m hoch

Es regnete nun schon den dritten Tag hintereinander. Bei einer Temperatur von 16 °C verließ ich Viveiro auf der N-642. Der Regen wurde

Ribadéo: Ría

Ribadéo: Playas de las Catedrales
Narvia: Ría

stärker und entwickelte sich zu einem Starkregen. In O Vicedo war es dann schon eine „Gota fría" (kalter Tropfen), es regnete so stark, dass ich fast nichts mehr sehen konnte. Nach einiger Zeit im Regen war ich so weichgeklopft, dass ich bereit war aufzugeben. Dies war das erste, letzte und einzige Mal auf meinen zehn Caminos, wo ich aufgeben wollte. Ich schob das Fahrrad im Regen 20 Hm hoch zur Bahnstation. Diese war nicht besetzt und ich rief in der Zentrale an und erkundigte mich nach dem Fahrplan. So nebenbei erwähnte ich, dass ich mein Fahrrad mitnehmen wollte. Dies wurde strikt abgelehnt, so dass ich mit dem Rad weiterfahren musste. Während der Verhandlungen hatte sich die Gota fría zu einem normalen Regen abgeschwächt und ich konnte meine Fahrt fortsetzen. Mit einigem Abstand war ich heilfroh, dass dieser Transport nicht geklappt hatte, ich der Versuchung nicht erlegen war und so nicht die Pilgerbedingungen verletzt hatte. Diese Etappe war nicht nur wegen der Länge von 135 km und der zu bewältigenden 2 011 Hm, sondern vor allem wegen der Witterungsbedingungen die härteste aller 101 gefahrenen Etappen. Spät am Abend traf ich dann in A Coruña ein und fuhr sofort ins Hotel und meldete mich an.

A Coruña

Der nächste Morgen zeigte sich wieder bedeckt und mit 17 °C recht kühl. Da ich am Vorabend die Stadt nicht besichtigen konnte, machte ich mich früh auf den Weg.

A Coruña ist eine Provinzhauptstadt in der Autonomen Region Galicia. Der natürlich geschützte Hafen wurde von den Phöniziern, Kelten und Römern benutzt. Die Römer erbauten im Jahr 110 n. Chr. den 68 m hohen Leuchtturm Herculesturm, der heute noch seinen Dienst tut und damit der älteste funktionierende Leuchtturm der Welt ist. Seit 2009 gehört er zum UNESCO-Weltkulturerbe.

Traurige Berühmtheit erlangte die Stadt während des Faschistenputsches. Als die Stadt in die Hände der Putschisten fiel, liquidierten diese sofort Hunderte von Zivilisten und die gesamte Führungsschicht der Region (natürlich ohne Verfahren). Damit wurde A Coruña zu einer Bastion der Faschisten in Galicien.

Danach besuchte ich noch das Ayuntamiento, holte mir in der Touristeninformation meinen Credencial-Stempel und machte einige Videoaufnahmen von der Stadt.

Fazit: Diese Schlechtwetteretappe war mit einer Länge von 135 km und Anstiegen von 2 011 Hm die Königsetappe nicht nur des diesjährigen, sondern aller von mir gefahrenen Caminos.

9. Etappe am 23.07.2010:
A Coruña – Santiago de Compostela

Start der Etappe: A Coruña   30 m hoch
Etappenziel: Santiago de Compostela   270 m hoch

Die N-550 verbindet A Coruña mit Santiago de Compostela, allerdings dient sie auf den ersten Kilometern als Autobahn und Radfahrer müssen sich einen Weg parallel dazu suchen. Diese Etappe ist wieder recht beschwerlich, da viele kleine Steigungen zu bewältigen sind. Mittags klarte der Himmel auf und damit besserte sich auch die Stimmung. So kurz vor dem Ziel beherrscht Santiago immer mehr das Denken und Fühlen und die Verfassung wird immer euphorischer. Endlich fährt man in die Praza do Obradoiro ein und ist vom Anblick der Kathedrale und dem Bewusstsein, es wieder einmal geschafft zu haben, völlig überwältigt. Man muss einfach alle Emotionen zulassen und den Augenblick genießen. Ich fuhr ins Hotel und meldete mich an. Ich packte nur das Nötigste aus und machte mich dann sofort auf den Weg zum Pilgerbüro. Eineinhalb Stunden musste ich mich in der Schlange wartender Pilger gedulden, bevor ich am Schalter stand. Im Credencial wurden alle Stempel geprüft und kritisch hinterfragt. Letztendlich hielt ich dann glücklich meine Compostela in den Händen.

Fazit: Auf dieser letzten Etappe vor Santiago wird man noch einmal richtig gefordert auf einer Strecke von 83 km mit Anstiegen von 1 230 Hm, einer Steigung von 1,5 %, einer sehr schweren Etappe.

Der nächste Tag war angefüllt mit Besichtigungen und dem Besuch der Pilgermesse. Überall musste man wegen des Heiligen Jahres mit langen Wartezeiten rechnen. Um durch die Heilige Pforte gehen zu können, war eine Wartezeit von drei Stunden zu überstehen. Danach stieg ich zur Statue Santiagos über dem Hauptaltar hoch, umarmte sie und stattete meinen Dank ab für eine gelungene Pilgerfahrt. Anschließend besuchte ich noch die Reliquie Santiagos im Silbersarg unter dem Hauptaltar. Um 20 Uhr überquerte ich die Praza do Obradoiro auf dem Weg ins Hotel. Um 23 Uhr sollten dort die Feierlichkeiten mit einer Bild- und Ton-Schau sowie einem abschließenden Feuerwerk beginnen und schon jetzt, drei Stunden vor Beginn, war der Platz völlig überfüllt! So musste ich auf die Teilnahme an dieser Veranstaltung verzichten.

Der nächste Tag war der große Tag, der Santiago-Tag 25. Juli. Ich stand besonders früh um 6 Uhr auf und machte mich um 7 Uhr auf den Weg zur Kathedrale. Um diese frühe Zeit war sie bereits komplett gefüllt bis auf den letzten Platz. Ich hatte keinen Sitzplatz und war froh, einen der letzten Stehplätze zu ergattern. Von dort hatte ich allerdings keine Sicht auf den Altar. Große Monitore in den Seitenschiffen übertrugen die Zeremonie. Das hieß: drei Stunden bis zur Messe und dann noch eine Stunde Messe, insgesamt vier Stunden, stehen und warten. Santiago ist der Nationalheilige Spaniens und deshalb nahmen auch der König Juan Carlos I. und seine Gattin Königin Sofía an der Messe teil. Sie hatten im Parador dos Reis Católicos übernachtet und legten in einer Prozession den Weg zur Kathedrale zurück. Der König hielt eine Rede, in der er auch auf Santiago und sein Wirken zu sprechen kam und den Bogen thematisch bis zur Wirtschaftskrise spannte.

Den Rest des Tages verbrachte ich mit Spazierengehen durch die Stadt. Abends wurde die Schau Luz y Son – Licht und Ton – wiederholt und mit einem kleinen Feuerwerk abgeschlossen.

Ich blieb noch weitere zwei Tage in Santiago de Compostela lernte immer neue Seiten der Stadt kennen. Ich machte eine Fahrradwerkstatt ausfindig, die mein Fahrrad für den Rückflug in einen Karton verpackte. AIR BERLIN brachte mich dann heil nach Palma de Mallorca zurück und auch mein Fahrrad konnte ich dort unbeschädigt in Empfang nehmen.

ñ   A Coruña: Hercules-Turm, Statue des galicischen Königs Breogán

Santiago: Wartezeit vor der Heiligen Pforte 3 Stunden
Santiago: Das Königspaar auf dem Weg zur Kathedrale

4. Jakobsweg 9. bis 23. Juni 2011:
Caminho Português:
Lissabon – Porto – Santiago de Compostela

Mein vierter Jakobsweg sollte mich nach Portugal auf den Caminho Português führen. Die Etappenziele sollten wie schon bei den vorangegangenen Caminos jeweils etwa 100 km auseinanderliegen. Außerdem wollte ich auf diesem Caminho die wichtigsten Wallfahrtsorte Portugals, Fátima und Braga, besuchen. Die Etappen und die zu befahrende Route plante ich wie gehabt mit Hilfe von GOOGLE EARTH am PC. Gleichzeitig gab ich, wie es sich bereits bewährt hatte, die Routen in mein Navigationsgerät GARMIN Nüvi 550 ein. Ebenso bewährt hatte sich die

Tourdaten 2011/1

Etappe Nr.	Etappenziel	Etappenlänge [km]	Etappen-Höhenmeter [Hm]	Mittlere Geschwindkt [km/h]	Maximale Geschwindkt [km/h]
	Lissabon	45	326	12,3	33,0
1	Santarém	101	717	16,3	47,7
2	Fátima	66	921	15,3	54,7
3	Coimbra	135	1 289	16,9	45,9
4	Aveiro	84	306	17,5	41,6
5	Porto[1]	77	470	16,9	52,5
	Porto[1]	11	101	16,2	54,5
6	Braga	91	731	16,2	54,1
7	Valença	72	625	13,6	53,0
8	Pontevedra	61	375	15,3	54,0
9	Santiago de Compostela	61	765	14,9	52,5
	Santiago de Compostela	32	363	10,1	50,9
	Summe	<u>836</u>	<u>6 989</u>		

Mittlere Etappenlänge: 836 : 9 = 92,9 km
Mittlere Höhenmeter: 6 989 : 9 = 777 Hm

[1] Ruhetag in Porto

Buchung meiner Unterkünfte über das Internet in einfachen Hotels.

In meinem vierten Jahr als Cicloperegrino war ich Mitglied in mehreren Pilgerforen im Internet geworden. Anfang 2011 wurde in einem der Portale die allgemeine Frage gestellt: „Wie transportiert man am besten sein Fahrrad zum Jakobsweg und zurück?" Ich konnte mit meinen Erfahrungen aufwarten, die ich beim Transport im Privat-Pkw, Autobus und Flugzeug gewonnen hatte. Mein Fazit lautete: Für meinen nächsten Jakobsweg Caminho Português kommt nur das Flugzeug infrage! Daraufhin meldete sich der fast gleichaltrige Alfred aus Trier, nur drei Monate jünger als ich, und äußerte den Wunsch, den Camino mit mir zusammen zu fahren. Wir wurden einig und Alfred übernahm meine Planung auch für sich. Wir verabredeten als Treffpunkt Lissabon.

Wir hatten inzwischen unser Ferienhaus an der Costa Blanca verkauft und uns eine Mietwohnung in Santa Ponça auf Mallorca genommen. Ich flog mit AIR BERLIN von Palma de Mallorca nach Lissabon. Das Fahrrad flog im Transportkarton verpackt mit und kam unbeschädigt an.

Am Abend traf ich Alfred vor dem Hotel, wir machten einen ersten Rundgang durch die Stadt und aßen gemeinsam zu Abend.

Ich hatte auch bei diesem Camino meine Videokamera dabei, deren Akku ließ sich aber schon am ersten Tag nicht mehr aufladen. Als Ersatz diente meine kleine Action-Kamera, die eigentlich nur für Aufnahmen vom Lenker des Fahrrades aus gedacht war, nun aber unser einziges Aufnahmemedium war, da Alfred nichts zum Dokumentieren dabeihatte. Die Fotos dieses Caminho Português sind Einzelbilder aus den Videofilmen.

Reiseunterlagen:
* OUTDOOR-Reiseführer Caminho Português,
* Caminho Português Karten John Brierley, unterschiedliche Maßstäbe, Achtung: Windrose gedreht, Norden nicht oben!
* Navigationsgerät GARMIN Nüvi 550 mit Fahrradbetrieb und für den Außeneinsatz wasserdicht,
* Hotelinformationen der Internet-Buchungen,
* Informationen über die besuchten Städte aus dem Internet-Lexikon WIKIPEDIA.

Am nächsten Tag besichtigten wir die Sehenswürdigkeiten Lissabons und machten einen Ausflug nach Belém.

Lissabon

Lissabon (portugiesisch Lisboa) ist die Hauptstadt und die größte Stadt Portugals. Die Stadt liegt an einer Bucht der Flussmündung des Tejo an der südwestlichen Atlantikküste der Iberischen Halbinsel. Lissabon bildet das politische, wirtschaftliche und kulturelle Zentrum Portugals mit dem Regierungssitz und den obersten Staats- und Regierungsbehörden, dem wichtigsten Hafen, mehreren Universitäten und der Akademie der Wissenschaften.

Bereits die Phönizier ab 1200 v. Chr. und danach die Karthager nutzten den einzigen großen Naturhafen der iberischen Atlantikküste. Archäologisch gibt es dafür keine Beweise, wohl aber von den Siedlungen der Griechen. 205 v. Chr. eroberten die Römer die Stadt, verliehen ihr Stadtrechte und machten sie zu einem Teil der Provinz Lusitania. 400 n. Chr. zerfiel das Römische Reich und während der darauffolgenden Völkerwanderungszeit kamen germanische Stämme und die Westgoten in die Stadt. 719 wurde Lissabon von den Mauren erobert und Teil des Emirats Córdoba. 1147 eroberten die Kreuzritter des Zweiten Kreuzzuges die Stadt (Reconquista: Rückeroberung), die danach an Stelle von Coimbra die Hauptstadt Portugals wurde. Erdbeben und Pestepedemien setzten der Stadt immer wieder zu. Ein Vertragsbruch des portugiesischen Königs im Jahre 1373 löste den spanisch-portugiesischen Krieg aus, was eine zehnjährige spanische Herrschaft zur Folge hatte. 1580 kam es zu einem weiteren spanisch-portugiesischen Krieg, der eine weitere, diesmal sechzigjährige spanische Herrschaft begründete.

Am 1. November 1755 wurde Lissabon von einem Erdbeben der Stärke 9,1 heimgesucht und in dem darauffolgenden Tsunami und letzten Endes von einer Feuersbrunst zu zwei Dritteln zerstört. Die Zahl der Toten wird auf viele Zehntausend geschätzt. Der Wiederaufbau der völlig zerstörten Altstadt schuf das noch heute bestehende Stadtbild.

Am 5. Oktober 1910 wurde die 711 Jahre währende Monarchie durch die Erste Portugiesische Republik abgelöst. Ein Militärputsch 1926 beendete sie unter dem Diktator Salazar bis zur Nelken-Revolution 1974.

Lissabon: Catedral Sé Patriacal

Lissabon: Ruine des Convento do Carmo, Denkmal an das Erdbeben von 1755

Lissabon: Hauptplatz der Stadt Praça do Comércio
Alfred vor dem Denkmal Padrão dos Descobrimentos in Belém

Unsere umfangreiche Besichtigungsrunde umfasste:
* Catedral Sé Patriarcal (1147): Besichtigung des Innern und des Kreuzgangs
* Basílica dos Mártires: Credencial mit Stempel erhalten
* Igreja de Santa Engrácia (17. Jh.), heute   Panteão Nacional
* Convento do Carmo (1389), infolge des Erdbebens von 1755 Ruine, als Mahnmal stehen gelassen
* Castelo de São Jorge: im 8. Jh. von den Mauren erbaut, Wiederaufbau nach dem Erdbeben von 1755
* Elevador de Santa Justa (1902): Aufzug, der die Unter- mit der Oberstadt verbindet
* Mosteiro dos Jerónimos (1495) und Igreja de Santa María in Belém: Sarkophag Vasco da Gamas
* Torre de Belém (1515)
* Entdeckerdenkmal Padrão dos Descobrimentos (1960) in Belém
* Expo 1998, den Parque das Nações mit Oceanário, Torre Vasco da Gama, durchfuhren wir auf der ersten Etappe
* Ponte Vasco da Gama (1995), daran fuhren wir auf der ersten Etappe vorbei

Nach den Besichtigungen in Belém machten wir Pause und tranken einen Kaffee in einem Restaurant am Ufer des Tejo. Dabei lernten wir uns näher kennen und tauschten unsere Lebensgeschichten aus.

1. Etappe am 11.06.2011: Lissabon – Santarém

Start der Etappe: Lissabon   90 m hoch
Etappenziel: Santarém   55 m hoch

Bei leichter Bewölkung und einer Temperatur von 18 °C traf ich nach einigen Schwierigkeiten Alfred in der Nähe seines Hotels und wir verließen Lissabon. Das Navigationsgerät hatte einen Weg durch die Stadt vorgeschlagen, wir fuhren jedoch zum Meer hinunter und dann am Meer entlang zum Gelände der Weltausstellung 1998 Parque das Nações. Es sind Gebäude, die auch heute noch beeindrucken, die aber leider langsam verwahrlosen. Die Brücke Ponte Vasco da Gama imponiert mit ihren Ausmaßen von 17,2 km Länge und 145 m Höhe. Am Ende des Ausstellungsgeländes fuhren wir auf die N-10, die mit sehr starkem Verkehr reichlich unsere Nerven strapazierte. Wir überholten vier Wanderpilgerpaare, die wir ob dieser Bedingungen bedauerten. Wanderpilger leiden unter diesem starken Verkehr noch mehr als Fahrradpilger. Nach einer weiterhin zermürbenden Fahrt auf der N-3 erreichten wir um 16 Uhr den heutigen Etappenzielort Santarém. Da Alfred das Hotel zu teuer war, fuhr er weiter zur Pilgerherberge. Nach dem Anmelden im Hotel machte ich einen Ausflug in die Altstadt, fand aber alle Kirchen geschlossen vor.

Am nächsten Morgen begab ich mich in die Altstadt, holte mir in der Touristeninformation meinen Stempel für das Credencial und fuhr weiter zur Kathedrale. Hier traf ich einen freundlichen jungen Priester, mit dem ich einige Worte auf Spanisch wechselte. Auch er gab mir einen Stempel und wünschte zum Abschied „Bon perigrinatxo!".

Fazit: Diese erste Etappe war zwar mit 101 km recht lang, hielt aber nur Anstiege von 717 Hm bereit, gehört also zu den leichten Etappen.

2. Etappe am 12.06.2011: Santarém – Fátima

Start der Etappe:	Santarém	55 m hoch
Etappenziel:	Fátima	350 m hoch

Bei gleichen Wetterbedingungen wie am Vortag fuhren wir weiter auf der N3 über Pernes und Minde zum Etappenziel Fátima. Im Laufe des Tages stieg die Temperatur auf heiße 30 °C an, und die Sonne brannte uns auf den Pelz. Einige sehr steile Teilstrecken wiesen 10 % Steigung auf, bei der Hitze anstrengend. Ich freute mich, das Etappenziel zu erreichen und mich im Hotel anmelden zu können.

Fátima

Fátima ist eine Stadt in der Region Centro. Die Stadt gilt als wichtigster Wallfahrtsort Portugals. Im Jahr 1917 erschien drei Hirtenkindern auf freiem Feld die Jungfrau Maria. An jedem 13. des Monats wiederholte sich diese Erscheinung. Am 13. Oktober des Jahres 1917 versammelten sich Zehntausende und erblickten das Sonnenwunder: Man konnte in die

Sonne blicken, die sich wie ein Feuerrad drehte. Wenige Jahre später wurden die Erscheinungen für glaubwürdig erklärt und die öffentliche Verehrung gestattet. Päpste sind nach Fátima gepilgert und die Kinder wurden nach ihrem Tod seliggesprochen. Pilger erhoffen sich an dieser Stätte wundersame Besserung ihrer Krankheiten. Für die Betenden gibt es zwischen der alten Kathedrale Basílica Antiga aus dem Jahr 1928 und der neuen Kathedrale Igreja da Santissima Trindade aus dem Jahr 2007 einen blanken Marmorpfad, der an der Erscheinungskapelle vorbeiführt. Stark Gläubige legen ihn auf Knien rutschend zurück. Dieser Kirchenvorplatz ist mit einer Abmessung von 750 x 200 m der größte der Welt und fasst eine halbe Million Menschen.

Als wir das Santuario de Fátima besuchten, fand gerade eine gut besuchte Missa im Freien statt. Danach besichtigten wir die beiden Kathedralen und die Erscheinungskapelle, die über der Stelle erbaut wurde, wo die Hirtenkinder die Marien-Erscheinung hatten, sowie die Gräber der Kinder. Die Igreja da Santissima Trindade verfügt über einen schönen modernen Altar, aber besitzt sonst den Charme eines Konzertsaales. Am Informationsstand holten wir uns Stempel für die Credenciales und ich machte einige Videos mit der Action-Cam. Danach suchten wir ein Restaurant auf mit einem schönen Blick auf

Fátima: alte Kathedrale Basílica Antiga

Fátima: Altar der neuen Kathedrale Igreja da Santissima Trinidade

den Kirchenvorplatz und aßen dort zu Abend.

Fazit: Die zweite Etappe war zwar nur 66 km lang, brachte aber mit 921 Hm eine Steigung von 1,5 %, das machte sie zu einer schweren Etappe.

3. Etappe am 13.06.2011: Fátima – Coimbra

Start der Etappe:	Fátima	350 m hoch
Batalha		101 m hoch
Conímbriga		66 m hoch
Etappenziel:	Coimbra	32 m hoch

Diese Etappe begann mit Nieselregen, und Regenschauer begleiteten uns den ganzen Tag. Wir fuhren auf der N-356 nach Batalha, wo wir das Mosteiro Santa María da Vitória aus dem 14. Jh. besichtigten. Es gehört zum UNESCO-Weltkulturerbe. Die Kirche wirkt mit ihrer hohen Decke eigenartig unproportioniert. In der Capela do Fundador stehen die Sarkophage der Stifter und ihrer königlichen Nachfahren, u. a. von Heinrich dem Seefahrer. Weiter ging es auf der N-8 nach Leiria und auf der IC-2 und IC-3 über Pombal und Conímbriga zum Etappenziel Coimbra. Mein Begleiter Alfred hatte große Schwierigkeiten, das Tempo zu halten, weil ihm Schmerzen in der Halswirbelsäule Probleme bereiteten und die eingenommenen Schmerzmittel nicht ausreichend wirkten.

Conímbriga

In Conímbriga gibt es die frühesten archäologischen Funde keltischen Ursprungs aus der Eisenzeit im 9. Jh. v. Chr. Die Endung „~briga" ist typisch für die Namen von ehemals keltischen Siedlungen und existiert heute noch mehr als 100 Mal auf der Iberischen Halbinsel. Im Jahr 139 v. Chr. eroberten die Römer die Stadt. Ausgrabungen aus dieser Zeit vermitteln ein gutes Bild dieser Periode. Leider kamen wir zu spät am Ausgrabungsgelände an und standen vor verschlossener Tür. So blieb uns nichts anderes übrig, als einen Blick über den Zaun zu werfen und die archäologischen Schätze aus der Ferne zu bestaunen. Den Wunsch, am nächsten Morgen nochmals hinzufahren, verwarfen wir, denn Hin-

Batalha: Alfred im Mosteiro Santa María da Vitória
Coimbra: Universitätsberg

und Rückweg hätten zusätzlich 2 x 10, d. h. insgesamt 20 km Weg, bedeutet. Damit wäre der ursprüngliche Etappenplan in Gefahr.

Coimbra Coimbra ist eine Distrikthauptstadt in der Region Centro am Río Mondego. Sie teilte das Schicksal vieler Städte auf der Iberischen Halbinsel: Kelten, Römer, Mauren und Christen lösten einander in der Herrschaft ab.

Fazit: Diese Etappe war mit einer Länge von 135 km und einer Steigung von 1 289 Hm die Königsetappe des diesjährigen Camino, eine schwere Bergetappe.

Am nächsten Morgen fuhren wir den Berg hinauf zur Universität, die im Jahr 1290 gegründet wurde und damit älteste Uni Portugals ist. Die Alte Kathedrale Sé Velha aus dem 11. Jh. war geschlossen, die Neue Kathedrale Sé Nova konnten wir besichtigen und uns einen Stempel für die Credenciales holen.

4. Etappe am 14.06.2011: Coimbra – Aveiro

Start der Etappe:	Coimbra	32 m hoch
Praia de Mira		5 m hoch
Etappenziel:	Aveiro	5 m hoch

Bei bedecktem Himmel und einer Temperatur von 16 °C verließen wir auf der N-234 Coimbra und fuhren über Catanhede nach Praia de Mira. Es war eine ruhig Fahrt durch eine schöne grüne Landschaft mit wenigen Steigungen. Am Meer angekommen, sahen wir einen Superstrand, allerdings menschenleer. In einem Café direkt am Strand erlaubten wir uns eine kleine Kaffeepause. Danach fuhren wir auf ruhigen Nebenstraßen den Strand entlang bis zu unserem heutigen Etappenziel Aveiro.

Fazit: Eine mit 84 km und 306 Hm fast ebene, leichte Etappe.

Porto: Barcas Robelos vor dem Torre dos Clérigos, der Kathedrale, dem Bischofspalast

Porto: Station São Bento

5. Etappe am 15.06.2011: Aveiro – Porto

Start der Etappe:	Aveiro	5 m hoch
Etappenziel:	Porto	78 m hoch

Als wir Aveiro auf der N-109 verließen, war der Himmel bedeckt und es war mit 15 °C recht kühl. Die ersten 15 km verliefen wegen des starken Lkw-Verkehrs recht ungemütlich. Danach mussten wir einen kurzen

Regenschauer überstehen, es klarte aber auf und die Sonne ließ sich zeitweise sehen. In Espinho machten wir in einem Strandcafé eine kurze Kaffeepause. Anschließend fuhren wir weiter am Strand entlang. Dabei fiel uns der außerordentliche Strandschutz auf: Es waren mehr als 10 km Holzwege durch die Dünenlandschaft verlegt. Ich machte einige Videoaufnahmen mit der Aktionskamera. So trafen wir nachmittags in Porto ein.

Fazit: Eine weitere erholsame, mit 77 km Länge und 470 Hm Anstieg leichte Etappe.

Porto

Porto ist die Hauptstadt des gleichnamigen Distrikts in der Region Norte von Portugal, dem sie ihren Namen verlieh. Porto liegt am Fluss Douro vor dessen Mündung in den Atlantik. Ca. 220 000 Portuenser leben in der zweitgrößten Stadt des Landes. Porto gehört zu den ältesten Städten Europas und wird auch „Hauptstadt des Nordens" genannt.

Seit der Castrokultur ist der Ort besiedelt. Die Griechen nannten ihn Kalos (schön). Nach der Eroberung durch die Römer hieß er in Anlehnung daran Portus Cale. Im Jahr 540 machten die Westgoten die Stadt zur Festung und zum Bischofssitz. 716 eroberten die Mauren die Stadt und hielten sie bis zur Reconquista 1092. Im Jahr 1096 wurde dem Kreuzfahrer Heinrich von Burgund vom Königreich León das Land als erbliches Lehen gewährt, der Beginn der Geschichte des Staates Portugal.

Porto ist die wichtigste Industrie- und Handelsstadt Portugals mit einem internationalen Flughafen. Universität, Kunstakademie, Museen, Theater und Oper machen Porto zu einem bedeutenden kulturellen und wissenschaftlichen Zentrum des Landes. Das historische Zentrum Ribeira gehört seit 1966 zum Weltkulturerbe. Mit dem Namen der Stadt verknüpft ist der Exportschlager des Landes, der Portwein, der schon bei den Römern beliebt war. Zur Haltbarkeitsmachung wird dem Wein während der Gärung Alkohol zugesetzt. Zum Transport des Weines setzten die Portweinkellereien Boote, die Barcas Rabelos, ein, die man heute noch, aber nur noch für den Tourismus, auf dem Río Douro sehen kann.

Nach dem Anmelden im Hotel machte ich mich auf den Weg, die Sehenswürdigkeiten Portos zu entdecken. Als Erstes besuchte ich die Catedral Sé do Porto aus dem 12. Jh., machte innen und außen einige Videos mit der Aktionskamera und besorgte mir einen Stempel für das Credencial. Danach wanderte ich zur Station São Bento mit ihren wunderschönen Fliesenbildern in der Eingangshalle.

Ruhetag am 15.06.2011 in Porto

Der nächste Tag war planmäßig ein Ruhetag. Wir trafen uns am Hotel und liefen zum Douro hinunter und wählten die Flussfahrt „6 Brücken" für die Entdeckung der Stadt vom Wasser aus. Danach besichtigten wir die Kirche Igreja São Francisco aus dem 17. Jh. Wegen ihrer umfangreichen Golddekoration wird sie die „Goldene Kirche" genannt. Anschließend wanderten wir zur Igreja São Pedro dos Clérigos, die allerdings geschlossen war. Wir konnten aber den Turm Torre dos Clérigos aus dem 18. Jh. besteigen. Oben angekommen bietet sich ein unvergleichlicher Rundblick über die Stadt. In einem nahegelegenen Café tranken wir einen Café con Leche und machten dann eine Siesta. Nachmittags wollten wir noch eine der zahlreichen Bodegas für Portwein besichtigen, aber alle hatten bereits mittags geschlossen. So verlegten wir unsere Portweinprobe in ein Restaurant in der Altstadt.

Ein Sprichwort sagt:	*Selbstbewusst sagen die Lissaboner:*
Porto arbeitet,	*☐Wer Lisboa nicht gesehen hat,*
Braga betet,	*hat auf dieser Welt*
Coimbra studiert	*nichts Schónes gesehen☐*
und Lisboa feiert.	

6. Etappe am 16.06.2011: Porto – Braga

Start der Etappe:	Porto	78 m hoch
Etappenziel:	Braga	175 m hoch

Bei Sonnenschein und einer Temperatur von 16 °C verließen wir Porto. Anders als geplant fuhren wir den Douro entlang bis zum Meer und dann weiter Richtung Norden am Meer entlang. Nach einer Stunde erwischte Alfred die Pannenhexe: Er hatte sich einen Holzspan in den Hinterreifen eingefahren. Nach zwei Stunden begann ein Nieselregen, der sich in kurzer Zeit zu einem Starkregen auswuchs. Bei schlechter Sicht hatten wir einen Abzweig übersehen und mussten einen Umweg über die Nationalstraße N-205 nach Barcelos fahren. Dann ließ der Regen nach und wir erreichten unser heutiges Etappenziel Braga.

Der Starkregen hatte einigen Schaden an Technik und Ausrüstung verursacht: Das Navigationsgerät zeigte zum Ende der Etappe nicht mehr vernünftig an und musste im Hotel demontiert und getrocknet werden. Der wasserdichte Brustbeutel erwies sich als doch nicht ganz wasserdicht und ich musste alle Papiere, Geld und Visitenkarten zum Trocknen auslegen. Fazit: Die Papiere erst in eine Plastiktüte und dann in den Brustbeutel tun.

Braga

Braga ist Distrikthauptstadt in der Region Norte am Fluss Este. In der Stadt hat der Erzbischof-Primas von Portugal seinen Sitz.

Da wir am Abend erst spät im Hotel ankamen, verschoben wir die Besichtigung auf den nächsten Morgen. Wir fuhren mit den Rädern hoch zur Wallfahrtskirche Bom Jesus do Monte. Dieser Abstecher von 5 km und 110 Hm lohnt sich allemal. Wir schlossen die Räder an der Talstation der Bergbahn an. Der Elevador besteht aus zwei Waggons mit Wassertank. Der oben befindliche Tank wird mit Wasser gefüllt und der untere entleert, bis das Übergewicht des oberen den unteren Waggon hochziehen kann. So arbeitet diese Bergbahn von 1882 ohne jede Energiezufuhr von außen und überwindet eine Länge von 274 m und eine Steigung von 42 %. Sie ist mit diesem Prinzip die älteste Wasserballastbahn der Welt. In der Wallfahrtskirche auf der Bergspitze gerieten wir in eine Messe. Anschließend konnten wir das Innere der Kirche besichtigen, vor allem die Figurengruppen und die Grotte nebenan. Dann fuhren wir wieder hinunter in die Stadt und besichtigten noch die Kathedrale Sé de Braga.

Fazit: Auch die heutige Etappe stellte mit 91 km Länge und 731 bewältigten Hm keine großen Anforderungen, eine leichte Etappe.

Braga: Kathedrale Sé de Braga

Braga: Wallfahrtskirche Bom Jesus do Monte

Braga: Wasserballast-Bergbahn

Alfred auf dem Holzweg:
Fahrt durch die Dünenlandschaft

7. Etappe am 18.06.2011:
Braga – Valença do Minho

Start der Etappe:	Braga	175 m hoch
Ponte de Lima		30 m hoch
Cruz de Peregrinos		420 m hoch
Etappenziel:	Valença do Minho	28 m hoch

Um 12 Uhr begannen wir die Etappe nach Valença do Minho. Kurz danach gerieten wir in eine Prozession mit Kapelle. Im Durcheinander stürzte Alfred, warf sein Rad gegen meines und demolierte meinen Rückspiegel und schlug mir den Fahrradcomputer aus der Halterung. Er stieg wieder auf und fuhr los, ohne sich zu kümmern. Ich richtete meinen Rückspiegel wieder und bemerkte den Verlust des Rechners dabei nicht. Einige 100 m weiter holte ich Alfred ein und bemerkte erst jetzt das Fehlen des Rechners. Wir haben ihn auch nicht wiedergefunden. Später hat Alfred dann den Schaden ausgeglichen.

Wir fuhren auf der N-201 nach Ponte de Lima. Dort legten wir eine kleine Kaffeepause ein. Als Nächstes stand der Aufstieg zum Cruz de Peregrinos an. Alfred wollte sich diese Zusatzbelastung nicht antun und fuhr direkt auf der N-201 nach Valença do Minho. Ich bewältigte den steilen Anstieg zum Cruz allein. Anfangs fuhr ich noch auf einer komfortablen Asphaltstraße, bald aber war es nur noch ein steiler Wanderweg, der wegen der umherliegenden großen Felsblöcke nur zum Teil befahrbar war. Das Cruz de Peregrinos liegt abseits und der Weg dahin ist nicht beschildert. Ohne Navigationsgerät und ohne Kenntnis der Geo-Position hätte ich es wahrscheinlich nicht gefunden. Ich legte meinen Sorgenstein ab, machte einige Videoaufnahmen und begann den Abstieg. Auch das ging wieder mit Schieben einher. Ich war froh, wieder eine feste und glatte Straße unter den Reifen zu haben und erreichte das Etappenziel sehr spät nach 20 Uhr.

Fazit: Mit 72 km Länge und Anstiegen von 625 Hm eine leichte Etappe, aber durch den Abstecher zum Cruz de Peregrinos wurde es richtig schwer.

8. Etappe am 19.06.2011:
Valença do Minho – Pontevedra

Start der Etappe:	Valença do Minho	28 m hoch
Etappenziel:	Pontevedra	53 m hoch

Bei wolkenlosem Himmel und 19 °C verließen wir Valença do Minho und kämpften uns bei starkem Gegenwind nach Norden. Der Minho ist der Grenzfluss zwischen Portugal und Spanien. Wir überquerten die Brücke ohne jede Grenzkontrolle und kamen in die spanische Stadt Tui. Wir besichtigten die Kathedrale und holten uns einen Stempel für das Credencial. Da ich keinen Fahrradrechner mehr besaß, hatte ich die ganze Zeit das Navigationsgerät eingeschaltet und verwendete dessen Daten. Auf der N-550 fuhren wir dann über O Porriño und Redondela nach Pontevedra, unserem heutigen Etappenziel. Nach dem Anmelden im Hotel begaben wir uns zur Pilgerherberge wegen des Stempels. Danach besichtigten wir die Kirche Capela Virxe Peregrina und die Ruine der Iglesia Santo Domingo. Im nahen Park genossen wir die

Ponte de Lima: Siesta

Cruz de Peregrinos und der „Fahrradweg" dorthin

warme Abendsonne bei einigen Bieren.

Fazit: Nach der gestrigen schweren Etappe mit dem Abstecher zum Cruz de Peregrinos war die heutige mit 61 km und 375 Hm eine erholsame, leichte Etappe.

9. Etappe am 20.06.2011:
Pontevedra – Santiago de Compostela

Start der Etappe:	Pontevedra	53 m hoch
Padrón		22 m hoch
Etappenziel:	Santiago de Compostela	268 m hoch

Die letzte Etappe begann bei regnerischem und mäßig warmem Wetter. Wir fuhren auf der N-550 nach Padrón. Der Name der Stadt geht auf das römische „pedron" zurück, einen römischen Meilenstein am Ufer des Flusses Río Sar. Der Legende nach landete Santiago hier, um Iberia zu missionieren. Er hatte wenig Erfolg und kehrte nach Palästina zurück, wo er den Märtyrertod erlitt. Ein Schiff brachte seinen Leichnam und die sterblichen Überreste zweier seiner Gefährten hierher und machte am Padrón fest. Mit einem Eselskarren brachte man die Leichname an den Ort, an dem man später die Gebeine wiederauffand, eine Kapelle baute und schließlich die Stadt Santiago de Compostela gründete. Ich hatte einiges von Padrón erwartet, wurde aber auf der ganzen Linie enttäuscht. Die Igrexa de Santiago mit dem Padrón war tagsüber geschlossen. Auf dem Hügel, auf dem Santiago der Legende nach die erste Predigt hielt, hatte man eine Kapelle gebaut. Diese Igrexa de Santiaguiño do Monte war jedoch ebenfalls geschlossen. In der Pilgerherberge holten wir uns Stempel für das Credencial. Auf Rückfrage konnte man uns nicht sagen, wann die Kirchen geöffnet sind.

In einem Café am Fluss machten wir eine Kaffeepause und aßen zum ersten Mal die Pimientos de Padrón, kleine, wohlschmeckende Paprikaschoten. Wir setzten unseren Weg fort auf der N-550 Richtung Santiago de Compostela. Kurz vor der Stadt bog Alfred rechts ab zur Pilgerherberge Monte Gozo, während ich weiterfuhr zu meinem Hotel in der Stadt. Abends trafen wir uns im Pilgerbüro, wo wir die Compostela beantragten und diesmal auch ohne Rückfrage erhielten. Mit einem gemeinsamen Abendessen schlossen wir diesen Camino ab.

Fazit: Die letzte Etappe stellte mit 61 km und 765 Hm ein wenig mehr als normale Anforderungen.

Am nächsten Tag verfuhren wir nach dem üblichen Ritual: Wir besuchten die Statue Santiagos über dem Hauptaltar der Kathedrale, umarmten sie und statteten unseren Dank für eine gelungene Pilgerfahrt ab und standen danach andächtig vor der Reliquie Santiagos im Silberschrein in der Krypta darunter. In der anschließenden Pilgermesse wurden die Pilger mit Nationalität sowie Startort genannt. Nach der Messe wird jeweils zu einem Pilgertreff am Nordtor der Kathedrale eingeladen und man geht gemeinsam zu einem Vortragsraum im Seminario Mayor gegenüber. Organisiert werden die Treffen von der katholischen Kirche. Wir waren zwölf Teilnehmer. Wir setzten uns im Kreis und alle stellten sich vor, erzählten von ihrer Pilgerfahrt und besonderen Erlebnissen während dieser Zeit. Eine Pilgerin schimpfte hasserfüllt auf die Radfahrer auf dem Wander-Camino, von denen sie sich bedrängt fühlte. Wir versuchten, sie zu besänftigen und die Diskussion in ruhige Bahnen zu lenken, aber sie war unzugänglich und verließ schimpfend unseren Kreis. Diese Missstimmung verflog aber wieder und in der Gruppe entwickelte sich ein tiefgründiges und fruchtbares Gespräch. Anschließend gingen wir gemeinsam ins Restaurant des Seminarios zum Mittagessen. Wir hatten einen Vierertisch und kamen mit zwei Pilgern aus Andernach in ein gutes Gespräch. Damals konnte ich noch nicht wissen, dass ich die beiden Andernacher auf meinem Camino im Folgejahr wieder treffen sollte. Abends nahm ich an einer Führung rund um die Kathedrale teil. Ich erfuhr viel Wissenswertes und lauschte den Legenden um diesen sakralen Ort. Am Folgetag blieb ich noch in Santiago de Compostela. Ich besuchte wieder die Pilgermesse und aß anschließend im Casa Manolo (Pilgertip). Nachmittags traf ich zufällig Alfred auf der Praza do Obradoiro und wir schlenderten durch die Altstadt. Wir aßen noch einmal gemeinsam zu Abend, quatschten noch eine Weile beim Bier und verabschiedeten uns endgültig voneinander für dieses Jahr.

5. Jakobsweg 14. bis 30. September 2011:
Camino de Levante:
Mallorca – Madrid – Santiago de Compostela

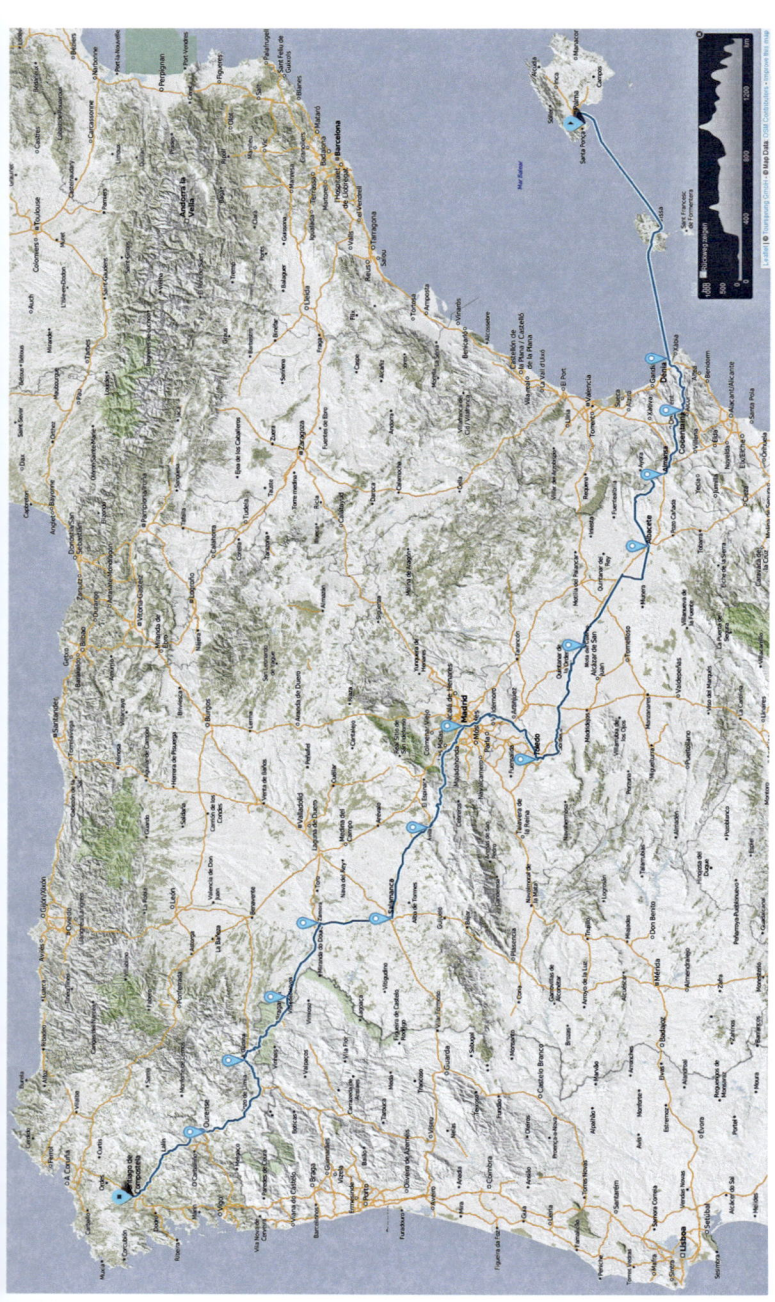

Da wir einen Teil des Jahres in unserer Mietwohnung auf Mallorca verbrachten, lag es nahe, den fünften Jakobsweg auf der Insel zu starten. Der Camino de Santiago de Levante gehört zu den wenig benutzten

Tourdaten 2011/2

Etappe Nr.	Etappenziel	Etappen-länge [km]	Etappen-Höhenmeter [Hm]	Mittlere Geschwindkt [km/h]	Maximale Geschwindkt [km/h]
	Dénia	46	225	16,0	50,0
1	Cocentaina	73	970	14,5	48,8
2	Almansa	111	1 068	17,3	50,1
3	Albacete	108	627	16,6	45,3
4	Mota del Cuervo	128	465	16,9	42,5
5	Toledo	132	572	17,7	41,9
6	Madrid	107	1 049	14,3	50,4
	Madrid[1]	31	156	11,6	31,1
7	Ávila	121	2 013	13,5	67,2
8	Salamanca	127	966	15,8	68,4
9	Zamora	75	450	19,0	51,0
10	Villardeciervos	86	641	17,6	50,4
11	A Gudiña	98	1 314	13,8	56,4
12	Ourense	123	1 214	16,7	62,3
13	Santiago de Compostela	110	1 706	13,5	61,5
	Santiago de Compostela[1]	30	100	12,0	30,0
	Summe	<u>1 506</u>	<u>13 536</u>		

Mittlere Etappenlänge: 1 506 : 13 = 115,9 km
Mittlere Höhenmeter: 13 536 : 13 = 1 041,2 Hm

[1] Ruhe-/Besichtigungstag

Einfahrt in Palma in die Autofähre um 7:00 Uhr

0°-Meridian
Vall de Gallinera

Pilgerwegen auf der Iberischen Halbinsel. Trotzdem wird ihm eine besondere Bedeutung zugeschrieben, denn der Apostel Santiago soll diesen Weg der Legende nach während seiner Missionierung der Iberischen Halbinsel beschritten haben. Der Camino de Santiago de Levante verläuft durch fünf Autonome Regionen Spaniens:

    ComunidadValenciana
    Castilla y León
    Castilla-LaMancha
    Comunidad de Madrid
    Galicia.

Auf dem Weg oder nur wenig daneben liegen die schönsten Städte Spaniens: Toledo, Madrid, Ávila, Salamanca und Ourense.

Auch für diesen Camino fand ich keinen Mitstreiter, so dass ich mich wieder allein auf den Weg machen musste. Am PC plante ich mit Hilfe von GOOGLE EARTH meinen fünften Jakobsweg. Gleichzeitig plante ich meine Etappen auf meinem Navigationsgerät GARMIN Nüvi 550. Auch meine Unterkünfte an den Etappenzielen organisierte ich vorab im Internet.

Ich fuhr am 14. September 2011 mit der BALEARIA-Schnellfähre FEDERICO GARCÍA LORCA von Palma de Mallorca um 8:00 Uhr über Ibiza nach Dénia, Ankunft um 13:30 Uhr. Die Mitnahme des Fahrrades auf der Fähre ist problemlos möglich. Während der fünfstündigen Überfahrt las ich das Buch „Die unwahrscheinliche Pilgerreise des Harold Fry" von Rachel Joyce. Ich hatte mir das Buch auf mein neues E-Buch-Lesegerät geladen.

Da ich mit meinen Video-Kameras auf den Jakobswegen keine guten Erfahrungen gemacht hatte, benutzte ich auf diesem Jakobsweg eine kompakte Fotokamera von TOSHIBA.

Reiseunterlagen:
* OUTDOOR-Reiseführer Camino de Levante,
* MICHELIN-Atlas España & Portugal 1 : 340 000,
* Navigationsgerät GARMIN Nüvi 550 mit Fahrradbetrieb und für den Außeneinsatz wasserdicht,
* Hotelinformationen der Internet-Buchungen,
* Informationen über die zu besuchenden Städte aus dem Internet-Lexikon WIKIPEDIA.

1. Etappe am 15.09.2011: Dénia – Cocentaina

Start der Etappe:	Dénia	21 m hoch
Pass Vall de Gallinera		620 m hoch
Etappenziel:	Cocentaina	484 m hoch

Am Ankunftstag in Dénia am 14. September machte ich einen Abstecher zum 10 km entfernten Els Poblets, wo wir bis zum Jahr 2010 ein Ferienhaus besaßen. Ich besuchte alte Freunde, mit denen der Kontakt trotz der räumlichen Trennung nicht abgerissen war. Es gab ein herzliches Wiedersehen, und wir hatten uns viel zu erzählen.

Am nächsten Tag begann ich kurz vor 9 Uhr meine erste Etappe. Es war schönstes Wetter, wolkenlos und mit 18 °C schon warm.

Der eigentliche Camino de Santiago de Levante verläuft etwas weiter nördlich durch Xàtiva. Da ich aber die Gegend von meiner Els-Poblets-

Zeit kannte, fuhr ich lieber durch das herrliche Vall de Gallinera, bekannt für seine köstlichen Kirschen.

Kurz hinter Els Poblets kann man eine Kuriosität besichtigen: Hier verläuft der 0°-Meridian und man hat die Stelle mit einem Standbild gekennzeichnet. Damit müsste in Spanien eigentlich die Greenwich-Zeit gelten. Der Faschist Franco wollte jedoch dieselbe Zeit wie seine Faschisten-Kollegen Hitler und Mussolini haben, übernahm die Mitteleuropäische Zeit MEZ und stellte die Uhren eine Stunde vor.

Es wurde wärmer und die Temperatur überschritt zur Mittagszeit die 30 °C-Marke. Da war es schön, dass ich mein Etappenziel Cocentaina erreichte. Nach dem Anmelden im Hotel fuhr ich in die Stadt und besichtigte das Schloss und die Kirche Iglesia de Santa María mit dem Goldtor. In der Touristeninformation holte ich mir den Stempel für den Pilgerpass Credencial.

Fazit: Die erste Etappe begann mit mehr als normalen Anforderungen von 73 km und 970 Hm.

2. Etappe am 16.09.2011: Cocentaina - Almansa

Start der Etappe:	Cocentaina	484 m hoch
Sierra de Oliva	Pass Puerto X	945 m hoch
Etappenziel:	Almansa	707 m hoch

Bei wolkenlosem Himmel und einer Temperatur von 15 °C verließ ich Cocentaina auf der N-340 bis Muro de Alcoi und fuhr weiter auf der CV-700 nach Alfafara. Als ich gegen 13 Uhr eine halbstündige Siesta einlegte, war die Temperatur auf 29 °C gestiegen. Ich passierte Caudete an der CV-809 und vor mir türmte sich die Sierra de Oliva mit Bergen von über 1000 m Höhe auf. Ich kämpfte mich auf der CM-3220 zum Pass hinauf und war bei der Hitze froh, ohne weitere große Steigungen mein heutiges Etappenziel Almansa zu erreichen. Ich ging nicht mehr in die Stadt, sondern holte mir den Stempel für das Credencial im Hotel.

Fazit: Auf der zweiten Etappe erhöhten sich die Anforderungen, mit einer Länge von 111 km und Anstiegen von 1 068 Hm war es etwas mehr als eine normale Etappe.

3. Etappe am 17.09.2011: Almansa – Albacete

Start der Etappe: Almansa   707 m hoch
Etappenziel: Albacete   694 m hoch

Mit Almansa erreicht man die Meseta, das Kastilische Hochland im Zentrum der Iberischen Halbinsel, über 200 000 qkm groß. Das Iberische Scheidegebirge teilt sie in die nördliche und die südliche Meseta. Die 600 bis 900 m hohe Nordmeseta entspricht der Autonomen Region Castilla y León: Getreide, Weinbau und Viehzucht herrschen hier vor. Die 500 bis 700 m hohe Südmeseta wird durch mehrere Gebirgszüge gegliedert und entspricht den Autonomen Regionen Castilla-La Mancha und Comunidad de Madrid: Steineichen, Oliven- und Weinbau prägen das Bild dieser Region.

Der TV-Wetterbericht hatte zwar am Vorabend schönes Wetter versprochen, aber als ich das Hotel verließ, konnte ich wegen des dichten Nebels nur etwa 50 m weit sehen. Gegen 11 Uhr lichtete sich der Dunst und es wurde ein heißer Tag mit Temperaturen bis 36 °C. Wenig später kam ein starker Wind auf, natürlich als Gegenwind, so dass ich auch bergab treten musste. Bei Chinchilla de Monte-Aragón wurde aus der Landstraße CM-3255 plötzlich die Autobahn A-31 und ich musste einen 16 km langen Umweg in Kauf nehmen. Nachmittags erreichte ich mein Etappenziel Albacete.

Albacete

Albacete ist eine Provinzhauptstadt in der Autonomen Region Castilla-La Mancha. Die Stadt fungiert als Bischofssitz und Standort der Universität Castilla-La Mancha. Ich fuhr zur Catedral de San Juan Bautista aus dem 16. Jh., besichtigte sie und holte mir den Stempel für mein Credencial. Danach fuhr ich weiter zum Festivalpark, einem riesigen Freizeitpark mit einer Unzahl von Buden und Fahrgeschäften. Für einen Rundgang muss man sich Zeit nehmen, denn er scheint ohne Ende zu sein.

Fazit: Die dritte Etappe war mit 108 km recht lang, aber es waren nur 627 Hm zu bezwingen, es handelte sich also um eine leichte Etappe.

4. Etappe am 18.09.2011:
Albacete – Mota del Cuervo

Start der Etappe:	Albacete	694 m hoch
Etappenziel:	Mota del Cuervo	719 m hoch

Als ich am Morgen das Hotel verließ, erwartete mich eine Überraschung: Da man im Hotel keine Möglichkeit sah, mein Fahrrad unterzubringen, musste ich es am Vorabend an eine Laterne vor dem Hotel anschließen. Mit einer langen Kette sicherte ich das Rad an der Laterne und mit einem zweiten Schloss fixierte ich das Vorderrad. In der Nacht hatte offensichtlich jemand versucht, das Rad zu stehlen, wie die Spuren bewiesen, jedoch ohne Erfolg. Vermutlich aus Rache hatte der verhinderte Dieb den Rückspiegel abgerissen und den Rahmen zerkratzt.

Bei der Abfahrt zeigte sich der Himmel wolkenlos bei einer Temperatur von 19 °C. Allerdings wehte den ganzen Tag ein starker Westwind, das hieß für mich, eine ganze Etappe mit Gegenwind zu fahren! Mein Fahrradcomputer berechnet aus Puls- und Fahrdaten ziemlich genau den Energieverbrauch in Kilokalorien. Für diese Etappe schätzte ich vorab entsprechend dem Höhenprofil einen Wert von 3 000 kcal. Durch das ständige Arbeiten gegen den starken Wind stand aber am Etappenende auf dem Computer ein Wert von 4 600 kcal, d. h. 50 % „Zuschlag" für den starken Wind!

Die Nationalstraße N-301 ist auf den ersten 40 km ab Albacete zur Autobahn gemacht worden und ich musste den Umweg über die N-430 bis Barrax und die CM-3135 bis La Roda fahren. Mittags zog sich der Himmel zu und die Temperatur überschritt die 30 °C-Marke. Ein wenig zermürbt vom ständigen Arbeiten gegen den Wind machte ich in einer Raststätte eine Mittagspause und gönnte mir ein Menú de Peregrinos. Bei der Weiterfahrt und weiter starkem Gegenwind klarte es auf und ich erreichte mein Etappenziel Mota del Cuervo am späten Nachmittag.

Fazit: Auch die heutige Etappe zählt mit 128 km zu den langen Etappen, mit nur 465 zu bewältigenden Hm, der starke Gegenwind machte sie aber zu einer sehr schweren Etappe.

Albacete: Catedral de San Juan Bautista

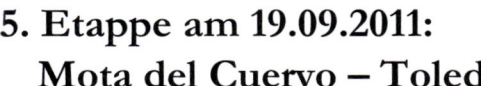

Cocentaina: Iglesia Sta María mit dem Goldtor

5. Etappe am 19.09.2011:
Mota del Cuervo – Toledo

    Start der Etappe: Mota del Cuervo   719 m hoch
    Etappenziel: Toledo   525 m hoch

Bei der Abfahrt vom Hotel war es wolkenlos, aber mit 8 °C recht kühl. Beim Verlassen von Mota del Cuervo hatte ich nicht gut aufgepasst und mein Navigationsgerät GARMIN hatte unbemerkt eine neue Route berechnet, was mir auf einer Strecke von 8 km eine Schotterpiste bescherte, ehe ich wieder auf die gewünschte Straße fand. In Quintanar de la Orden verließ ich die N-301 und fuhr auf der CM-410 und der CM-3005 nach Lillo. Große Flächen in der Umgebung waren mit Wein bepflanzt und jetzt im September fand die Lese statt. Überall wurde fleißig gearbeitet. Mittags näherte sich die Anzeige des Thermometers der 30 °C-Marke und der Wind ließ nach. Auf der CM-4006 und der N-400 erreichte ich am frühen Nachmittag mein Etappenziel Toledo. Über die römische Brücke Puente Alcántara fuhr ich in die Stadt und meldete mich im Hotel an.

Fazit: Die heutige Etappe war zwar mit 132 km die längste dieses Caminos, aber mit Anstiegen von nur 572 Hm recht flach.

Ich verließ das Hotel sofort wieder, um etwas von der Stadt zu sehen. Ich fuhr zur Kathedrale, besichtigte sie und holte mir einen Stempel für mein Credencial. Danach besichtigte ich die Sinagoga de Santa María la Blanca, ein seltenes Beispiel erhaltener mittelalterlicher Synagogen. Anschließend fuhr ich zur Casa Museo de El Greco.

Toledo

Toledo ist die Hauptstadt der Autonomen Region Castilla-La Mancha am Fluss Tajo. Die Altstadt mit der gotischen Catedral de Santa María aus dem 13. Jh. und der Festung Alcázar aus dem 16. Jh. wurde 1986 zum Weltkulturerbe erklärt. Der Erzbischof von Toledo fungiert als Primas der katholischen Kirche Spaniens.

El Greco

El Greco – der „Grieche", eigentlich Domínikos Theotokópoulos – wurde 1541 in Iraklion, Kreta geboren. Anfangs wirkte er als Ikonenmaler. 1577 kam er über Venedig und Madrid nach Toledo, wo er bis zu seinem Tod 1614 blieb. Er wurde in der Klosterkirche Santo Domingo de Silos beigesetzt. In Toledo gibt es zahlreiche Beispiele seines Wirkens als Maler, Bildhauer und Architekt. In all seinen Werken ist sein tiefer christlicher Glauben spürbar. So diente er der Gegenreformation und malte den ersten unbarmherzigen Großinquisitor. Später fiel er in Ungnade und nach seinem Tode wurden seine Werke aus den Kirchen entfernt und er und sein Lebenswerk fielen der Vergessenheit anheim. Keines seiner Wohnhäuser in Toledo wurde erhalten. Erst um 1900 entdeckten ihn die mitteleuropäischen Maler wieder, würdigten sein Schaffen und erklärten sein Spätwerk zum Vorläufer der modernen Malerei. Im Nachhinein ist es natürlich müßig, sich zu fragen, wie sich die europäische Malerei entwickelt hätte, wäre sein Andenken nicht von der katholischen Kirche drei Jahrhunderte lang unterdrückt worden.

6. Etappe am 20.09.2011: Toledo – Madrid

Start der Etappe:	Toledo	525 m hoch
Etappenziel:	Madrid	641 m hoch

Bei wolkenlosem Himmel und einer Temperatur von 10 °C machte ich mich daran, Toledo zu verlassen. Die vom Navi vorgeschlagene Route endete an einer Autopista, Radfahren verboten! In meinem Autoatlas war keine der neuen Autobahnen verzeichnet. Nachdem ich drei Stunden im Norden Toledos herumgeirrt war, ohne die richtige Schneise Richtung Madrid zu finden, hatte ich die Faxen dicke und fuhr auf die Autobahn. Zweimal musste ich die Autobahn wechseln, ehe ich auf der Autobahn A-42 Richtung Madrid den Weg fortsetzen und diese an der Anschlussstelle Bargas verlassen konnte. Rückblickend muss ich feststellen, dass diese Autobahnfahrt völlig problemlos verlief. Die spanischen Autofahrer akzeptierten, dass ein Radfahrer, kenntlich als Fahrradpilger, die Autobahn benutzen musste. Ich mag mir nicht vorstellen, welche Reaktionen ich bei deutschen Autofahrern erlebt hätte, wenn mir Vergleichbares in Deutschland passiert wäre. Inzwischen herrschte wunderschönes Wetter mit wenig Wind und ich konnte die Fahrt uneingeschränkt genießen. Auf der CM-4006 fuhr ich durch Bargas, wo gerade eine Riesenfiesta stattfand. Weiter ging es auf der TO-2515 durch Yunclillos, der TO-2034 nach Griñón und der M-405 nach Fuenlabrada. Hier konnte ich meine Vorräte ergänzen, auch im Hinblick auf den folgenden Ruhetag. Beim Verstauen meines Einkaufs kam ich mit der freundlichen Verkäuferin, die vor dem Laden eine Rauchpause machte, in ein kurzes Gespräch über das Pilgern. Nach der Weiterfahrt wurde die Bebauung

Toledo: Einfahrt über die Puente de Alcántara, Puerta de Alcántara, Alcázar
Toledo: Catedral de Santa María: Nordturm, Hauptportal

El Greco: Christus
Lukas
Entkleidung
Retabel Santo Domingo de Silos

Quelle WIKIPEDIA

immer dichter, dann erreichte ich die Vororte Madrids und musste mich Richtung Zentrum durchkämpfen. Abends kam ich bei meinem Hotel an und konnte mich anmelden. Das Zimmer war allerdings das schlechteste, das ich jemals bei booking.com bestellt hatte. Offensichtlich muss man in den großen Städten Spaniens ein oder zwei Kategorien höher buchen, um wohnlich unterzukommen.

Fazit: Die eigentlich leichte Etappe entwickelte sich durch das Herumirren zu Beginn der Etappe mit 107 km und 1 049 Hm zu einer mit normalem Schwierigkeitsgrad.

Ruhetag am 21.09.2011 in Madrid

Madrid ist die Hauptstadt Spaniens und die Hauptstadt der Autonomen Region Comunidad de Madrid. Die Stadt ist (ohne Vororte) mit 3,3 Millionen Madrilenen nach London und Berlin die drittgrößte Stadt der Europäischen Union. Madrid bildet seit Jahrhunderten den politischen, wirtschaftlichen und kulturellen Mittelpunkt Spaniens und fungiert als Sitz der spanischen Regierung. Hier residieren auch der König und ein katholischer Erzbischof. In Madrid befinden sich sechs öffentliche Universitäten. Zahlreiche Museen, Theater und andere Kultureinrichtungen erheben Madrid zu einer kulturellen Weltstadt. Madrid befindet sich im Zentrum Spaniens auf einer Höhe von 677 m über NN und ist damit die höchstgelegene Hauptstadt der Europäischen Union. Die Stadt liegt inmitten der Kastilischen Hochebene, der Meseta, und wird vom kleinen Fluss Manzanares durchflossen. Madrid besitzt durch seine Höhe und Lage ein kontinentales Klima, d. h., die Sommer sind trockener und heißer, die Winter kälter als in Städten am Mittelmeer.

Im 9. Jh. errichteten die Mauren eine Burg (Alcázar) an der Stelle, an der sich heute der Madrider Königspalast befindet. Die Gegend wurde Madschrit genannt, daraus entstand der Name Madrid. Im Jahre 1038 wurde die Stadt im Rahmen der Reconquista christlich.

Im Jahr 1561 verlegte Felipe II die Hauptstadtfunktion vom wesentlich älteren Toledo nach Madrid. Im Spanischen Erbfolgekrieg war Madrid von 1706 bis 1714 von Engländern und Portugiesen besetzt. 1808 bis

1813 beherrschte Napoleon die Stadt und machte seinen Bruder Joseph Bonaparte zum König. Die Besatzer ließen Klöster und ganze Stadtviertel niederreißen. Am 2. Mai wird in Madrid mit einem Feiertag des Aufstandes von 1808 gegen die französische Besatzung gedacht. 1873 wurde die Erste Republik unter dem Liberalen Emilio Castelar ausgerufen. Dem folgte 1923 die Militärdiktatur unter General Miguel Primo de Rivera. Die Zweite Republik währte von 1931 bis 1939. Die Faschisten unter Generalissimo Francisco Franco herrschten nach dem erfolgreichen Militärputsch gegen die vom Volk gewählte Regierung, der nur durch die Unterstützung der deutschen und italienischen Faschisten erfolgreich war, bis zu dessen Tod 1975. Franco hatte zuvor Juan Carlos I. als seinen Nachfolger und König eingesetzt. Dieser leitete die Demokratisierung ein und verteidigte die Republik auch gegen den Putschversuch der Militärs und der Guardia Civil im Jahr 1981.

Madrid bietet eine große Zahl an Sehenswürdigkeiten, viel mehr, als ich an einem Tag besichtigen konnte, so dass ich mich mit einer Auswahl beschränken musste:

* Palacio Real, 18. Jh.: einstündiger Rundgang inklusive Apotheke, Thronsaal,
  Esszimmer, Kapelle
* Nueva Catedral de Nuestra Señora de la Almudena, 18. Jh.:
  Innenraum sehr modern gestaltet
* Colegiata de San Isidro el Real (alte Kathedrale), 17. Jh.:
  freundlicher Diakon, kurzes herzliches Gespräch,
  Stempel für das Credencial
* Iglesia de San Nicolás, 12. Jh.: älteste Kirche Madrids
* Museo del Prado: Ansicht nur von außen,
  da es für einen Besuch zu spät war
* Puerta de Alcalá, 18. Jh.: steht auf der Mittelinsel eines
  Kreisverkehrs mit tosendem Verkehr, trostloser Anblick
* Plätze:
  Plaza Mayor: eindrucksvoller Platz mit Reiterstandbild Felipe III

Madrid: alte Kathedrale
Colegiata de San Isidro el Real

Plaza del Sol: El Oso y el Madroño
Der Bär und der Erdbeerbaum
Wappen Madrids

neue Kathedrale Catedral de
Nuestra Señora de la Almudena

Madrid:
Königspalast
Palacio Real

Madrid:
Plaza de Cibeles:
Rathaus seit 2007
Ayuntamiento

Madrid:
Plaza de Castilla
Torres KIO

Plaza de la Puerta del Sol: mit Regierungsgebäude, von dessen Uhrenturm die zwölf Glockenschläge zu Silvester landesweit übertragen werden, Reiterstandbild Carlos III, Bärendenkmal
Plaza de Cibeles: Rathaus von Madrid, Fuente de Cibeles
Plaza de España: erste Hochhäuser Madrids, Denkmal für Cervantes, Don Quijote und Sancho Pansa
* Fußballstadion Estadio Santiago Bernabéu: nur von außen besichtigt
* Torres KIO: schräge Bürotürme der BANKIA an der Plaza de Castilla, eindrucksvolle Architektur

7. Etappe am 22.09.2011: Madrid – Ávila

Start der Etappe:	Madrid	641 m hoch
El Escorial		915 m hoch
Puerto de Cruz Verde		1 256 m hoch
Puerto del Boquerón		1 348 m hoch
Alto de Valdelavia		1 448 m hoch
Etappenziel:	Ávila	1 102 m hoch

Als ich das Hotel verließ, war es wolkenlos, jedoch mit 9 °C recht kühl. Beim Verlassen Madrids leistete mir das Navigationsgerät GARMIN gute Dienste. Ohne Umwege kam ich auf die richtige Carreterra Nacional, ohne Navi wäre es sicher schwieriger gewesen, wie sich auch beim zweiten Besuch Madrids herausstellte. So konnte ich bei schönstem Wetter die M-502 bis San Lorenzo de El Escorial fahren. Die Schloss- und Klosteranlage Real Sitio de San Lorenzo de El Escorial aus dem 16. Jh., den größten Renaissancebau der Welt, konnte ich nur aus der Ferne betrachten und bewundern. Bei dem heutigen Etappenpensum war eine Besichtigung nicht drin. Auch die umstrittene, von Franco errichtete faschistische Gedenkstätte Valle de los Caídos verpasste ich so. Auf der M-505/CL-505 ging es über drei Pässe zum Etappenziel Ávila. Diese Etappe war mit 121 km und 2 013 Hm die bisher anstrengendste aller Caminos. Ich war froh, das Hotel zu erreichen und mich anzumelden. In einem Restaurant auf der Plaza Mayor aß ich zum Abend ein Menú de

Peregrinos. Dabei lernte ich eine vierköpfige Pilgergruppe aus Berlin und Regensburg kennen, die ebenfalls mit Fahrrädern unterwegs war. Bei anregenden Gesprächen verging der Abend wie im Fluge.

Fazit: Auf der heutigen Etappe waren mit 121 km und 2 013 Hm die höchsten Anforderungen der bisherigen Caminos zu bewältigen, eine schwerste Bergetappe.

8. Etappe am 23.09.2011: Ávila – Salamanca

Start der Etappe: Ávila   1 102 m hoch
Etappenziel: Salamanca   808 m hoch

Bei wolkenlosem Himmel und einer Temperatur von 11 °C verließ ich Ávila auf der AV-110 und folgte dieser bis Cabezas del Villar. Dafür musste ich einen namenlosen Pass von 1 358 m Höhe bezwingen. Weiter ging es auf der C-610 bis Peñaranda de Bracamonte. Inzwischen hatte sich der Himmel zugezogen und es drohte Regen.

Kurz vor der Stadt erwischte mich die Defekt-Hexe, die einzige Havarie während aller zehn Caminos: Am Hinterrad brach eine Speiche, natürlich Worstcase auf der Ritzelseite. Den Höhen- und Seitenschlag zentrierte ich, so gut es ging, hinaus, so dass ich die Felgenbremse wieder benutzen konnte. Langsam und vorsichtig fuhr ich los, begrenzte aber die Geschwindigkeit bei Abfahrten auf 25 km/h. Auf diese Weise waren 86 km zurückzulegen, eine Tortur. Meine Hoffnung wurde erfüllt und ich erreichte mein Etappenziel ohne weitere Zwischenfälle am späten Abend. Beim Anmelden im Hotel empfahl mir der junge Mann an der Rezeption, selbst Radfahrer, die Werkstatt BICICLETA CADENA und meldete mich sofort telefonisch für den nächsten Tag an.

Fazit: Die achte Etappe muss mit einer Länge von 127 km und Anstiegen von 1 000 Hm zu den schweren gerechnet werden. Dazu kam noch die Behinderung durch die gebrochene Speiche.

Am nächsten Morgen brachte ich das Fahrrad zur Werkstatt und konnte es mittags wieder abholen. Den Vormittag über hatte ich Zeit für Besichtigungen. Die Stadt Salamanca habe ich bereits bei der Schilderung des zweiten Camino beschrieben. Ich schaute mir die Catedral Vieja aus dem 12. Jh. genauer an. Im Inneren ist die gotische Wandbemalung gut erhalten und besonders eindrucksvoll. Von der Alten Kathedrale kommt man direkt in den Komplex der Universität. Man sieht wunderschöne alte Säle und die Kapelle. Anschließend bestieg ich den Glockenturm Ieronimus an der Südwestecke der Neuen Kathedrale, von dem sich beim Aufstieg ein wunderbarer Blick in das Innere der neuen Kathedrale bietet. Auf der Plattform des Turms hat man eine unvergleichliche Aussicht über Salamanca und das Umland. Anschließend machte ich auf der Plaza Mayor eine Mittagspause mit Bocadillo (Baguette) und Café con Leche. Um 13 Uhr begab ich mich zur Fahrradwerkstatt und holte mein repariertes Fahrrad ab. Für die neue Speiche und für einen neuen

Salamanca: Alte Kathedrale Catedral Vieja

Rückspiegel bezahlte ich minimale 18,40 €. Danach holte ich meine Packtaschen vom Hotel ab und startete meine Etappe nach Zamora bei wunderschönem Wetter und ohne Wind.

9. Etappe am 24.09.2011: Salamanca – Zamora

Start der Etappe:	Salamanca	808 m hoch
Etappenziel:	Zamora	637 m hoch

Kurz nach dem Verlassen von Salamanca traf ich auf der N-630 drei junge Spanier auf Mountainbikes, die den Wanderweg benutzen wollten. Wir unterhielten uns kurze Zeit und trennten uns wieder. Auf den nächsten drei Etappen trafen wir uns immer wieder und erst am dritten Tag traute sich einer der drei, nach meinem Alter zu fragen. Als sie erfuhren, dass ich 72 Jahre alt war, wollten sie sich meine Aktivität als Beispiel dafür nehmen, wie regelmäßiges Radfahren auch im Alter fit halten kann. Die weitere Fahrt auf der N-630 bot wenig Abwechslung und ich erreichte am Abend Zamora, mein heutiges Etappenziel.

Fazit: Die neunte Etappe war mit einer Länge von 75 km und Anstiegen von 450 Hm eine kurze leichte Flachetappe, die gut an einem Nachmittag zu schaffen war.

10. Etappe am 25.09.2011: Zamora – Villardeciervos

Start der Etappe:	Zamora	637 m hoch
Etappenziel:	Villardeciervos	849 m hoch

Als ich das Hotel verließ, war es wolkenlos, jedoch mit 10 °C recht kühl. Die N-630 wird einige km nördlich Zamoras zur Autobahn und mein Navigationsgerät gab eine Alternative vor. Diese Straße war jedoch in der ganzen Breite mit tiefen Schlaglöchern übersät, so dass man als Radfahrer seine ganze Aufmerksamkeit aufbringen musste, unbeschadet einen Weg zwischen den schadhaften Stellen zu finden. Eine Stunde später gelangte ich zurück auf die Nationalstraße und freute mich, wieder geradeaus fahren zu können. Mittags traf ich auf der N-631 wieder auf die drei Spanier vom gestrigen Tag. Wir fuhren eine halbe Stunde nebeneinander her und unterhielten uns. Am frühen Nachmittag erreichte ich Villardeciervos, mein heutiges Etappenziel. Nach dem Anmelden im Hotel spazierte ich noch eine Stunde kreuz und quer durch den Ort und suchte mir ein Restaurant für das Abendessen.

Fazit: Auch die zehnte Etappe stellte mit einer Streckenlänge von 86 km und Anstiegen von 641 Hm keine hohen Anforderungen, es ist eine leichte Etappe.

11. Etappe am 26.09.2011: Villardeciervos – A Gudiña

Start der Etappe:	Villardeciervos	849 m hoch
Puerto Padernelo		1 225 m hoch
Puerto A Canda		1 221 m hoch
Alto de Cañizo		1 085 m hoch
Etappenziel:	A Gudiña	981 m hoch

Bei wolkenlosem Himmel und einer Temperatur von 5 °C verließ ich Villardeciervos. Ich fuhr auf der ZAP-2639 entlang dem Río Tera. Weiße Nebel stiegen vom Fluss auf. Die Straße verlief recht wellig und die Abfahrten bei 5 °C machten keinen Spaß. Ich war gerade 8 km gefahren, als ein Reh wenige Meter vor mir über die Straße galoppierte, ein Hirsch direkt dahinter. Diesen mächtigen Tieren möchte man nicht im Wege stehen! Da bekommt der Begriff Wildunfall eine ganz neue Bedeutung. Und wenige Kilometer weiter erlebte ich den ersten und insgesamt einzigen Angriff auf allen Caminos durch einen Schäferhund. Das Tier war nur noch um Haaresbreite von meinem Knie entfernt, als jemand vom Grundstück nebenan brüllte und der Hund von mir abließ. Für eine solche Situation habe ich Pfefferspray bei mir, das aber, da nie benutzt, tief unten in der Lenkertasche steckte. Ich hatte mir extra für solche Fälle eine Halterung für das Spray am Vorbau aus Draht gebastelt, aber ausgerechnet heute nicht bestückt. Die dritte Tierbegegnung dieses Tages war von besonderer Art: Am Staudamm des Río Tera flogen plötzlich Tausende und Abertausende von Schwalben auf und verdunkelten den

Himmel, ein grandioses Schauspiel! Die Landschaft, die ich am Río Tera durchquerte, war von unzähligen unbelaubten Ginsterbüschen bestimmt, so dass sich unwillkürlich der Eindruck aufdrängte, der Landschaft stünden die Haare zu Berge. Die weitere Fahrt auf der N-525 verlief sehr entspannend, auch wenn es ein ständiges Auf und Ab im Terrain gab. Drei Pässe mit jeweils 300 Hm Anstieg waren zu bezwingen, dann kam mein heutiges Etappenziel A Gudiña in Sicht. Kurz vor der Stadt loderte zur Rechten ein Waldbrand, der von drei Löschflugzeugen und zwei Löschhubschraubern bekämpft wurde. Mein Hotel lag hinter der Stadt, wegen eines weiteren Brandes in dessen Nähe konnte ich es aber nicht erreichen und musste mir in der Stadt eine neue Unterkunft suchen. Brände am Stadteingang und Stadtausgang, das war sicher Brandstiftung, denn so viel Zufall auf einmal gibt es wohl nicht. Der heutige Tag war wirklich ereignisreich!

Fazit: Die heutige Etappe ist mit 98 km und 1 314 Hm zu den schweren zu rechnen.

12. Etappe am 27.09.2011: A Gudiña – Ourense

Start der Etappe: A Gudiña 981 m hoch
Etappenziel: Ourense 143 m hoch

Wieder war es mit 6 °C so kühl wie gestern und dann blieb der Himmel auch noch bedeckt. Ich fuhr weiter auf der N-525, die bis Santiago de Compostela führt. Die Abfahrten bereiteten bei dieser Temperatur kein Vergnügen und ich beschloss, in Zukunft auch im Septem ber Winterhandschuhe mitzunehmen. „Auf dem Plan" standen heute vier Pässe, 800–900 m hoch mit jeweils 200–400 Hm Anstieg. Nach Passieren der ersten beiden Pässe gab es eine aberwitzige Abfahrt mit 6–8 % Gefälle, so dass ich völlig durchgefroren in Verín ankam. Ich musste mich in einer Bar bei zwei großen Café con Leche wieder erwärmen, ehe ich weiterfahren konnte. In der Pilgerherberge holte ich mir einen Stempel für das Credencial. Nachmittags kam ich in Ourense, dem heutigen Etappenziel, an. Beim Anmelden im Hotel merkte ich, dass mein Ausweis fehlte. Der Hotelier in A Gudiña hatte ihn am Vorabend gegen jede

Löschflugzeug und Löschhubschrauber bei der Bekämpfung Flächenbrand kurz vor A Gudiña

Ourense:
Catedral do San Martiño
Pórtico de la Gloria
Darstellung Adam und Eva

Regel einbehalten. Am Morgen war anderes Personal am Tresen und hat mir meinen Ausweis nicht wiedergegeben. Und ich Trottel hatte es beim Stress des Ascheckens nicht bemerkt. Dann hatte ich jedoch Glück im Unglück: Der freundliche Mann an der Rezeption stammte aus A Gudiña, kannte alle Leute dort und erreichte, dass mir der Ausweis nach Verín nachgebracht werden sollte. Beruhigt verließ ich das Hotel und lief zur Catedral do San Martiño aus dem 12. Jh. Wie in der Kathedrale von Santiago de Compostela gibt es einen wunderschönen Bogeneingang, den Pórtico de la Gloria.

Ourense

Ourense ist eine Provinzhauptstadt in der Autonomen Region Galicia am Río Miño. Der Name der Stadt leitet sich vom lateinischen „auriense", Stadt des Goldes, ab. Am Fluss wurden zu jener Zeit große Mengen des Edelmetalls gefunden. Schon die Römer bauten wegen der heißen Quellen hier ein Bad. Die Mauren zerstörten die Stadt völlig und die Christen bauten sie nach der Reconquista wieder auf.

Fazit: Auch die zwölfte Etappe zählt mit 123 km und 1 214 Hm zu den schweren Etappen.

13. Etappe am 28.09.2011:
Ourense – Santiago de Compostela

Start der Etappe:	Ourense	143 m hoch
Alto de San Martino		837 m hoch
Etappenziel:	Santiago de Compostela	276 m hoch

Nach dem Frühstück rief der Bote aus A Gudiña an und wir vereinbarten als Treffpunkt die Ausfahrt 50 (Lalín) der Autobahn AP-53 zur Übergabe des Ausweises. Ich fuhr sofort los bei leichtem Regen, wenig Wind und einer Temperatur von 12 °C. Um den Treffpunkt zur verabredeten Zeit zu erreichen, musste ich mich sputen und etwas schneller fahren, als mein Gefühl mir riet. Ich erhielt meinen Ausweis gegen ein kleines Trinkgeld und konnte endlich mit meiner normalen Geschwindigkeit weiterfahren. Nachmittags riss die Bewölkung auf und die Sonne brannte vom Himmel. Die N-525 wurde immer stärker befahren, je näher ich Santiago de Compostela kam. Bei einer Abfahrt kam mir ein überholender Lastwagen so nahe, dass mir sein Luftwirbel die Karte aus der Kartentasche der Lenkertasche riss und dabei zerstörte. In den letzten zwei Stunden Fahrt vor Santiago machte sich bemerkbar, dass ich vormittags, besonders beim Anstieg zum Alto de San Martino, über meine Verhältnisse gelebt hatte und es mir jetzt an Kondition fehlte. Ich bin eigentlich stolz darauf, dass ich meinen Körper kenne und dass ich mir die Körnchen gut einteilen kann. Heute Vormittag hatte ich dagegen verstoßen und wurde jetzt dafür bestraft, denn die Bewältigung der letzten Kilometer vor Santiago fiel mir unendlich schwer. Je näher ich Santiago kam, desto stärker wurde der Verkehr und es herrschte ein unerträglicher Lärm. Als ich Santiago erreicht hatte, fuhr ich direkt zum Pilgerbüro, um die Pilgerbescheinigung Compostela zu beantragen. Das Credencial wurde kritisch begutachtet und mir die Compostela ohne weitere Rückfrage ausgehändigt. Dann fuhr ich zur Praza do Obradoiro, um meine Ankunft und das Ende dieser Pilgerfahrt zu genießen. Ich hatte mir ein Zimmer in der Hospadería San Martín Pinario reserviert. Das Fahrrad ließ ich vor dem Hotel stehen, mit zwei Schlössern gesichert, allerdings gab es keine Laterne o. Ä., um das Rad anzuschließen. Ich brachte mein Gepäck zur Rezeption, meldete mich an, ging zu meinem Zimmer, packte aus und duschte. Ich wähnte mich meines Rades sicher und ging zum Abendessen. Dabei traf ich die beiden Pilger aus Andernach, die ich im Vorjahr kennengelernt hatte, wieder. Wir quatschten kurze Zeit und verabredeten uns zum Frühstück am nächsten Morgen.

Danach verließ ich das Hotel und wollte mein Fahrrad in den Abstellraum bringen. Aber: Es war nicht mehr da! Ich suchte die Umgebung ab in der Hoffnung, ein Scherzkeks hätte das Rad nur versteckt, aber vergebens. Am nächsten Morgen traf ich die Andernacher beim Frühstück und wir unterhielten uns eine Weile. Sie waren vier Tage in Fisterra gewesen und jetzt ging ihr viertägiger Aufenthalt in Santiago zu Ende. Als wir auseinandergingen, versprachen wir uns, in Kontakt zu bleiben. Dann lief ich zur Policía Nacional, um den Diebstahl meines Fahrrades anzuzeigen (Denuncia). In der Pilgermesse fand ich wieder zu meiner gewohnten Ruhe zurück. Ich besuchte anschließend, wie im Juni des

Santiago de Compostela: Ankunft auf der Praza do Obradoiro

Jahres, den Pilgertreff, der von der katholischen Kirche organisiert wird. Es tut gut, sich mit Gleichgesinnten über das Pilgern auszutauschen. Am nächsten Tag nahm ich wieder an der Pilgermesse teil, der Pilgertreff fiel an diesem Tag leider aus. Abends flog ich mit AIR BERLIN nach Palma de Mallorca zurück. Der gebuchte Fahrradtransport fiel wegen Diebstahls aus, aber AIR BERLIN erstattete die Gebühr dafür nicht. So weit geht der Service nicht.

Fazit: Die letzte Etappe von Ourense nach Santiago de Compostela ist mit 110 km und 1 706 Hm eine der sehr schweren.

6. Jakobsweg 14. bis 27. Juni 2012:
Camino Primitivo:
Bilbao – Oviedo – Santiago de Compostela

Für meinen nächsten Camino hatte ich mir den Ursprung der Jakobuspilgerei vorgenommen: den Camino Primitivo. Der Camino Primitivo ist als ältester der Jakobswege eng mit der Entstehung des Königreiches Asturien verbunden. Im Jahre 711 erlitt das westgotische Heer unter König Rodrigo (Roderich) im Süden Spaniens eine verheerende Niederlage, bei der König Roderich den Tod fand. Pelayo, ein Schwertträger am Hofe, floh mit seiner Schwester nach Asturien. Dort versuchte der maurische Herrscher Manuza die Schwester in seinen Harem einzugliedern und schickte Pelayo als Geisel nach Córdoba, von wo er jedoch fliehen konnte. In den Bergen Asturiens versammelte Pelayo Asturier und geflüchtete Westgoten um sich. Im Jahre 722 schickte der Emir von Córdoba eine Strafexpedition nach Asturien. Am 28. Mai erlitten die sieggewohnten Mauren in der Schlacht in den Bergen von Covadonga trotz numerischer Überlegenheit eine Niederlage gegen das christliche Heer unter Pelayo. Dies war der Ausgangspunkt zur Gründung des Königreichs Asturien mit der

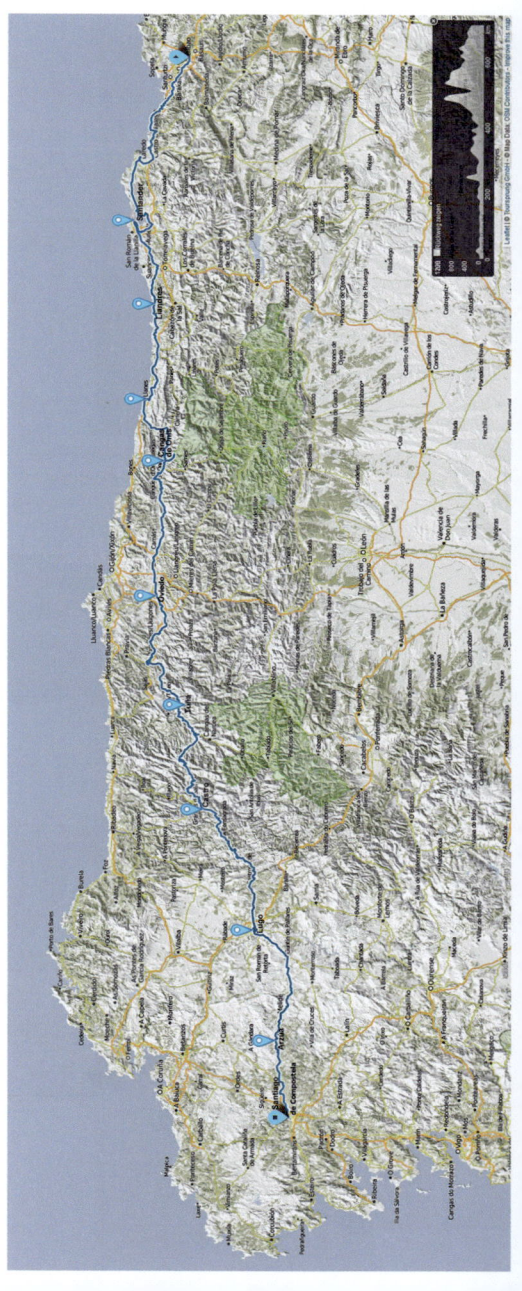

Hauptstadt Cangas (heute Cangas de Onís) unter dem ersten König Pelayo. Covadonga gehört zu den spanischen Nationalheiligtümern. Am Ort der Schlacht wurde eine Basilika erbaut und der Jungfrau María geweiht. In der Höhle befand sich schon vor der Schlacht ein westgotisches Marienheiligtum. Dieser erste Sieg eines christlichen Heeres gegen die maurischen Invasoren gilt als der Beginn der Reconquista (Wiedereroberung). Alfons II. verlegte später die Hauptstadt Asturiens nach Oviedo. Er kam gegen drei maurische Heere in große Bedrängnis. Im Jahre 825 (andere Quellen besagen 812), in dieser Zeit der größten Not, wurde das Grab des Apostels Jakobus des Älteren – Santiago – entdeckt

Tourdaten 2012/1

Etappe Nr.	Etappenziel	Etappenlänge [km]	Etappen-Höhenmeter [Hm]	Mittlere Geschwindkt [km/h]	Maximale Geschwindkt [km/h]
	Bilbao	23	435	12,5	55,3
1	Santander	138	1 444	14,0	63,6
2	Comillas/Liandres	62	749	13,3	56,7
3	Llanes	66	839	15,3	58,5
4	Soto de Cangas	68	768	14,2	44,5
5	Oviedo[1]	76	565	17,5	44,3
6	Tineo/ Torre de Tuña	73	926	14,1	60,3
7	Castro	91	1 691	12,5	55,3
8	Lugo	92	1 480	13,4	57,7
9	Santiago de Compostela	116	1 555	14,8	63,2
	Santiago de Compostela[1]	31	112	12,6	30,8
	Summe	__836__	__10 564__		

Mittlere Etappenlänge: 836 : 9 =   92,9 km
Mittlere Höhenmeter: 10 564 : 9 = 1 173,8 Hm

[1] Ruhe-/Besichtigungstag

und Santiago wurde als „Maurentöter" der große moralische Beistand der christlichen Kämpfer. Im Jahre 829 begab sich Alfons II. an die Fundstätte, wo man inzwischen eine Kapelle erbaut hatte. Dieser Pilgerweg von Oviedo nach Santiago de Compostela erhielt den Namen Camino Primitivo.

Nach meinem eigenen Gutdünken hatte ich den Camino Primitivo für mich etwas „verlängert" und den Start nach Bilbao verlegt. Damit führte meine Radtour durch vier Autonome Gemeinschaften Spaniens:

Baskenland	País Vasco, baskisch Euskadi
Kantabrien	Cantabria
Asturien	Principado de Asturias, asturisch Principáu d'Asturies
Galicien	Galicia

Auf dem Weg liegen die Städte Bilbao, Santander, Oviedo und Lugo.

Ich benutzte am PC GOOGLE EARTH, um meinen sechsten Jakobsweg zu planen. Parallel dazu gab ich diesmal die Routen in mein Smartphone SAMSUNG GALAXY N7000 NOTE ein. Dafür hatte ich mir das Navigationsprogramm NAVIGON gekauft. Dies war das erste, einzige und letzte Mal, dass ich dieses Programm verwendete. Ein Navigationsprogramm ist nützlich, um am Etappenziel auf kürzestem Weg zum Hotel zu gelangen und am nächsten Morgen auf dem schnellsten Weg die Stadt zu verlassen. NAVIGON kennt aber nicht die Funktion „Einsteigen" und „Zur Tour navigieren". Üblich ist aber, die Navigation auszuschalten, solange man über Land fährt, und erst wieder einzuschalten, wenn das Etappenziel naht. Das akzeptiert NAVIGON nicht. Es navigiert beim Wiedereinschalten stets aufs Neue zum Ausgangsort der Etappe, selbst wenn man schon 99 % der Strecke hinter sich gebracht hat. Ich habe mir damit geholfen, dass ich die Navigation beendete und mir nur die Karte anzeigen ließ. Dafür brauche ich kein teures Navigationsprogramm!

Ich war inzwischen schon Stammkunde bei meinem Buchungsprogramm booking.com im Internet geworden. Ganz überwiegend habe ich anständige und preiswerte Hotels buchen können. So organisierte ich auch dieses Mal meine Unterkünfte an den Etappenzielorten.

Meine fertige Planung schickte ich meinem Kameraden Alfred aus Trier, mit dem ich im Vorjahr den Caminho Português gepilgert war. Er wollte sich anschließen, jedoch nicht nach Bilbao, sondern nach Santander fliegen. Ich beabsichtigte, ihn vom dortigen Flughafen abzuholen.

Mit etwas Abstand betrachtet ist der Camino Primitivo von der Länge her nicht der anspruchsvollste Camino, seine beiden Bergetappen gehören aber zu den schwierigsten.

Ich flog mit AIR BERLIN von Palma de Mallorca nach Bilbao, das Fahrrad in einem Karton verpackt. Der Rückflug am 27. Juni 2012 von Santiago de Compostela nach Palma de Mallorca erfolgte ebenfalls mit AIR BERLIN. Auf beiden Flügen kam mein Fahrrad unbeschädigt am Bestimmungsort an.

Für die Dokumentation dieses Jakobswegs benutzte ich eine kompakte Fotokamera von SAMSUNG.

Reiseunterlagen:
* OUTDOOR-Reiseführer Nordspanien: Jakobsweg Küstenweg,
* OUTDOOR-Reiseführer Nordspanien: Jakobsweg Camino Primitivo,
* Karte 1 : 350.000 von REISE KNOW HOW Spanien Nord Jakobsweg,
* Navigationsprogramm NAVIGON auf meinem Smartphone SAMSUNG GALAXY N7000 NOTE,
* Hotelinformationen der Internet-Buchungen,
* Informationen über die besuchten Städte aus dem Internet-Lexikon WIKIPEDIA.

Bilbao
Bilbao ist die Hauptstadt der Provinz Vizcaya und die größte Stadt der Autonomen Region País Vasco (Baskenland) an der Ría de Bilbao. Diese Ría wird aus dem Zusammenfluss des Ríos Nervion mit dem Río Izaibazal gespeist. Bilbao ist die wichtigste Hafen- und Industriestadt des Baskenlandes. Die Stadt wurde offiziell im Jahr 1300 auf den Resten einer römischen Siedlung gegründet. Bereits meinen dritten Camino im Jahre 2010 hatte ich in Bilbao begonnen. Einige Eindrücke von der Stadt sind zu Beginn dieser Tourbeschreibung nachzulesen. Nach der Landung auf

Bilbao: Guggenheim-Museum, aufgenommen bei der Ausfahrt
Castro Urdiales: Iglesia de Santa María und Festung Santa Ana

dem Flughafen Bilbao montierte ich mein Fahrrad und fuhr dann in die Stadt zum Hotel. Ich war diese Route schon einmal vor zwei Jahren gefahren. Diesmal aber schlug mein Navigationsprogramm eine Alternative vor, die durch eine wunderschöne Landschaft und eine sehr ruhige Gegend führte. Allerdings ging es über einen Berg mit maximal 16 % Steigung, während ich beim ersten Mal um den Berg herumfuhr.

1. Etappe am 15.06.2012: Bilbao – Santander

Start der Etappe:	Bilbao	24 m hoch
Castro Urdiales		46 m hoch
Etappenziel:	Santander	14 m hoch

Es war wolkenlos und mit 11 °C recht kühl, als ich meinen Camino begann. Ich fuhr am Río Nervion entlang, bis ich in Portugalete zur Schwebefähre Puente Vizcaya kam. Wieder musste ich innehalten, um diese technische Meisterleistung zu bewundern. Weiter verfolgte ich den Weg auf der N-634 die Küste entlang. Siesta machte ich in Castro Urdiales in einem Park. In Laredo nahm ich die Fähre nach Santoña. Weiter ging es auf der CA-141 nach Somo. Unterwegs traf ich auf vier Franzosen auf Rennrädern. Wir haben wohl etwas zu lange geplaudert, denn als ich in Somo ankam, war die letzte Fähre nach Santander gerade abgefahren. Das bedeutete, dass ich um die Ría de Santander herumfahren musste, was einen Umweg von 21 km und eine Fahrt von mehr als einer Stunde durch die hässliche industrielle Vorstadt Santanders ausmachte. Dabei wollte ich mir von meinem Navi helfen lassen, aber das Programm NAVIGON drängte mir als Startpunkt Bilbao auf! Ich musste mich anhand der Karte orientieren.

Santander

Santander habe ich bei der Schilderung meines dritten Jakobsweges beschrieben.

Fazit: Die erste Etappe verlängerte sich durch den Umweg auf 138 km. Mit Anstiegen von 1 444 Hm zählt sie deshalb zu den schwersten Etappen der Caminos.

2. Etappe am 16.06.2012: Santander – Liandres

| Start der Etappe: | Santander | 14 m hoch |
| Etappenziel: | Liandres | 48 m hoch |

Bei starkem Regen und einer Temperatur von 9 °C verließ ich Santander, um Alfred am Flughafen abzuholen. Infolge des Regens verspätete ich mich um eine halbe Stunde und verpasste dadurch Alfred, der nach der Landung, als er mich nicht sah, sofort abgefahren war. Auf der N-611 fuhr ich bis Barreda und weiter auf der CA-131 bis zum Etappenziel Liandres. Hier traf ich auf Alfred und wir fuhren dann bis Santiago de Compostela zusammen.

Fazit: Die zweite Etappe war mit 62 km und 749 Hm kurz und leicht, nur der Regen störte.

3. Etappe am 17.06.2012: Liandres – Llanes

Start der Etappe:	Liandres	48 m hoch
San Vicente de la Barquera		40 m hoch
Etappenziel:	Llanes	12 m hoch

Bedeckt war es und 11 °C kühl, als wir die Etappe begannen und auf der CA-131 bis San Vicente de la Barquera und weiter auf der N-634 bis zum Etappenziel Llanes fuhren. Mittags mussten wir zwei Stunden bei starkem Regen fahren. In Andrín versuchten wir, den Abzweig zur Küste zu den Bufónes de Arenillas zu finden, zu deren Besichtigung ich auf dem dritten Camino keine Zeit gehabt hatte. Ein freundliches spanisches Ehepaar zeigte uns den Weg und klärte uns auf, dass die Bufónes nur im Winter und nur bei starkem Nordwind und hohem Wellengang zu erleben wären. Am späten Nachmittag gelangten wir zu unserem Etappenziel Llanes und meldeten uns im Hotel an. Danach machten wir einen Hafenrundgang und aßen am Marktplatz zu Abend. Dabei lernten wir, wie der Sidra korrekt in ein Glas eingegossen wird: nämlich aus großer Höhe in einem langen Strahl, was dem Geschmack zugutekommen soll.

Fazit: Die dritte Etappe war mit 66 km und 839 Hm nur wenig anstrengender als die Voretappe.

**Mole in Llanes:
So kann man Technik
verschönern**

**Alfred als Lehrling
beim Eingießen von Sidra**

4. Etappe am 18.06.2012: Llanes – Soto de Cangas

Start der Etappe:	Llanes	12 m hoch
La Robellada		309 m hoch
Etappenziel:	Soto de Cangas	91 m hoch
Covadonga		246 m hoch

Es regnete und war mit 11 °C recht kühl, als wir Llanes verließen und auf der N-634 bis Posada fuhren und weiter auf der AS-115 und der AS-114 bis Soto de Cangas. Nach dem Anmelden im Hotel und einer kleinen Pause trafen wir uns in Cangas de Onís, wo sich Alfreds Hotel befand. Wir tranken eine Tasse Café und trennten uns danach, da Alfred keine Lust hatte, nach Covadonga hinaufzufahren. So fuhr ich allein den Berg hinauf zu diesem spanischen Nationalheiligtum.

Covadonga

Im Jahre 722 fand in den Bergen von Covadonga die Schlacht von Covadonga statt, in der der christliche Don Pelayo einen Sieg über die numerisch überlegenen Mauren errang. Dabei sollen himmlische Kräfte den Christen beigestanden haben, die Höhle, in der die Westgoten ein Marienheiligtum eingerichtet hatten, gegen die Mauren zu verteidigen. Nach dem Sieg, der den Beginn der Reconquista markierte, errichtete man ein Kloster und die Parroquia de Covadonga. Die Grotte wurde der Jungfrau von Covadonga (Virgen de Covadonga) geweiht. Die Gebeine König Pelayos ruhen hier.

Als ich in Covadonga bei Regen ankam, stieg ich zur Heiligen Grotte hoch. Da es spät war, fand ich alles geschlossen vor. Ich traf aber einen freundlichen Priester, der anordnete, den Kiosk wieder zu öffnen und mir einen Stempel für das Credencial zu geben. Man soll von hier einen schönen Blick auf die Berge Picos de Europa haben. Ich konnte das aber nicht genießen, da die tiefhängenden Regenwolken den Ausblick komplett versperrten.

Fazit: Die vierte Etappe war kurz, 68 km und 768 Hm, also mit 1,1 % Steigung normal. Der Ausflug nach Covadonga bemaß sich auf 15 km bei 170 Hm.

Covadonga:
Parroquia,
Heilige Höhle

5. Etappe am 19.06.2012: Soto de Cangas – Oviedo

Start der Etappe: Soto de Cangas 91 m hoch
Etappenziel: Oviedo 245 m hoch

Bei bedecktem Himmel und einer Temperatur von 9 °C verließen wir Soto de Cangas und Cangas de Onís auf der N-625 bis Arriondas und weiter auf der N-634 bis zum Etappenziel Oviedo. Mittags fing es stark an zu regnen und das Radfahren machte weniger Spaß. Wir waren froh, das Hotel zu erreichen und uns anmelden zu können.

Oviedo
Oviedo ist die Hauptstadt der Autonomen Region Principado de Asturias. Im Verlauf der Reconquista machte Alfons II. Oviedo für 100 Jahre zur Hauptstadt, ehe diese Funktion auf León überging. Unter Alfons II. entstanden viele Bauten in Oviedo. Zunächst liefen wir zur Catedral de San Salvador aus dem 15. Jh. Für –,50 € kann man dort die Beleuchtung am Retabel anschalten und einige Fotos machen. Die angegliederte Cámara Santa (Heilige Kammer) aus dem 9. Jh. verwahrt u. a. das schön verzierte Siegerkreuz Cruz de la Victoria und wurde im Jahr 908 von König Alfons III. gestiftet. Der Holzkern soll das Holzkreuz Don Pelayos von der Schlacht von Covadonga sein. Eine weitere bedeutende Reliquie ist das Santo Sudario, das Tuch, das den Kopf des toten Jesu bedeckt haben soll.

Fazit: Bei Regen mussten wir die fünfte Etappe, die mit 76 km und 565 Hm leicht und fast flach war, unter etwas erschwerten Bedingungen bewältigen.

Ruhetag am 20.06.2012 in Oviedo

In Oviedo und Umgebung existieren noch einige Bauten aus der präromanischen Zeit des 9. Jh.:
* Iglesia San Julian de los Prados
* Iglesia Santa María del Naranco
* Iglesia San Miguel de Lillo
* Brunnen Fuente de Foncalada

Oviedo:
Catedral San Salvador mit der Regenta im Regen

Oviedo:
Catedral San Salvador: Pórtico, Santiago als Pilger

Die Iglesia San Julian de los Prados und den Brunnen Fuente de Foncalada besichtigten wir am Vormittag. Die beiden anderen Kirchen hatte ich mir schon beim dritten Jakobsweg angesehen und Alfred hatte keine Lust, mit dem Fahrrad den Berg hochzufahren. Es war Markttag und wir spazierten kreuz und quer über den quirligen Markt in der Altstadt. Danach suchten wir uns ein Restaurant und aßen zu Mittag. Neu war für mich die Vorspeise Fadada, ein wohlschmeckender Weiße-Bohnen-Eintopf.

6. Etappe am 21.06.2012: Oviedo – Tuña

Start der Etappe:	Oviedo	245 m hoch
Etappenziel:	Tuña	289 m hoch

Es war leicht bewölkt und mit 11 °C kühl, als wir Oviedo verließen und auf der N-634 bis Cornellana und weiter auf der AS-15 bis Tuña fuhren. Der Abzweig zum Hotel erstreckte sich über 2 km.

Die Wolken verflüchtigten sich gegen Mittag, aber es blieb bei wolkenlosem Himmel mit 20 °C immer noch recht kühl. Die heutige Route erwies sich als eine der schönsten Etappen mit einer wunderschönen Landschaft, die unseren Mittelgebirgen oder dem Alpenvorland ähnelt. Dann führte der Weg am Río Narcea und später am Stausee Embalse de la Narcea entlang. Leider wurde der Genuss durch einen starken Gegenwind beeinträchtigt.

Fazit: Die sechste Etappe durch eine fantastische Landschaft war mit 73 km und 926 Hm schwer.

7. Etappe am 22.06.2012: Tuña – Castro

Start der Etappe:	Tuña	289 m hoch
Puente del Infierno		348 m hoch
Puerto de Palo		1 148 m hoch
Puerto de Berducedo		968 m hoch
Embalse de Salime		245 m hoch
Etappenziel:	Castro	674 m hoch

Bei leicht bewölktem Himmel und einer Temperatur von 13 °C verließen wir Tuña und fuhren zurück auf die AS-15. Weiter ging es durch das wunderschöne Tal des Flusses Río Narcea bis zur Brücke Puente del Infierno. Hier trennte ich mich von Alfred, der meinte, einen besseren Weg fahren zu können. Ich fuhr auf der AS-14, die mich gleich mit einer 3 km langen 8 %igen Steigung erwartete. Nach einer rasenden Abfahrt begann der Anstieg zum Pass Puerto del Palo. Als ich mich hochgearbeitet hatte, war der Himmel komplett zugezogen und es war mit 12 °C empfindlich kühl. Für die folgende lange Abfahrt zog ich deshalb alles an Oberbekleidung an, was ich zur Verfügung hatte. Nachdem ich den Stausee Embalse de Salime erreicht hatte, begann der Aufstieg zum heutigen Etappenziel Castro. Da in dieser Gegend kein Hotel, Hostal oder Pension zu finden ist, mussten wir Betten in der Jugendherberge Castro reservieren. Am späten Nachmittag kam ich dort an und hatte das Glück, dass die Jugendherberge nur schwach gebucht war. Ich erhielt ein Vierbettzimmer und blieb allein darin für die Nacht. Ich machte eine Siesta und ging um 20 Uhr zum Abendessen, das gut und preiswert war. Gegen 21 Uhr trudelte auch Alfred ein. Er hatte sich in den Bergen verirrt, aber irgendwie zum Embalse de Salime gefunden und sich mit einem Motorboot ans richtige Ufer übersetzen lassen.

Tuña
Embalse de Grandas de Salime

Embalse de Grandas de Salime

Fazit: 91 km Länge und Anstiege von 1 691 Hm machen diese Etappe zu einer schweren Bergetappe.

8. Etappe am 23.06.2012: Castro – Lugo

Start der Etappe:	Castro	674 m hoch
Puerto de Acebo		1 050 m hoch
Alto de Acebo		1 030 m hoch
Alto de Montouto		963 m hoch
Puerto de Fontaneira		985 m hoch
Alto de Freiria		835 m hoch
Etappenziel:	Lugo	459 m hoch

Es war bedeckt und 12 °C kühl, als wir Castro auf der AS-28 verließen. Uns erwartete eine Etappe der fünf Pässe. Es ging gleich richtig los mit einem Anstieg von 500 Hm. Auf den Pässen herrschten kühle 12–14 °C, so dass wir uns nach jedem Anstieg für die folgende Abfahrt zusätzliches anziehen mussten, um uns vor Unterkühlung zu schützen.

Am späten Nachmittag kamen wir in unserem Etappenziel Lugo an. Alfred war meine Pension zu teuer und so trennten wir uns. Er suchte sich eine billigere Unterkunft und jeder besichtigte die Stadt allein.

Lugo

Lugo ist eine Provinzhauptstadt in der Autonomen Region Galicia. Sie wurde von den Römern im Jahre 13 n. Chr. als Lucus Augusti gegründet und ist damit die älteste Stadt Galiciens. Den alten Stadtkern umgibt eine 2 km lange, begehbare Römische Mauer aus dem 3. Jh. Die Mauer ist zwischen 8 und 12 m dick und bis zu 12 m hoch. Die ursprüngliche Anzahl der Tore wurde von fünf auf zehn verdoppelt. Die Mauer gehört seit dem Jahr 2000 zum UNESCO-Weltkulturerbe.

Lugo feierte an diesem Tag die Fiesta Romanum, die ganze Stadt war auf den Beinen und viele Einwohner hatten sich z. T. sehr aufwendig als Römer kostümiert. Es gab viele Grillstände und viele Bierausschänke, die Stadt gehörte ganz den Feiernden!

Fazit: Auch die heutige Etappe ist wieder zu den schweren Bergetappen zu zählen mit 92 km Länge bei Anstiegen von 1 480 Hm.

Lugo: Kathedrale von der Römischen Mauer gesehen
Lugo: Römische Mauer

9. Etappe am 24.06.2012: Lugo – Arzúa

Start der Etappe: Lugo 459 m hoch
Etappenziel: Arzúa 371 m hoch

Bei wolkenlosem Himmel und einer Temperatur von 10 °C verließen wir Lugo auf der N-540 und fuhren bis Guntín. Danach ging es weiter auf der N-547 über Arzúa bis Santiago de Compostela. In Arzúa holten wir uns in der Pilgerherberge einen Stempel für das Credencial. Die Herberge war von den Wanderpilgern wie immer am frühen Nachmittag schon komplett belegt.

Alfred und ich beschlossen, die zehnte Etappe noch heute zu fahren, weil ein Tag in Santiago de Compostela mehr wert ist als ein Nachmittag in Arzúa. Da ich das Hotel in jedem Falle bezahlen musste, trat ich mein Zimmer kostenlos an den Wanderpilger Luis aus Portugal ab, der in der Pilgerherberge von Arzúa kein Bett mehr erhalten hatte.

Fazit: Diese Halbetappe mit ihren galicischen „Wellen" und 1,5 % Steigung fordert eine gute Kondition.

10. Etappe am 24.06.2012: Arzúa – Santiago de Compostela

Start der Etappe: Arzúa 371 m hoch
Etappenziel: Santiago de Compostela 268 m hoch

Die Weiterfahrt nach Santiago de Compostela wurde für mich immer schwieriger. Das wellige Gelände forderte seinen Tribut und die Kondition ließ nach. So war ich froh, den Flughafen Lavacolla zu erreichen und das Ende dieses Pilgerweges vor Augen zu haben. Alfred wollte in der Pilgerherberge Monte Gozo übernachten und wir trennten uns. Kurz vor 20 Uhr fuhr ich auf die Praza do Obradoiro ein und war wie immer völlig überwältigt. Ich liebe diese Emotionen und die völlige Hingabe an dieses Ende des Pilgerwegs. Ein freundlicher Wanderpilger aus Frankreich machte Fotos von mir. Weiter ging es zum Pilgerbüro, wo ich sofort drankam und die Compostela ohne Rückfrage erhielt. Spät war es, als ich endlich am Hotel ankam und mich anmeldete.

Ankunft auf der Praza do Obradoiro vor der Kathedrale Santiago

Mit Alfred vor der Kathedrale   Auf den Dächern der Kathedrale

Fazit: Auch das letzte Stück vor dem Pilgerziel Santiago de Compostela beansprucht die Kondition mit 1,5 % Steigung bis zum Äußersten.

2. Tag 25.06.2012: Santiago de Compostela

Bei schönstem Wetter lief ich zur Kathedrale, umarmte die Statue Santiagos und hielt inne vor dem Silberschrein mit seinen Reliquien. Anschließend nahm ich an der Pilgermesse teil, zu der auch Alfred rechtzeitig erschien. Anschließend gingen wir zum Pilgertreffen der katholischen Kirche. Diesmal hatten wir allerdings in Bezug auf die Teilnehmer und Gesprächsthemen überhaupt kein Glück: Ein 69-jähriger Wanderpilger, Beschäftigter der katholischen Kirche, nutzte die ganze Stunde, um über sein persönliches Verhältnis zur katholischen Kirche zu lamentieren. Mit allen Themen, vom persönlichen Gemobbt-werden über Missbrauchsskandale bis hin zu Kirchenaustritten, dominierte er das Treffen. Er ließ weder Zwischenfragen zu, noch konnte er von uns gestoppt werden. Uns blieb gerade noch Zeit, uns vorzustellen.

Nach einer ausgiebigen Siesta wanderte ich durch die Altstadt und genoss die unvergleichliche Atmosphäre. Inzwischen kannte ich die meisten Trödelcenter und wusste, wo ich für die Daheimgebliebenen kleine Andenken erstehen konnte.

3. Tag 26.06.2012: Santiago de Compostela

Es heißt: Wenn du nach Santiago de Compostela gehst, vergiss nicht den Regenschirm! Ich war jetzt, alle Caminos zusammengenommen, schon zehn Tage in der Stadt gewesen und habe noch keinen einzigen Tropfen Regen abbekommen Auch heute nicht, ein strahlend blauer Himmel erwartete mich, und so durfte es bleiben.

In diesem Jahr wurde eine kombinierte Besichtigung angeboten: der Bischofspalast Pazo Arcebispal de Xelmírez und die Dächer der Kathedrale. Der Rundgang begann im Waffensaal des Pazo de Xelmírez und dann folgte der Aufstieg zu den Dächern. Diese Art, die Kathedrale zu entdecken, ist sehr eindrucksvoll und jedem zu empfehlen. Man erlangt

Einblicke in die Architektur und sammelt Kenntnisse über das Gebäude, wie man sie aus der gewohnten Perspektive nicht erlangen kann. Danach gingen wir zur Pilgermesse, ließen aber nach den gestrigen Erfahrungen das Pilgertreffen aus. Nach einem gemeinsamen Mittagessen verabschiedeten wir uns für dieses Jahr voneinander.

7. Jakobsweg 15. bis 24. September 2012:
Camino Francés:
Burgos – Astorga – Santiago de Compostela

Der zweite Jakobsweg des Jahres 2012 sollte nicht zu lang werden und nach Möglichkeit über das Cruz de Ferro führen. Also suchte ich mir einen Teil des Camino Francés aus, von Burgos bis Santiago de Compostela: Da Burgos von meinem Startort Palma de Mallorca nicht direkt angeflogen wird, flog ich mit AIR BERLIN nach Bilbao und reiste von dort mit einem Bus des Unternehmens ALSA nach Burgos. Um 19 Uhr fuhr der Bus vom Busbahnhof Bilbao ab. Gegen 20 Uhr erhielt ich im Bus einen Anruf vom Hotelier in Burgos auf meinem Mobiltelefon, dass alle Zimmer besetzt seien und dass meine Reservierung damit hinfällig sei. Ich konnte wenigstens noch vereinbaren, dass ich zum Hotel kommen könne und dass man mir ein Ersatzzimmer in der Nähe besorgen würde. Als ich um 21:30 Uhr am Hotel eintraf, war niemand da und es war auch niemand telefonisch

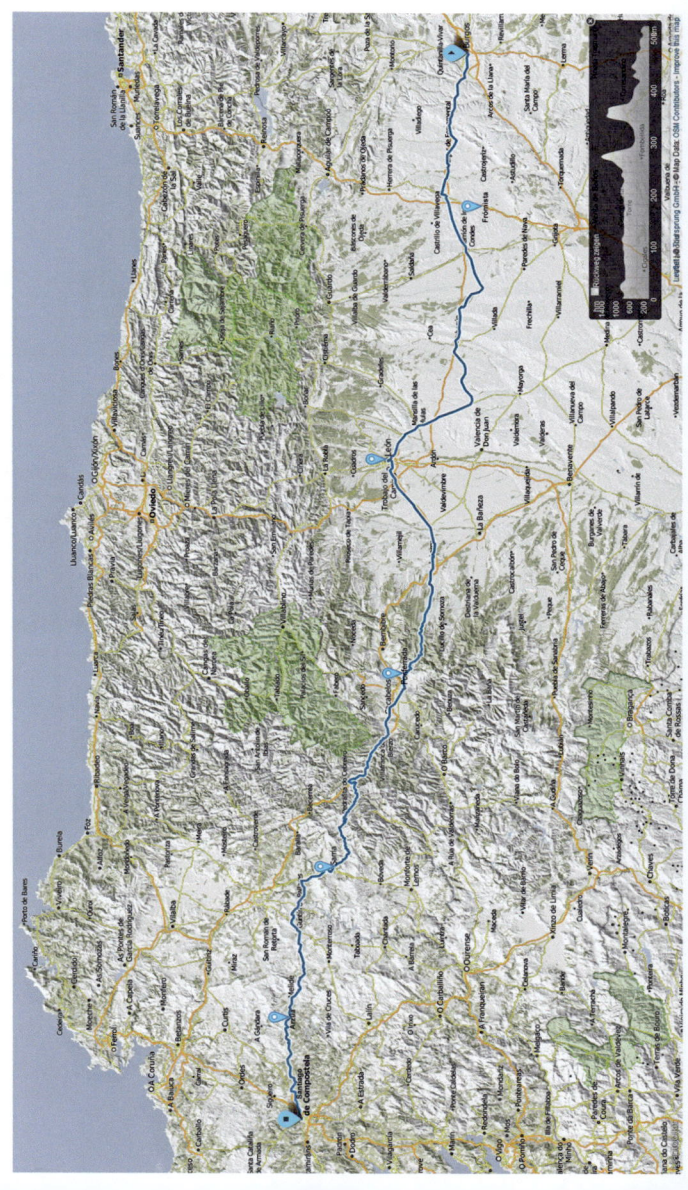

zu erreichen. So stand ich um 22 Uhr ohne Übernachtungsmöglichkeit da. Ich klapperte die Hotels in der Umgebung ab und wurde beim dritten Versuch fündig. Bis zu diesem Tag hatte ich für meine Caminos 58 Hotelreservierungen, die meisten über booking.com im Internet, abgewickelt und bislang keinen Ausfall erlebt. Mit den gebuchten Zimmern war ich bis auf wenige Ausnahmen sehr zufrieden. Das Verhalten dieses Hoteliers war die einzige Ausnahme und überhaupt nicht zu akzeptieren. Nach Ende des Caminos habe ich den Fall bei booking.com reklamiert und mir wurde die Preisdifferenz erstattet. Diese wurde offensichtlich dem Hotelier in Rechnung gestellt, der diesen Betrag wiederum von meiner Kreditkarte abbuchte. Auch dieses kriminelle Verhalten brachte booking.com wieder in Ordnung.

Tourdaten 2012/2

Etappe Nr.	Etappenziel	Etappen- länge [km]	Etappen- Höhenmeter [Hm]	Mittlere Geschwindkt [km/h]	Maximale Geschwindkt [km/h]
	Burgos[1]	72	570	15,5	59,7
1	Frómista	82	468	19,2	63,5
2	León	140	723	18,0	58,3
3	Ponferrada	111	1 165	13,8	62,9
4	Sarria	105	1 328	12,3	70,2
5	Arzúa	88	1 412	12,3	61,1
6	Santiago de Compostela	42	505	13,9	56,5
	Santiago de Compostela[1]	14	331	13,2	54,4
	Summe	<u>654</u>	<u>6 502</u>		

Mittlere Etappenlänge: 654 : 6 =   109,0 km
Mittlere Höhenmeter: 6.502 : 6 = 1 083,7 Hm

[1] Ruhe-/Besichtigungstag + An-/Abreise

Meine Radtour führte durch zwei Autonome Regionen Spaniens:
Kastilien und León   Castilla y León und
Galizien   Galicia
Auf dem Weg liegen die Städte Burgos, León und Astorga.

Meinen siebten Camino plante ich auch diesmal wieder mit Hilfe von GOOGLE EARTH am PC und gab parallel die Routen in mein Navigationsgerät GARMIN Nüvi 550 ein. Dieses Vorgehen hatte sich schon auf vorhergehenden Jakobswegen bewährt. Ebenso die Buchung der Unterkünfte über Internet: Ich wollte wie bei den vorangegangenen Caminos nicht in Pilgerherbergen, sondern in einfachen Hotels übernachten.

Ich flog mit AIR BERLIN am 15. September 2012 von Palma de Mallorca nach Bilbao, das Fahrrad wurde am Flughafen für den Transport in gelbe Plastikfolie eingewickelt. Der Rückflug am 25. September 2012 von Santiago de Compostela nach Palma de Mallorca erfolgte ebenfalls mit AIR BERLIN. Am Flughafen von Santiago hatte man das Fahrrad erst in einen Karton gesteckt und danach mit Plastikfolie umwickelt. Auf beiden Flügen kam mein Fahrrad unbeschädigt am Bestimmungsort an.

Für die Dokumentation dieses Jakobswegs benutzte ich eine kompakte Fotokamera von CASIO.

Reiseunterlagen:
* BIKELINE Radtourenbuch Jakobsweg,
* Navigationsgerät GARMIN nüvi 550,
* Hotelinformationen der Internet-Buchungen,
* Informationen über die besuchten Städte aus dem Internet-Lexikon WIKIPEDIA.

Burgos
Die Stadt Burgos habe ich bereits bei meinem ersten Camino kurz beschrieben.

Ich machte mich frühzeitig auf, die Kathedrale zu besichtigen. Diesmal hatte ich viel mehr Zeit und mietete mir einen Audio-Führer in Deutsch. Ich bewunderte ausgiebig alle Kapellen, den Kreuzgang und das Museum. Hier war das Fotografieren ohne Blitz erlaubt. An der

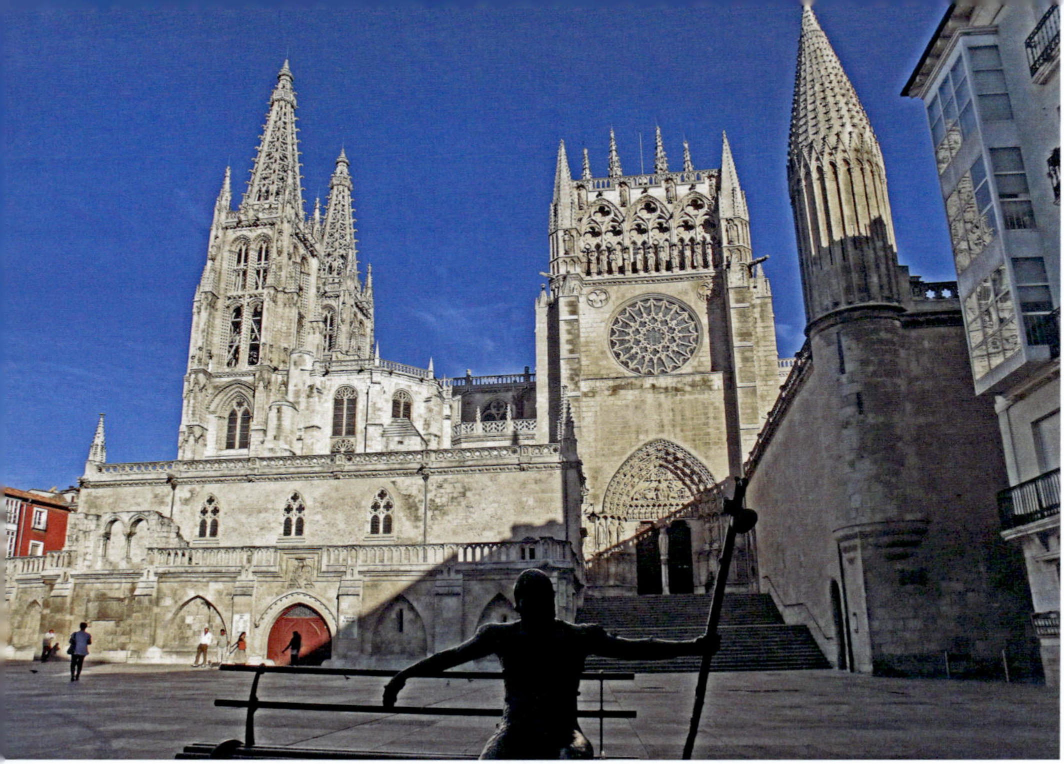

Burgos: Catedral Santa María de Burgos

Goldene Treppe

Santiago als Matamoros

Burgos: Arcos de María

Burgos: Rodrigo de Vivar „El Cid"

Burgos Catedral: Lebensbaum

Kasse erhielt ich meinen ersten Stempel für das Credencial. Mit einem schwedischen Wanderpilger kam ich in ein gutes Gespräch. Anschließend wanderte ich am Fluss entlang zum Denkmal des El Cid. Nach einer Siesta lief ich den Jakobsweg entlang durch die einstige Krönungsstadt der Könige Kastiliens. Abends genoss ich ein Menú de Peregrinos.

1. Etappe am 17.09.2012: Burgos – Frómista

| Start der Etappe: | Burgos | 883 m hoch |
| Etappenziel: | Frómista | 791 m hoch |

Es war bedeckt und kühl, als ich auf der N-120 Burgos verließ und der Straße bis Osorno folgte, dann führte mein Weg weiter auf der N-611 bis zum Etappenziel Frómista. Am späten Vormittag schien der Himmel kurz blau auf, danach zog es wieder zu. Zu diesem trüben Wetter passte der Anblick der abgeernteten Felder und der Plantagen mit verdorrten Sonnenblumen mit ganz kleinen Köpfen, offensichtlich alles Trockenschäden.

Mittags meldete ich mich im Hotel in Frómista an. Nach einer Siesta lief ich zur romanischen Kirche San Martín aus dem 10. Jh. und besichtigte die eindrucksvollen Steinmetzarbeiten an der Außenfassade und das recht schmucklose aber beeindruckende Innere. Danach lief ich weiter kreuz und quer durch die Altstadt und schaute mir die Iglesia de San Pedro an, eine weitere sehenswerte romanische Kirche. Die Stadt wirkte am späten Nachmittag wie ausgestorben und ich zog mich in mein Hotelzimmer zurück.

Fazit: Dieser Camino begann mit einer leichten Etappe von 82 km und 468 Hm.

2. Etappe am 18.09.2012: Frómista – León

| Start der Etappe: | Frómista | 791 m hoch |
| Etappenziel: | León | 840 m hoch |

Bei bedecktem Himmel und einer Temperatur von 13 °C verließ ich mit Rückenwind Frómista auf der P-980 und fuhr bis Carrión de los Condes. Von dort ging es weiter auf der N-120 und N-601 bis zum

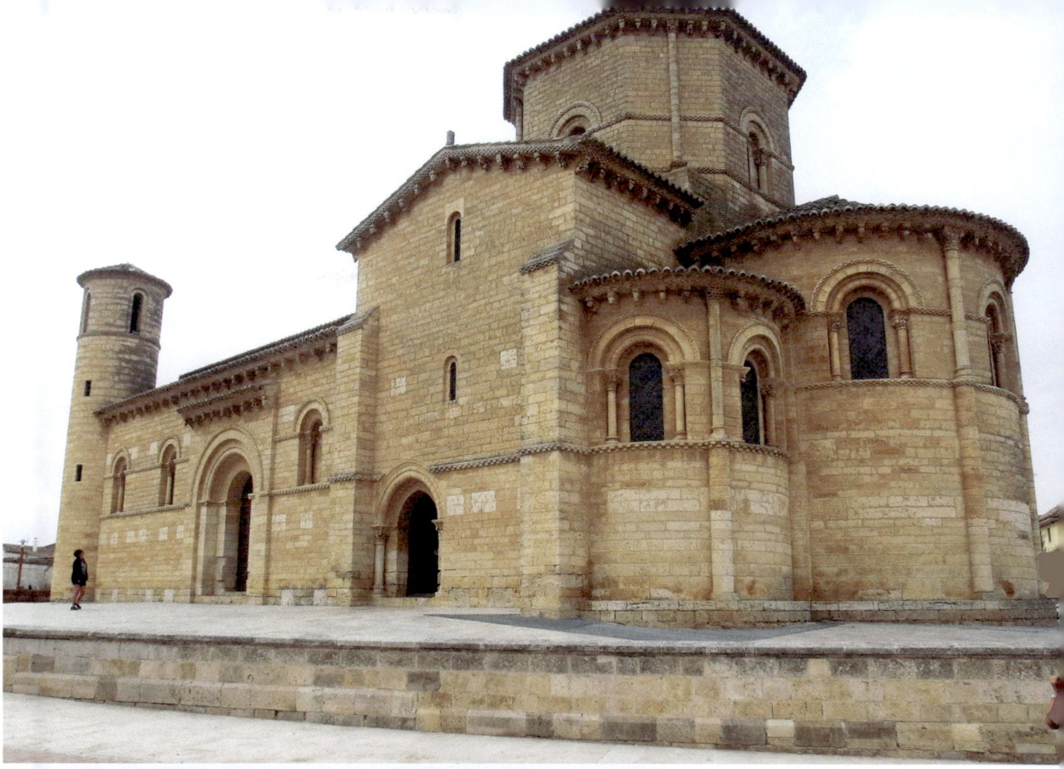

**Frómista:
Iglesia de San Martín**

Santiago als Pilger

León: Catedral Santa María le Regla

Convento de San Marcos

Catedral: Puerta de San Francisco

Astorga: Catedral de Santa María und Palacio Episcopal (Gaudí)

Am Cruz de Ferro

Etappenziel León. Mittags begann der Himmel aufzureißen und nachmittags herrschte richtig schönes Wetter. Am späten Nachmittag erreichte ich León und konnte mich im Hotel anmelden. Ich war aber von der langen Etappe so zerschlagen, dass ich nicht mehr das Hotel verlassen wollte für irgendeine Besichtigung.

León

Auch die Stadt León habe ich bereits bei meinem ersten Camino kurz beschrieben.

Fazit: Eine lange Etappe von 140 km und 723 Hm lag hinter mir, insgesamt eine schwere Etappe.

Am nächsten Morgen begab ich mich zuerst zur Kathedrale für eine kurze Besichtigung und holte mir einen Stempel für das Credencial. Danach fuhr ich am Ayuntamiento und am Convento de San Marcos vorbei. Da zu wenig Zeit für einen Rundgang blieb, nahm ich mir für einen der nächsten Caminos einen Besichtigungstag in León vor (siehe Camino 10).

3. Etappe am 19.09.2012: León – Ponferrada

Start der Etappe:	León	840 m hoch
Astorga		857 m hoch
Cruz de Ferro		1 530 m hoch
Etappenziel:	Ponferrada	516 m hoch

Heute stand die Königsetappe mit Halt am Cruz de Ferro auf dem Programm. Dies ist das Dach des Camino Francés mit 1 530 m Höhe. Das Wetter spielte mit: wolkenloser Himmel und 11 °C. Beim Verlassen der Stadt hatte ich gefühlt 1 000 Ampeln zu passieren. Das bedeutete ewig lange Wartezeiten für Radfahrer und Kraftfahrer. Mit Hilfe meines Navigationsgerätes vermied ich wenigstens, mich auch noch zu verfahren. Die Nationalstraße N-120 ist nahe León stark befahren. Wenn einem auf dieser schmalen Straße eine Lkw-Kolonne entgegenkommt, muss man eine ganze Weile mit Gegenwind Stärke 6 kämpfen. So war ich froh, Astorga zu erreichen und eine kleine Siesta zu machen. Danach besichtigte ich die Catedral de Santa María aus dem 8. Jh. Erfrischt machte ich mich an den Aufstieg zum Cruz de Ferro. Dort angekommen, legte ich meinen Sorgenstein ab und verschnaufte für eine kleine Denkpause. Das Cruz de Ferro bildet einen der Höhepunkte des Camino Francés. Zwei junge Spanier wollten gern ein Foto von sich haben. Ich drückte gern auf den Auslöser und danach machten sie auch Fotos von mir. Es herrschte herrlichstes Wetter und so konnte ich die Abfahrt nach Ponferrada richtig genießen. Abends traf ich dort ein und meldete mich im Hotel an. Da es zu spät für einen längeren Stadtrundgang war, verzichtete ich auf eine Besichtigungstour.

Fazit: Die Königsetappe mit einer Länge von 111 km und Anstiegen von 1 165 Hm gehört zu den schweren Etappen.

4. Etappe am 20.09.2012: Ponferrada – Sarria

Start der Etappe:	Ponferrada	516 m hoch
Villafranca del Bierzo		518 m hoch
O Cebreiro		1 293 m hoch
Alto do Poio		1 337 m hoch
Samos		546 m hoch
Etappenziel:	Sarria	436 m hoch

Es war wolkenlos und mit 11 °C recht kühl, als ich von Ponferrada auf der N-VI über Villafranca del Bierzo bis Pedrafita do Cebreiro fuhr. In Villafranca del Bierzo wollte ich die Iglesia de Santiago besichtigen, sie war aber wieder einmal verschlossen, wie schon beim ersten Camino. So konnte ich die Vergebungspforte Puerta del Perdón nur von außen bewundern und fotografieren. Auch das Castillo sah ich nur von außen. Ich fuhr kreuz und quer durch den Ort: Er sieht recht beschaulich aus. Durch das schmale Tal ging es stetig bergan, eine nicht enden wollende Steigung. Am frühen Nachmittag erreichte ich Pedrafita do Cebreiro und kurz danach O Cebreiro über die LU-633. Ich besichtigte die Kirche Iglesia de Santa María aus dem 9. Jh. und holte mir einen Stempel für das Credencial. Vor dem Restaurant traf ich eine französische Familie, die das gleiche Fahrradfabrikat fuhr wie ich. Am Rad des Mannes befand sich ein Anhänger für das zweijährige Kind des Paares. Wir unterhielten

Villafranca del Bierzo: Castillo

**O Cebreiro:
Iglesia de Santa María**

Pedrafita do Cebreiro

uns über Fahrradtechnik und das Fahrradpilgern. Nach einer Abfahrt folgte der letzte Anstieg des heutigen Tages zum Alto do Poio und danach ging es in rasender Abfahrt hinunter bis Samos. Am Anfang der Abfahrt überholte ich ein junges spanisches Paar. Dies wurmte den jungen Mann auf seinem Superrennrad offensichtlich, denn triumphierend überholte er mich wieder in perfekter Position, Nase auf den Lenker, Hintern in die Höhe. Gegen mein hohes Gewicht und Gepäck kam er aber nicht an. Es gilt das eherne Sportlergesetz: Masse schlägt Klasse. Bei dieser Gelegenheit fuhr ich aber erstmalig mit meinem vollbeladenem Reiserad mit mehr als 70 km/h, eine Geschwindigkeit, die ich sonst eigentlich nur mit dem Rennrad überschreite. Nach einigen strapaziösen Anstiegen erreichte ich mein heutiges Etappenziel Sarria und meldete mich im Hotel an. Auch heute fiel die Besichtigungsrunde wegen Übermüdung aus.

Fazit: Auch die Überwindung des zweiten Gebirgszuges (des letzten vor Santiago) bescherte mit 105 km und 1 328 Hm eine schwere Bergetappe.

5. Etappe am 21.09.2012: Sarria – Arzúa

Start der Etappe:	Sarria	436 m hoch
Portomarín		387 m hoch
Etappenziel:	Arzúa	371 m hoch

Bei bedecktem Himmel, einer Temperatur von 14 °C und wenig Wind verließ ich Sarria auf der LU-633 bis Guntín. Mittags fing es an zu regnen und es gab bis zum Ziel immer wieder Schauer. Danach fuhr ich auf der N-547 bis zum Etappenziel Arzúa. In der Pilgerherberge holte ich mir einen Stempel und begab mich dann zum Hotel, wo ich mich anmeldete.

Fazit: Die vorletzte Etappe nach Santiago ist zwar keine ausgesprochene Bergetappe, dennoch sind mit 88 km und 1 412 Hm 250 Hm mehr als auf der Königsetappe zu bewältigen, eine schwere Bergetappe.

6. Etappe am 22.09.2012:
Arzúa – Santiago de Compostela

Start der Etappe:	Arzúa	371 m hoch
Flughafen Lavacolla		353 m hoch
Etappenziel:	Santiago de Compostela	268 m hoch

Die letzte Etappe nach Santiago de Compostela ist nur 40 km lang, gehört aber immer zu den schwierigsten. Vielleicht ist es die Ungeduld, endlich das Ziel zu erreichen, die jede Steigung unendlich lang erscheinen lässt. Da dehnt sich drei Stunden Fahrt zur Unendlichkeit. So war ich auch diesmal froh, den Flughafen Lavacolla zu erreichen und knapp vor Erreichen des Ziels zu stehen. Dass das Wetter nicht so schön war, spielte in diesem Augenblick keine große Rolle. Mittags fuhr ich auf die Praza do Obradoiro ein und ließ meinen Gefühlen freien Lauf. Es ist ein unbeschreibliches Glücksgefühl, das einen nach erfolgreichem Abschluss des Caminos erfüllt. Ein freundlicher spanischer Fahrradpilger machte Fotos. Im Pilgerbüro erhielt ich ohne Verzug und Rückfrage die Compostela. Danach konnte ich endlich zum Hotel fahren und mich anmelden. Nach einer Siesta wanderte ich zur Kathedrale und umarmte nach Pilgerbrauch die Statue Santiagos und besuchte die Reliquiengruft. Eine Stunde Wartezeit musste ich dafür in Kauf nehmen.

Fazit: Die letzte, kurze Etappe hielt mit 42 km und 505 Hm noch einmal etwas höhere als normale Anforderungen bereit.

23. und 24.06.2012: Santiago de Compostela

Als ich am nächsten Morgen erwachte, tobten draußen Regen und Sturm. Ich lief zur nahen Kathedrale, die bereits eine halbe Stunde vor Beginn der Pilgermesse überfüllt war. Ich stieß zu einer freundlichen Gruppe aus Münster und wir unterhielten uns angeregt über viele Pilgerprobleme. Sie hatten noch Sitzplätze ergattern können und so saßen wir reihum kurze Zeit, um uns ein wenig zu entspannen. Zum Schluss der Messe wurde der Botafumeiro mit Weihrauch geschwenkt, wie immer ein großes Spektakel. Anschließend besuchte ich wieder den Pilgertreff

**Ankunft in Santiago de Compostela
Praza do Obradoiro vor der Kathedrale**

der katholischen Kirche. Wir waren sechs Pilger, ich als einziger konfessionsloser Fahrradpilger. Wir nannten reihum unsere Motive zum Pilgern. Eine Österreicherin berichtete von den Begegnungen mit Menschen vieler Nationen, die sich alle in Englisch ausgetauscht hätten. Ein Wanderer aus Sigmaringen, der ausgebrannt auf die Pilgerreise ging, meinte, dass er auf dem Weg Stabilität gesucht und gefunden habe. Ein Psychologe empfand das Pilgern zuallererst als Meditation, als inneres Gebet. Er brauche die Begegnung mit andren nicht. Zwei Brüder von 72 Jahren dagegen fanden zur Lösung von Problemen eher im Gespräch. Für mich ist das Pilgern vor allem ein Weg zu innerer Einkehr, die Möglichkeit, Probleme ungestört und unbeeinflusst zu Ende zu denken. Dieses Gespräch unter Pilgern zeigte wieder die Vielfalt der Motivationen der Einzelnen, die den Camino beschreiten, und dass die rein religiösen Motive nicht im Vordergrund stehen. Anschließend diskutierten wir intensiv über Weltliches: über das Radfahren, die geeignetsten Radarten beim Fahrradpilgern und die Anforderungen an die Technik. Nach der Diskussion gingen wir gemeinsam zum Mittagessen.

Am nächsten Tag lief ich vormittags zur Kathedrale, um an der Pilgermesse teilzunehmen. Auch heute wieder wurde zum Abschluss der Botafumeiro, das größte Weihrauchfass der Welt, geschwenkt. Nachmittags fuhr ich mit dem Fahrrad zum Flughafen, wo das Fahrrad in einen Karton gesteckt und anschließend mit Plastikfolie eingewickelt wurde. AIR BERLIN brachte mich glücklich nach Palma de Mallorca zurück und ich erhielt auch mein Fahrrad unversehrt zurück.

8. Jakobsweg 12. Juni bis 03. Juli 2013:
Camino de Andalucía, Caminho Português und Camino Fisterra: Granada – Gibraltar - Faro – Porto - Santiago de Compostela - Fisterra

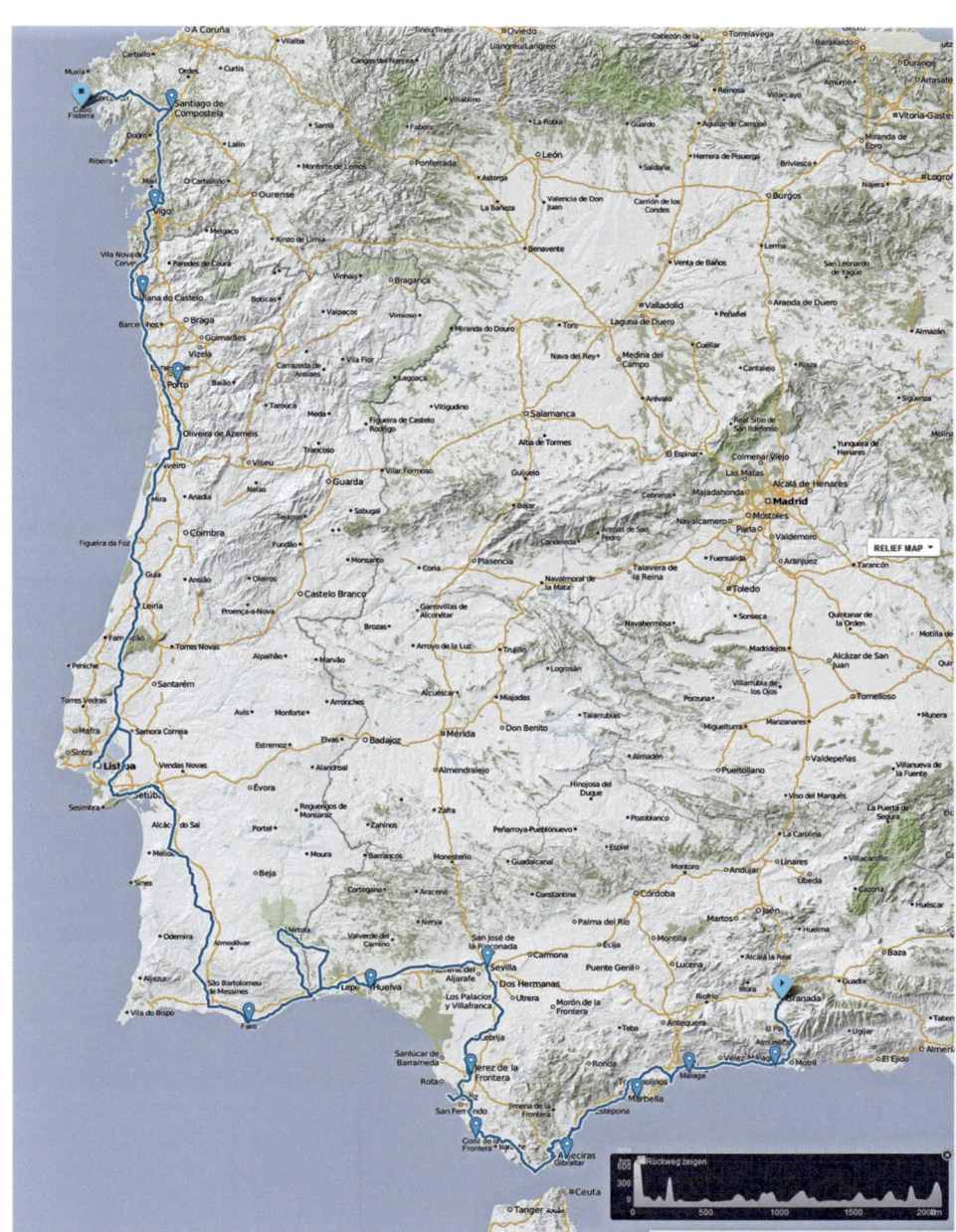

Mein diesjähriger Camino sollte durch den Süden Spaniens bis zur portugiesischen Algarve führen. Da die gesamte Länge 1 500 km nicht übersteigen sollte, plante ich den Bustransfer Faro – Porto ein.

Tourdaten 2013/1

Etappe Nr.	Etappenziel	Etappen-länge [km]	Etappen-Höhenmeter [Hm]	Mittlere Geschwindkt [km/h]	Maximale Geschwindkt [km/h]
	Granada[1]	22	87	12,2	35,8
1	Almuñécar	97	669	16,5	65,2
2	Málaga	102	673	15,2	55,7
3	Marbella	63	392	18,1	56,5
4	Gibraltar	102	901	14,3	64,0
5	Conil de la Frontera	120	1 010	14,1	50,4
6	Jerez de la Frontera	87	394	15,5	51,8
7	Sevilla	114	579	17,2	62,7
8	Huelva	123	686	15,9	47,8
9	Faro	117	583	15,6	49,2
	Faro[1]	56	402	15,8	45,2
10	Viana do Castelo	89	577	16,2	52,0
11	Vigo	116	751	15,6	59,3
12	Santiago de Compostela	99	1 253	12,3	52,4
13	Finisterra	105	1 581	14,6	66,4
	Oviedo[1]	39	470	14,1	42,5
	Summe	<u>1 451</u>	<u>11 008</u>		

Mittlere Etappenlänge: 1 451 : 13 =   111,6 km
Mittlere Höhenmeter: 11 008 : 13 =   846,8 Hm

[1] Ruhe-/Besichtigungstag + An-/Abreise

Mein Kamerad Alfred aus Trier, mit dem ich schon den vierten und den sechsten Jakobswege gemeinsam gefahren war, schloss sich meinem Vorhaben an.

Diesen achten Camino plante ich am PC mit Hilfe des Kartensystems bikemap.net. Die Ergebnisse übertrug ich auf mein neu erstandenes Fahrrad-Navigationsgerät TEASI One. Die Buchung meiner Unterkünfte an den Etappenorten über das Internet hat sich in den vergangenen Jahren bewährt und so verfuhr ich auch bei diesem Camino.

Ich flog mit AIR BERLIN von Palma de Mallorca nach Almería. Als ich am Flughafen Son San Juan von Palma ankam, herrschte dort Chaos. Irgendwo in Europa streikten wieder einmal Fluglotsen und beeinträchtigten damit auch den Flugverkehr in Spanien. Vor dem AIR-BERLIN-Schalter warteten ungefähr 100 Passagiere. Ich checkte trotzdem ein und hatte das Glück, dass mein Flug nach 1 ¼ Stunden Verspätung abhob. Das Fahrrad flog im Transportkarton verpackt mit und kam unbeschädigt an. Am Abend traf ich in Almería Alfred im Hotel und wir tranken noch ein Bier zum Abend. Den Nachtbus konnten wir nicht benutzen, da dieser keine Fahrräder mitnahm. So mussten wir eine Übernachtung in Almería einlegen. Am nächsten Morgen fuhren wir zum Busbahnhof und pünktlich startete unser Bus zu der zweistündigen Fahrt nach Granada.

Da AIR BERLIN im selben Jahr den Flughafen von Santiago de Compostela als Destination aus dem Programm genommen hatte, musste ich auf der Heimfahrt mit einem Bus des Unternehmens ALSA nach Oviedo fahren und konnte dann vom Flughafen Oviedo/Asturias mit AIR BERLIN nach Palma de Mallorca fliegen. Das Fahrrad wickelte ich auf dem Flughafen in Plastikfolie ein und erhielt es am Zielort intakt zurück.

Die Fotos dieses Caminos habe ich mit einer kleinen kompakten Fotokamera von CANON gemacht.

Reiseunterlagen:
* ADAC-Reiseführer Andalusien,
* Landkarte Andalusien 1 : 200 000 MARCO POLO,
* OUTDOOR-Reiseführer Caminho Português,

* Landkarte Portugal 1 : 300 000 MARCO POLO,
* ADFC/BRUCKMANN-Radführer Der spanische Jakobsweg,
* Fahrrad-Navigationsgerät TEASI One,
* Hotelinformationen der Internet-Buchungen,
* Informationen über die besuchten Städte aus dem Internet-Lexikon WIKIPEDIA.

1. Tag 13.06.2013: Granada

Am Vormittag waren wir 3 Stunden mit dem Bus unterwegs, um von

Granada: Alhambra vom Albaicin-Hügel gesehen
Granada: Alhambra mit Palacio Carlos V

Almería nach Granada zu gelangen. Um 11:35 Uhr kamen wir an, fuhren zu unserem Hotel und meldeten uns an. Bei schönstem Wetter liefen wir zur Alhambra, einer maurischen Burg aus dem 13. Jhd. Diese gilt als der Höhepunkt islamischer Baukunst. Im Jahr 1489 übergab der maurische Herrscher die Burg kampflos an die Christen, so dass sie unbeschädigt

Soldatenviertel vor der Puerta del Vino
Alhambra
Löwenhof Patio de los Leones
Alfred in der Alcázaba

blieb. Seit 1984 gehört sie zum UNESCO-Weltkulturerbe. Unsere Eintrittskarten hatte ich bereits zu Hause im Internet gekauft und die Besichtigungszeit festgelegt. Es darf immer nur eine begrenzte Zahl von Besuchern auf dem Gelände sein. In einem dreistündigen Rundgang besichtigten wir die wichtigsten Sehenswürdigkeiten. Danach liefen wir

Granada:
Catedral Santa María de la Encarnación

zurück in die Altstadt und besichtigten die Catedral Santa María de la Encarnación und holten uns Stempel für die Credenciales. Nach einem Rundgang aßen wir in einer Pizzeria zu Abend und bereiteten uns auf den Jakobsweg vor.

Nach der anstrengenden Besichtigung Granadas: endlich Siesta
Asphaltblase auf der N-323a

1. Etappe am 14.06.2013: Granada – Almuñécar

Start der Etappe:	Granada	700 m hoch
Puerto de Suspiro del Moro		888 m hoch
Etappenziel:	Almuñécar	16 m hoch

Es war wolkenlos und warm, als wir versuchten, Granada zu verlassen. Wegen der schlechten Beschilderung verfuhren wir uns jedoch mehrmals, ehe wir endlich die Stadt hinter uns lassen konnten. Auf der N-323a mussten wir zunächst den Pass Puerto de Suspiro del Moro erklimmen, ehe die lange Abfahrt zum Meer hinunter begann. Die Fahrt führte durch eine wunderschöne Landschaft. Kurz hinter dem Stausee Embalse de Béznar war die Straße gesperrt: Eine große Asphaltblase vermittelte den Eindruck, als wenn eine Magmablase vom Erdinneren aufgestiegen wäre. Kurz bevor wir das Meer erreichten, sollte es auf der N-340 weitergehen. Es gelang uns jedoch nicht, sie zu finden. Also fuhren wir auf der Autobahn bis Salobreña, bis wir wieder auf der N-340 weiterfahren konnten bis zum Etappenziel Almuñécar. Nachmittags kamen wir am Hotel an und meldeten uns an. Anschließend liefen wir in die Stadt, um uns einen Stempel für das Credencial zu besorgen. Wir stiegen zum Küstenfelsen Peñón del Santo auf, von wo aus sich ein schöner Blick auf die Stadt und den Strand bietet. Ein gemeinsames Abendessen beschloss die erste Etappe.

Fazit: Die erste Etappe war mit 97 km Länge und Anstiegen von 669 Hm durch die lange Abfahrt zum Meer hinunter ein leichter Einstieg in diesen Camino.

2. Etappe am 15.06.2013: Almuñécar – Málaga

Start der Etappe:	Almuñécar	16 m hoch
Etappenziel:	Málaga	19 m hoch

Bei genauso schönem Wetter wie am Vortag verließen wir Almuñécar auf der N-340. Nach 4 km bemerkte ich, dass ich meinen Brustgurt für die Pulskontrolle im Hotel liegengelassen hatte. Also wieder zurück, denn ohne Pulskontrolle wollte ich nicht fahren. Alfred war weitergefahren und wir trafen uns auf dieser Etappe nicht mehr. Gegen Mittag wurde es heiß, 33 °C. Bei km 65 hatte das Navi einen Umweg von 25 km mit einem Anstieg von 500 Hm eingeplant. Das wollte ich mir nicht antun und wählte für 5 km die Autobahn MA-24. Danach fand ich zurück auf die N-340costa und verfolgte die wunderschöne Strecke immer am Ufer entlang bis zum Etappenziel Málaga. Im Hotel meldete ich mich an und einige Zeit später trudelte auch Alfred ein und wir machten uns gemeinsam auf, die Stadt zu besichtigen. Wir fuhren zur Kathedrale, zum Römischen Theater, zur Alcázaba, einer Burg aus dem 11. Jh., und zum Geburtshaus Pablo Picassos. Ein gemeinsames Abendessen beschloss den Tag.

Fazit: Auch die zweite Etappe war mit 102 km und 673 Hm eine leichte Etappe.

3. Etappe am 16.06.2013: Málaga – Marbella

Start der Etappe:	Málaga	19 m hoch
Torremolinos		35 m hoch
Etappenziel:	Marbella	22 m hoch

Auch heute war es beim Start wolkenlos, warm und es wehte nur ein lauer Wind. Ab Hotel fuhren wir für etwa 5 km den sehr schönen Radweg am Meer entlang. An dessen Ende fanden wir die Einfahrt in die N-340 nicht. Ich diskutierte noch mit einem Radfahrer, als Alfred einfach weiterfuhr und bald nicht mehr zu sehen war. Wir trafen uns erst wieder am Etappenziel. Der freundliche Radfahrer brachte mich über ein Trümmerfeld zur richtigen Straße zurück, was mir am Hinterrad den ersten Platten auf dem achten Jakobsweg einbrachte. Nach der Reparatur musste ich für 5 km auf die Autobahn MA-21, bevor ich auf die N-340 nach Cádiz wechseln konnte. Ab Fuengirola wurde aus der Carretera Nacional die Autovía A-7, die ich für 30 km nutzen musste. Dieser Abschnitt erwies sich als sehr unangenehm, es herrschte dichter Verkehr und einige der lieben Autofahrer hupten aufdringlich. Ab Torremolinos kam eine Nebelbank vom Meer hoch, die die Sichtweite auf 50 m beschränkte, worauf es merklich abkühlte. Ich war froh, dass ich mich in diesem Augenblick nicht mehr auf der Autobahn, sondern auf einer Carreterra Nacional befand. Ich freute mich, das Etappenziel Marbella zu erreichen, wo ich Alfred vor der Pension wiedertraf und mich anmeldete. Inzwischen war auch in Marbella der Nebel so dicht geworden, dass wir unsere begonnene Stadtbesichtigung bald abbrachen und den Tag in einem Chiringuito (einer Strandbar) beschlossen.

Fazit: Auf der leichten dritten Etappe fuhren wir 63 km und überwanden 392 Hm.

4. Etappe am 17.06.2013: Marbella – Gibraltar

Start der Etappe:	Marbella	22 m hoch
Etappenziel:	Gibraltar	8 m hoch

Wieder war es wolkenlos, als wir Marbella verließen. Und dann geschah etwas Unmögliches: Die Straße nahe dem Meer wurde von der N-340 zur Autobahn A-7! Damit gab es für Nichtmotorisierte keine Möglichkeit mehr, Richtung Gibraltar nahe dem Meer zu fahren. Das bedeutet einen Umweg durch das Landesinnere von ca. 100 km! Aus einer Etappe wären zwei geworden. In Spanien gibt es drei Typen von Autobahnen:

1) die Autopista Peaje AP, die Bezahlautobahn nur für Motorisierte
2) die normale Autopista A nur für Motorisierte,
3) die Autovía, auf der Fahrradfahrer geduldet werden.

Die A-7 war hier eine Autovía, also für uns Radfahrer nicht verboten. Wir mussten aber 75 (in Worten fünfundsiebzig) km auf der Autobahn fahren, bis wir auf eine normale Carretera Nacional abfahren konnten. Andalusien wird mich als Radfahrer nie wiedersehen! Solange ein Pannenstreifen vorhanden ist, ist das Radfahren zwar unkomfortabel wegen der dicht vorbeirasenden Autos, Busse und Lastwagen und auch potentiell gefährlich. Lebensgefährlich wird es unter Brücken, wo sich der Pannenstreifen auf 20 cm verengt. Ich habe vor einer solchen Brücke stets den Verkehr im Rückspiegel beobachtet und auf eine Kolonne ohne Busse und Lastwagen gewartet. Dann sind wir mit aller Kraft, so schnell wir konnten, durch die Engstelle gefahren. Kurz vor Mittag kam starker Gegenwind auf, der das Radfahren auf der Autobahn noch schwieriger gestaltete. So waren wir heilfroh, als wir endlich ohne Zwischenfall die Autobahn verlassen konnten. Als Gibraltar schon in Sicht war, fiel mir der Nachteil einer barometrischen Höhenberechnung im Fahrradrechner auf: Der Luftdruck stieg offensichtlich stark und die Anzeige fiel von 25 m Höhe auf eine Tauchtiefe von 35 m! Wir erreichten unser Hotel auf

Anfahrt nach Gibraltar
Geschützstellung und Leuchtturm an der Südspitze   Gibraltar: Moschee (1990)

der spanischen Seite von Gibraltar in La Línea de la Concepción und meldeten uns an. Nach einer kurzen Pause fuhren wir mit den Fahrrädern in den britischen Teil von Gibraltar. Der Grenzübergang verlief reibungslos. Gleich hinter der Grenze erlebten wir eine Besonderheit Gibraltars, geschuldet der Raumnot auf dieser Halbinsel: Die Start-/Landebahn des internationalen Flughafens kreuzt die Hauptstraße. Eine rote Ampel und ein Polizist an einer Schranke hielten uns auf, bis ein Düsenjet gelandet war. Wir fuhren zur Talstation der Bergbahn auf den Felsen, der Fahrpreis von 30 € schien uns aber zu hoch. Die Kathedrale war geschlossen. Bei der Abfahrt vom Aussichtspunkt war Alfred plötzlich verschwunden und ich traf ihn auch nicht wieder. So machte ich die 20 km lange Rundfahrt um den Felsen allein. An der Südspitze Gibraltars besichtigte ich die Moschee, die Riesenkanone und genoss die Aussicht nach Afrika hinüber. Inzwischen war Starkwind aufgekommen, was die Rückfahrt einigermaßen erschwerte. Man muss einen langen Tunnel passieren, was zur eigenen Sicherheit eine gute Beleuchtung des Rades voraussetzt. Abschließend ist zu bemerken, dass auf ganz Gibraltar die Straßen einen vergammelten Asphaltbelag tragen, so wie man es in Spanien sehr selten antrifft. Im Hotel sah ich Alfred wieder und wir beschlossen den Tag mit einem gemeinsamen Abendessen.

Fazit: Mit 102 km und 901 Hm zählt diese Etappe zu den normalen.

5. Etappe am 18.06.2013:
Gibraltar – Conil de la Frontera

Start der Etappe:	Gibraltar	8 m hoch
Algeciras		22 m hoch
Tarifa		18 m hoch
Etappenziel:	Conil de la Frontera	33 m hoch

Es war wolkenlos, als wir losfuhren, und es herrschte ein starker Wind, der den ganzen Tag über meist von vorn kam. BIKEMAP hatte eine Route durch die Berge geplant, wir schlugen uns aber durch das Hafen- und Industriegebiet bis Algeciras durch. Danach mussten wir jedoch wieder die Autobahn A-7 für 25 km bis Tarifa nutzen, was bei dem starken Wind recht unangenehm war. Wir machten eine kleine Stadt- und Hafenrundfahrt und aßen zu Mittag. Tarifa ist nicht nur der südlichste Punkt der Iberischen Halbinsel, sondern wegen seiner Windsicherheit das „Surfer-Paradies". Afrika liegt nur 14 km entfernt und diese „Düse" sorgt für starke und stetige Winde. Weiter ging die Fahrt auf der N-340, was bei dem geringen Verkehr und der wunderschönen Landschaft eine richtige Erholung gegen den stressigen Vormittag war. Abends kamen wir in Conil de la Frontera an und meldeten uns in unserem Hotel an. Davor hatte mir ein „Scherzkeks", als ich das Rad während des Einkaufens aus den Augen ließ, eine Büroklammer in den Vorderreifen geschossen. Ich war aber von der langen Etappe und dem ständigen Gegenwind so erschöpft, dass ich den Platten erst am nächsten Morgen reparierte.

Fazit: Dies war bei dem ständigen Gegenwind eine schwere Etappe mit einer Länge von 120 km und Anstiegen von 1 010 Hm.

6. Etappe am 19.06.2013:
Conil de la Frontera – Jerez de la Frontera

Start der Etappe:	Conil de la Frontera	33 m hoch
San Fernando		16 m hoch
Cádiz		10 m hoch
Etappenziel:	Jerez de la Frontera	60 m hoch

Bei bedecktem Himmel, einer Temperatur von 16 °C und wenig Wind verließen wir Conil de la Frontera auf der N-340. Außerhalb der Stadt ließ der Verkehr nach und es wurde eine schöne Fahrt bis San Fernando. Hier trennten wir uns, denn Alfred wollte den Umweg über Cádiz nicht mitmachen, sondern direkt nach Jerez de la Frontera fahren. Ich fuhr weiter auf der C-31 bis nach Cádiz hinein. Ich besuchte die Parroquia de San José, wo mir ein freundlicher Priester, mit dem ich einige Worte wechselte, einen Stempel für mein Credencial gab. Dann fuhr ich zur Catedral Nueva aus dem 18. Jh., die in der Krypta das Grab des spanischen Komponisten Manuel de Falla beherbergt Ich bestieg den Turm Torre de Poniente, von dem sich ein herrlicher Rundblick auf

Cádiz: Catedral Nueva

Jerez de la Frontera: Catedral und Alcázar

Cádiz und Umgebung bietet. Danach fuhr ich an den beiden Festungen Castillo de Santa Ana und Castillo de San Fernando vorbei. Auf dem Damm zum Castillo rastete ich für ein kurzes Picknick. Dann machte ich mich auf den Weg nach Jerez de la Frontera, wie von BIKEMAP geplant. In dem Kartensystem war jedoch nicht erfasst, dass hinter Cádiz auf der N-443 eine Zugbrücke existiert, die für Fahrräder gesperrt ist. Ich wollte aber den Riesenumweg von über 20 km südlich der Ría de Cádiz nicht auf mich nehmen und fuhr mit klopfendem Herzen über die Zugbrücke. Ich hatte auch das Glück, dass kein Polizist in der Nähe war. Auf der N-IV ging es in angenehmer Fahrt bis zum Etappenziel Jerez de la Frontera. Nach einer kurzen Siesta lief ich mit Alfred zusammen in die Stadt. In der Parroquia San Miguel bewunderten wir das Retabel und die vielen Skulpturen. Ein freundlicher Priester gab uns Stempel für unsere Credenciales. Danach machten wir noch einen Spaziergang durch die Altstadt.

Jerez de la Frontera ist die Stadt des Sherry. Da die Engländer nicht fähig waren, Jerez korrekt auszusprechen, verballhornten sie den Namen zu Sherry. Wir hätten gern eine der zahlreichen Bodegas besucht, um bei einer von den Herstellern angebotenen Verkostung die drei Qualitäten des Sherrys zu probieren, aber am Abend waren sie alle geschlossen. So aßen wir in einem normalen Restaurant zu Abend, machten dabei unsere Sherry-Probe und beschlossen so den Tag.

Fazit: Eine leichte Etappe von 87 km Länge mit Anstiegen von 394 Hm führte uns in die Stadt des Sherry.

7. Etappe am 20.06.2013:
Jerez de la Frontera – Sevilla

Start der Etappe:	Jerez de la Frontera	60 m hoch
Etappenziel:	Sevilla	13 m hoch

Es war wolkenlos bei unserem Aufbruch und es versprach wieder, ein sehr heißer Tag zu werden. Wir hatten uns am Vorabend die Route aus der Stadt heraus eingeprägt, fanden aber am Morgen wegen der vielen Einbahnstraßen aber den Weg zur N-IV nicht. Erst als wir uns gegen den Rat von Alfred stur nach dem Navi richteten, gelang die Ausfahrt. Ein Beweis, dass das Navi doch dem Instinkt überlegen ist. Die N-IV war sehr gut zu befahren: breit, mit einem super Belag und mit wenig Verkehr. So langten wir nachmittags am Etappenziel an und fuhren direkt zum Real Alcázar, dem mittelalterlichen Königspalast. Alfred hatte ihn bereits früher einmal besichtigt und wollte nicht noch einmal einen Rundgang machen. Er hatte Probleme mit der Halswirbelsäule, brach diesen Camino ab und plante, am nächsten Tag mit einem Bus des Unternehmens ALSA nach Alicante zu fahren und sich in seinem Ferienhaus in Guadamar zu erholen. Er blieb bei den Rädern und ich ging allein auf eine ausgedehnte Entdeckungstour durch den Real Alcázar. Die Kathedrale war nicht zu besichtigen, alle Türen waren geschlossen. Ich konnte es verschmerzen, denn beim ersten Besuch während des zweiten Jakobsweges hatte ich sie ausgiebig besichtigt. Wir fuhren zum Hotel und meldeten uns an. Am nächsten Morgen traf ich an der Rezeption

Alfred, der sich verabschiedete. Wie sich später herausstellte, war dies ein geplantes Ende. So fuhr ich die restlichen fünf Etappen allein weiter.

Fazit: 114 km und 579 Hm machten diese Etappe zu einer leichten.

8. Etappe am 21.06.2013: Sevilla – Huelva

Start der Etappe:	Sevilla	13 m hoch
Almonte		73 m hoch
Niebla		44 m hoch
Etappenziel:	Huelva	43 m hoch

Bei gleichem Wetter wie am Vortag verließ ich Sevilla auf der A-474. Es war eine angenehme Fahrt, bis ich mittags in Almonte ankam. Ich

Sevilla:
Real Alcázar

nahm nicht wie von BIKEMAP geplant die Umfahrung, sondern fuhr durch die Stadt. Offensichtlich fand gerade eine große Feier statt, denn das ganze kleine Städtchen zeigte sich im ganz eigenen Stil geschmückt. Weiter ging es nach Niebla. Es wurde immer heißer, die Temperatur erreichte 37 °C. Von Niebla führte die A-472 ins Etappenziel Huelva.

Fazit: Allein machte ich mich auf diese leichte Etappe von 123 km und 686 Hm.

9. Etappe am 22.06.2013: Huelva - Faro

Start der Etappe:	Huelva	43 m hoch
Ayamonte		25 m hoch
Tavira		26 m hoch
Etappenziel:	Faro	20 m hoch

Wieder erwartete mich ein schöner, wolkenloser Tag, der sehr heiß werden sollte. Auf einer guten Straße ging es durch eine bezaubernde Landschaft, Typ Mittelgebirge, ohne große Steigungen. Mittags erreichte ich auf der A-492 und der A-499 Ayamonte, Grenzstadt zwischen Spanien und Portugal. Mit der Fähre erreicht man die portugiesische Seite in Vila Real de Santo António in 20 Minuten. BIKEMAP plant an dieser Stelle den Landweg, einen Umweg von mehr als 100 km. Auf der Fähre führte ich ein gutes Gespräch mit zwei jungen spanischen Radfahrern aus Málaga, die auf dem Weg über Faro nach Lagos waren. In Portugal muss man die Uhr um eine Stunde zurückstellen, entsprechend Greenwich Mean Time. Im Park am Fluss machte ich ein kurzes Picknick. Dann fuhr ich auf der N-125 bis zum Etappenziel Faro. Die ersten 20 km quälte ich mich über einen unbeschreiblich schlechten Straßenbelag, der an die schlimmste DDR-Zeit erinnerte. Ab Tavira besserte sich der Zustand, trotzdem war ich froh, Faro zu erreichen. Ich meldete mich im Hotel an und fuhr dann weiter zur Kathedrale. Auf dem Platz vor der Kathedrale fand gerade ein klassisches Konzert statt, dem ich sehr gern lauschte.

Fazit: Auch heute handelte es sich wieder um eine leichte Etappe mit 117 km und 583 Hm.

Ruhetag am 23.06.2013: Faro und Algarve

Bei schönstem Wetter wollte ich ein Stück in die Algarve hineinfahren, ohne ein besonderes Ziel zu haben. Das Navi führte mich über Nebenstraßen, bis ich am Strand entlangfahren konnte. Nachdem ich 30 km weit gekommen war, brach ich mein Vorhaben ab und setzte mich lieber in ein Strandcafé, um ein Eis zu genießen. Zur Felsenküste der Algarve hätte ich weitere 30 bis 40 km zurücklegen müssen, und das auch wieder zurück. Da fuhr ich lieber in aller Ruhe zurück nach Faro. Mit der Ruhe war es aber bald vorbei, denn je näher ich Faro kam, desto hektischer wurde der Verkehr, laut und stinkend. So war ich erleichtert, das Hotel zu erreichen. Nachmittags machte ich noch einen Spaziergang durch die Altstadt und zum Hafen hinunter. Die Kathedrale erlebte ich leider nicht geöffnet, ich konnte diese Trutzburg nur von außen bewundern.

Almonte: Dieser Storch hat offensichtlich Nerven wie Stahlseile er brütete an der Kreuzung zweier Carreteras Nacionales.

Auf der Fähre Ayamonte ES-Vila Real de Santo António PT

Faro: Kathedrale Sé aus dem 13. Jh.

Bus-Transfer am 24.06.2013: Faro – Porto

Um 9:30 Uhr startete der Bus der Linie REDE EXPRESSOS von Faro nach Lissabon. Dort musste ich den Bus wechseln nach Porto. Der Fahrradtransport verlief problemlos. Pünktlich um 17:30 Uhr kam ich in Porto an und fuhr, nachdem ich das Fahrrad montiert hatte, zur Kathedrale. Im Touristenbüro daneben kaufte ich mir eine Porto-Card, mit der man kostenlosen oder reduzierten Eintritt in Museen und anderen Einrichtungen genießt, unentgeltlich die öffentlichen Verkehrsmittel benutzen darf und mehr. Am Ende konnte ich feststellen, dass ich nur einen kleinen Vorteil gegenüber Einzelbezahlung erzielt hatte. Anschließend fuhr ich zum Hotel und meldete mich an.

Ruhetag am 25.06.2013: Porto

Bei schönstem Wetter begann ich meinen Porto-Rundgang mit einer Fahrt mit der Metro. Beim ersten Besuch Portos im Rahmen des vierten Jakobsweges hatte ich es nicht geschafft, eine Portwein-Bodega zu besichtigen. Deshalb war es diesmal der erste Punkt auf meiner Besuchsliste, mit der Porto-Card sogar kostenlos. Bei der Führung in der Bodega Croft auf Englisch war ich der einzige Teilnehmer. Das bot den Vorteil, dass ich viele Fragen an den Führer stellen konnte. Proben (zu bezahlende!) rundeten diesen Besuch ab. Der Innenraum der Kirche Igreja de San Francisco, die ich anschließend besichtigte, besteht aus einer einzigen Golddekoration aus dem 17. Jh., so dass man von der „Goldenen Kirche" spricht. Mit der Bergbahn Funicular dos Guindais fuhr ich vom Ufer der Río Douro zur Oberstadt hinauf. Dort lag in der Nähe mein Hotel, wo ich eine Siesta einschob. Nachmittags besuchte ich den Turm Torre dos Clérigos und stieg hinauf, um die herrliche Aussicht auf Porto zu genießen. Dieser Turm wurde nach dem großen Erdbeben im Jahr 1755 gebaut und ist heute ein Wahrzeichen Portos. Anschließend lief ich zum Rathaus und schlenderte die Pracht- und Einkaufsstraße Avenida dos Aliados Richtung Hafen hinunter. Ein Abendessen am Ufer des Ríos Douro beschloss diesen ereignisreichen Tag.

Porto: Catedral Sé und Pelourinho
Porto: Bergbahn Funicular dos Guindais

Porto: Torre dos Clérigos
Avenida dos Aliados, Rathaus

10. Etappe am 26.06.2013:
Porto – Viana do Castelo

Start der Etappe: Porto 74 m hoch
Etappenziel: Viana do Castelo 11 m hoch

Bei wolkenlosem Himmel und einer Temperatur von 19 °C verließ ich Porto. Mit Hilfe des Navis fand ich gut aus Porto hinaus auf die N-13, was sonst ein Problem wegen der schlechten Beschilderung geworden wäre. Doch plötzlich war die N-13 eine Autobahn! Vielleicht habe ich bei dem dichten Verkehr ein Verbotsschild übersehen, jedenfalls war ich mittendrin im dichtesten Autobahnverkehr. Für 8 km musste ich die Autobahn weiterfahren. Das größte Problem bildeten die Einmündungen, wenn ich links von mir zwei Fahrspuren wusste und von rechts zwei weitere dazukamen. Das ist mir zweimal passiert, dass ich die beiden rechten Spuren kreuzen musste, um wieder den rechten Rand der Autobahn zu erreichen. Wenn man das ohne Zwischenfall hinter sich gebracht hat, macht man nur noch drei Kreuze. Kurz nach Mittag kam ich am Etappenziel Viana do Castelo an und meldete mich im gebuchten Hotel an. Nach einer kurzen Siesta machte ich einen Rundgang durch die Altstadt und beschloss frühzeitig diesen Tag.

Fazit: Mit 89 km und 577 Hm lag eine leichte Etappe hinter mir, die durch die Autobahnstrecke keine Freude war.

11. Etappe am 27.06.2013: Viano do Castelo – Vigo

Start der Etappe: Viana do Castelo 11 m hoch
Etappenziel: Vigo 9 m hoch

Bei unverändert schönem Wetter wie am Vortag verließ ich Viana do Castelo auf der N-13. Die Fahrt verlief angenehm, bis ich um 12 Uhr in Caminho ankam. Ich wollte die Fähre Caminho–A Guarda über den portugiesisch-spanischen Grenzfluss Río Minho nehmen. Aber an dem Tag herrschte Generalstreik in Portugal und es fuhr nur eine Fähre irgendwann am Nachmittag. Da mir diese unsichere Abfahrtzeit zu ungewiss war, fuhr ich am portugiesischen Ufer 11 km landeinwärts bis Vila

Nova de Cerveira. Dort gibt es nach Caminho die erste Brücke über den Fluss, sicher ein Überbleibsel der jahrhundertealten Feindschaft zwischen Portugal und Spanien. Heute fährt man über diese Brücke, ohne kontrolliert zu werden. Hier muss man die Uhr wieder eine Stunde vorstellen. Danach ging es wieder 11 km zurück bis A Guarda. Hinter der Stadt gibt es einen schönen Aussichtspunkt, wo ich ein Picknick einlegte. Plötzlich kam ein starker, kalter Nordwind auf und die Temperatur stürzte innerhalb kurzer Zeit um mehr als 10 °C ab. BIKEMAP hat ab A Guarda die Route über die Berge auf der PO-351 über Gondomar geplant. Ich fuhr stattdessen kleinere Straßen am Meer entlang und habe diesen Beschluss nicht bereut, wenn auch dadurch einige Kilometer mehr fällig waren. Kurz vor dem Etappenziel Vigo liegt an der Ría de Vigo in Oia ein Kloster, das leider geschlossen war, vielleicht sogar verlassen. Eine zauberhafte Lage am Meer. Abends meldete ich mich im Hotel an. Für diesen Abend hatte ich keine weitere Aktivität geplant.

Fazit: Die vorletzte Etappe dieses Camino stellte mit einer Länge von 116 km und Anstiegen von 751 Hm normale Ansprüche.

12. Etappe am 28.06.2013:
Vigo – Santiago de Compostela

Start der Etappe:	Vigo	9 m hoch
Padrón		11 m hoch
Etappenziel:	Santiago de Compostela	260 m hoch

Bei wolkenlosem Himmel, aber etwas kühleren Temperaturen als am Vortag begann ich meine letzte Etappe zum Ziel der Pilgerreise: Santiago de Compostela. Auf der N-550 verließ ich die Stadt. Das Gelände erwies sich von Anfang an als sehr hügelig, so dass es eine richtige Bergetappe werden sollte. Schon nach 10 km kurz vor Redondela setzte ein starker Nordwind ein, das hieß Gegenwind. Da neben der N-550 noch keine Autobahn parallel verläuft, herrschte auf der ganzen Etappe starker Verkehr, besonders im Umfeld der Städte. Mittags erreichte ich Padrón. Diese Stadt habe ich bereits bei Schilderung meines vierten Jakobsweges kurz beschrieben. Am Ufer des Ríos Ulla machte ich eine kurze Picknick

Pause. In der Pilgerherberge holte ich mir einen Stempel für das Credencial. Alle Kirchen waren geschlossen, wie ich es auch schon zwei Jahre früher erlebt hatte. Am späten Nachmittag erreichte ich Santiago de Compostela. Am Pilgerbüro stand die Schlange der Pilger bis auf die Straße hinaus, was eine Wartezeit von mehr als einer Stunde bedeutete. Im Büro wurde ich eindringlich nach meiner Pilgerfahrt befragt, weil ich als Startort Granada angegeben hatte. Durch den krankheitsbedingten Ausstieg meines Kameraden Alfred in Sevilla und die darauffolgende Busfahrt konnte nicht der ganze Weg als Pilgerroute anerkannt werden. Wir einigten uns schließlich auf einen Pilgerweg entsprechend dem Caminho Português ab Porto und ich erhielt meine Compostela. Danach fuhr ich zur Praza do Obradoiro und gab mich meiner Freude und den Glücksgefühlen über die gelungene Pilgerfahrt hin. Nach dem obligatorischen Foto fuhr ich zum Hotel und meldete mich an.

Fazit: Die letzte Etappe nach Santiago de Compostela ist mit 99 km und 1 253 Hm eine der schweren Etappen.

Ruhetag am 29.06.2013 in Santiago de Compostela

Bei schönstem Wetter lief ich zur Kathedrale, erfüllte mit Freuden meine Pilgerpflichten und umarmte die Statue Santiagos und verharrte vor der Reliquie. Die Pilgermesse war überfüllt und ich war froh, früh genug losgegangen zu sein, um einen Platz zu ergattern. Den Abschluss bildete traditionell das Schwenken des Weihrauchgefäßes Botafumeiro, was wie immer das ganz große Spektakel für alle in der Kathedrale Versammelten bildete. Danach besuchte ich das Pilgertreffen der katholischen Kirche. Angeregt tauschten wir unsere Erfahrungen aus. Unter uns vier Teilnehmern befand sich der 71-jährige Karl-Heinz aus Gelsenkirchen. Er beendete seinen sechsten Jakobsweg, dreimal war er als Wanderpilger und dreimal als Fahrradpilger unterwegs gewesen. Eine Vorliebe für eine der beiden Arten des Pilgerns hat er nicht entwickelt. Anschließend gingen wir noch gemeinsam zum Mittagessen. Nach einer Siesta wanderte ich abends kreuz und quer durch die Altstadt und genoss die besondere Atmosphäre dieser wunderbaren Stadt.

Der Höhepunkt jeder Pilgerreise: Ankunft auf der Praza do Obradoiro

Ría de Corcubíon: Fisterra und links Cabo de Fisterra

Am Leuchtturm von Cabo Fisterra, Kilometer 0 der Jakobswege

13. Etappe am 30.06.2013:
Santiago de Compostela – Fisterra

Start der Etappe:	Santiago de Compostela	260 m hoch
Mazaricos		441 m hoch
Etappenziel:	Fisterra, Leuchtturm	118 m hoch

Es war wolkenlos, aber früh noch recht kühl, als ich Santiago de Compostela verließ. Ich vertraute mich ganz dem Navi an, das eine Route über Nebenstraßen bis Cee geplant hatte. Und das war auch gut so: Die Route war ruhig und führte über die landschaftlich schönsten Straßen und Dörfer. Als ich in Fisterra die Pilgerherberge erreichte, stand eine lange Warteschlange davor. Sofort fuhr ich weiter, hoch zum Leuchtturm. Ich wanderte rund um den Leuchtturm und genoss die wunderschöne Aussicht auf die Steilküste und den Atlantik. Zurück in der Pilgerherberge erhielt ich meinen Stempel für das Credencial und die Compostela. Die Busfahrt von Fisterra nach Santiago dauerte drei Stunden und war in der Hitze sehr beschwerlich, weil die Klimaanlage ausgefallen war.

Fazit: Eine Strecke von 105 km mit Anstiegen von 1 581 Hm bedeuteten zum Schluss dieses Camino noch einmal eine schwere Bergetappe.

Ruhetage am 01. und 02.07.2013
in Santiago de Compostela

Die Tage vergingen mit dem Besuch der Pilgermesse und dem anschließenden Pilgertreff der katholischen Kirche. Ich vertrieb mir friedlich und gelassen die Zeit mit dem Schlendern durch die Stadt und dem Schreiben von Ansichtskarten an die Zuhausegebliebenen.

Rückreise am 03.07.2013
Santiago de Compostela – Palma de Mallorca

Da AIR BERLIN in diesem Jahr Santiago de Compostela aus dem Flugprogramm gestrichen hatte, musste ich mit dem Bus nach Oviedo fahren und dann nach Palma de Mallorca fliegen. Um 8:30 Uhr startete der Bus des Unternehmens ALSA und kam um 14:15 in Oviedo an. Nachdem das Fahrrad fertig montiert und bepackt war, fuhr ich mit Hilfe des Navis zum gewünschten Ziel: dem Flughafen Oviedo. Doch die Überraschung war groß. Denn das Navigationsprogramm kannte nur den Sportflughafen Oviedo, der internationale Flughafen liegt jedoch an der Küste, 50 km entfernt. So etwas dürfte eigentlich bei einem renommierten Programm nicht passieren! Also ein Taxi suchen und zum Flughafen hetzen. Sieben Minuten vor Schalterschluss checkte ich ein, verpackte in aller Eile das Fahrrad notdürftig mit Plastikfolie und bestieg das Flugzeug als Letzter. Das war eigentlich ein unschönes Ende eines so wunderbaren Jakobsweges.

9. Jakobsweg 16. bis 24. September 2013:
Camino Primitivo und Camino de Fisterra: Naveces – Santiago de Compostela – Fisterra

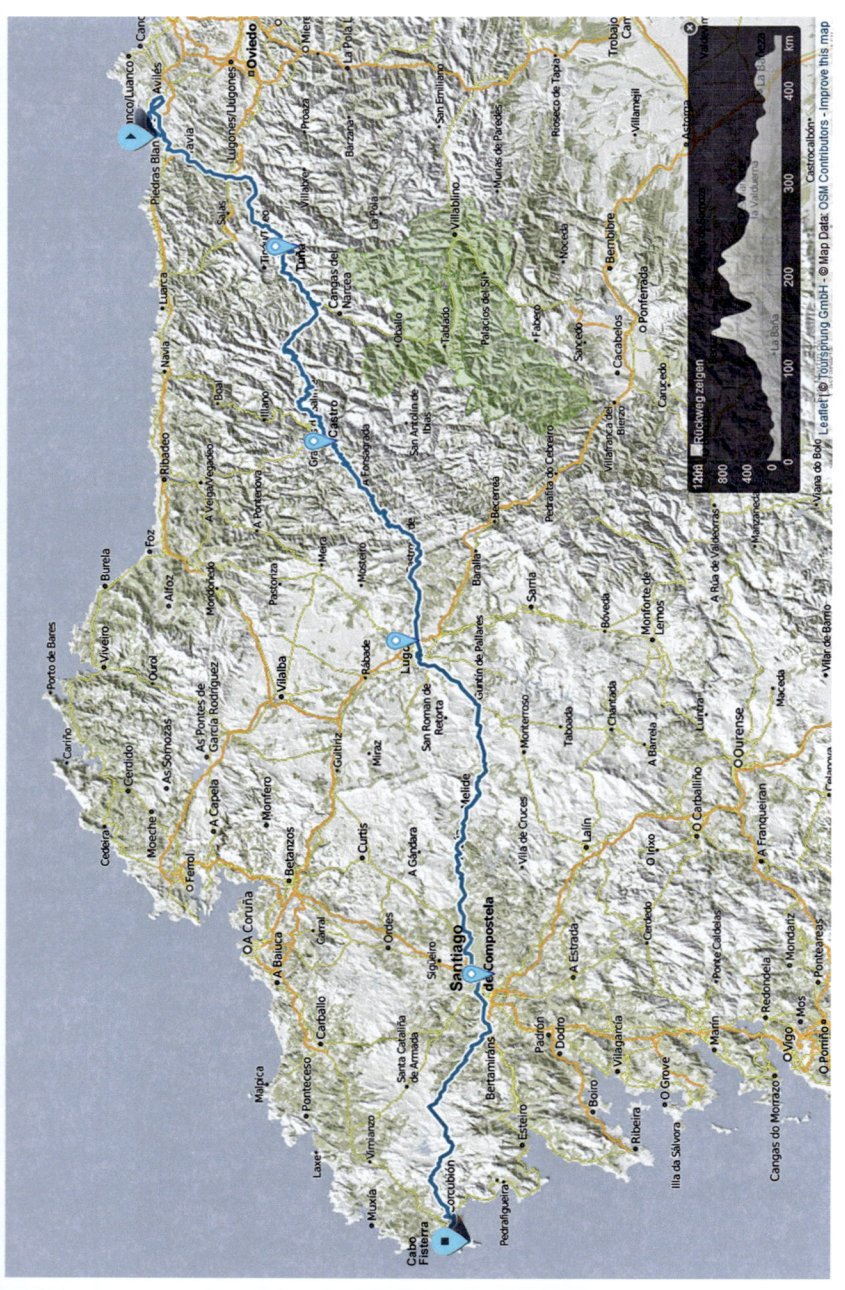

Als neunten Jakobsweg wählte ich den Camino Primitivo, den ich als 6. Jakobsweg schon einmal im Vorjahr gefahren war. Die Etappen und die zu befahrende Route plante ich am PC mit Hilfe des Kartensystems bikemap.net. Die Ergebnisse übertrug ich auf mein Fahrrad-Navigationsgerät TEASI One. Ich wollte wie bei den vorhergehenden Caminos nicht in Pilgerherbergen, sondern in einfachen Hotels übernachten und buchte meine Unterkünfte vorab im Internet

Am 16. September 2013 fuhr ich von zu Hause zum Flughafen Palma de Mallorca. Dort ließ ich das Fahrrad von der Firma SINAPSIS in gelbgrüne Plastikfolie einpacken. Am Flughafen Oviedo/Asturias erhielt ich mein Fahrrad nicht. Ich reklamierte den Verlust bei der IBERIA, da AIRBERLIN keinen eigenen Schalter betreibt. Dann fuhr ich mit dem Taxi zum Hotel, meldete mich an und fuhr danach mit dem Bus nach

Tourdaten 2013/2

Etappe Nr.	Etappenziel	Etappenlänge [km]	Etappen-Höhenmeter [Hm]	Mittlere Geschwindkt [km/h]	Maximale Geschwindkt [km/h]
	Naveces[1]	28	177	20,0	54,5
	Tuña[2]	0	0	0	0
1	Castro	93	1 672	12,0	54,6
2	Lugo	84	1 412	13,1	65,0
3	Santiago de Compostela	114	1 550	14,2	63,3
	Santiago de Compostela[3]	12	163	11,7	53,6
4	Fisterra	109	1 301	16,9	61,5
	Flughafen Oviedo/Asturias[1]	24	378	11,6	46,8
	Summe	464	6 653		

Mittlere Etappenlänge: 464 : 4 =   116,0 km
Mittlere Höhenmeter: 6 653 : 4 =   1 664 Hm

[1] An-/Abreise
[2] da Fahrrad 1 Tag verspätet, Fahrt mit dem Taxi
[3] Ruhetag

Avilés zur Besichtigung und zum Einkaufen. Am nächsten Morgen erfuhr ich, dass AIRBERLIN mein Fahrrad mit dem gleichen Flug nachliefern würde. Nachmittags war ich dann am Flughafen und nahm mein Fahrrad in Empfang. Da die Zeit zu kurz für eine Etappe war, nahm ich ein Taxi nach Tuña, meinem ersten Etappenziel. Nach dem Auswickeln meines Rades stellte ich vier Beschädigungen fest:

* Lampenhalter verbogen
  (selbst repariert)
* hinteres Schutzblech verbogen
  (selbst repariert)
* Schaltung verbogen
  (mit Bordmitteln soweit repariert, dass ich von den 3x10 Gängen 3x8, besonders den wichtigen Kriechgang, benutzen konnte).
* Rahmen an mehreren Stellen zerkratzt.

Die Fotos dieses Caminos habe ich mit einer kleinen kompakten Fotokamera von CANON gemacht.

Der Camino Primitivo führte durch 2 Autonome Gemeinschaften Spaniens: Asturien und Galizien.

Avilés: Iglesia Santo Tomás de Canterburi
Avilés: Rathaus Ayuntamiento

Reiseunterlagen:
* OUTDOOR-Reiseführer Nordspanien: Jakobsweg Camino Primitivo,
* Karte 1:350.000 von REISE KNOW HOW Spanien Nord Jakobsweg,
* Fahrrad-Navigationsgerät TEASI ONE,
* Hotelinformationen aus dem Internet beim Bestellen,
* Informationen über die besuchten Städte aus dem Internet-Lexikon WIKIPEDIA.

Avilés

Drittgrößte Stadt in der Autonomen Region Principado de Asturias an der Ría de Avilés und dem Fluss Avares. Avilés ist schon seit dem Altertum eine bedeutende Handelsstadt, Zentrum des Bergbaus und der Schwerindustrie.
* Iglesia Santo Tomás de Canterburi 13.Jhd
* Iglesia San Nicolás de Bari 13.Jhd
* Ayuntamiento 16.Jhd

0. Etappe am 17.09.2013: Naveces – Tuña

| Start der Etappe: | Naveces | 60 m hoch |
| Etappenziel: | Tuña | 289 m hoch |

Da ich mein Fahrrad erst am Nachmittag von AIRBERLIN erhielt, fuhr ich diese Etappe im Taxi.

1. Etappe am 18.09.2013: Tuña - Castro

Start der Etappe:	Tuña	289 m hoch
Puerto del Palo		1.449 m hoch
Embalse de Grandas de Salime		205 m hoch
Etappenziel:	Castro	674 m hoch

Bei sehr wechselhaftem Wetter startete ich meine erste Etappe, die eine richtige Bergetappe werden sollte. Ich fuhr auf der AS-15 bis zur Brücke Puente del Infierno und danach weiter auf der AS-14 hinauf zum

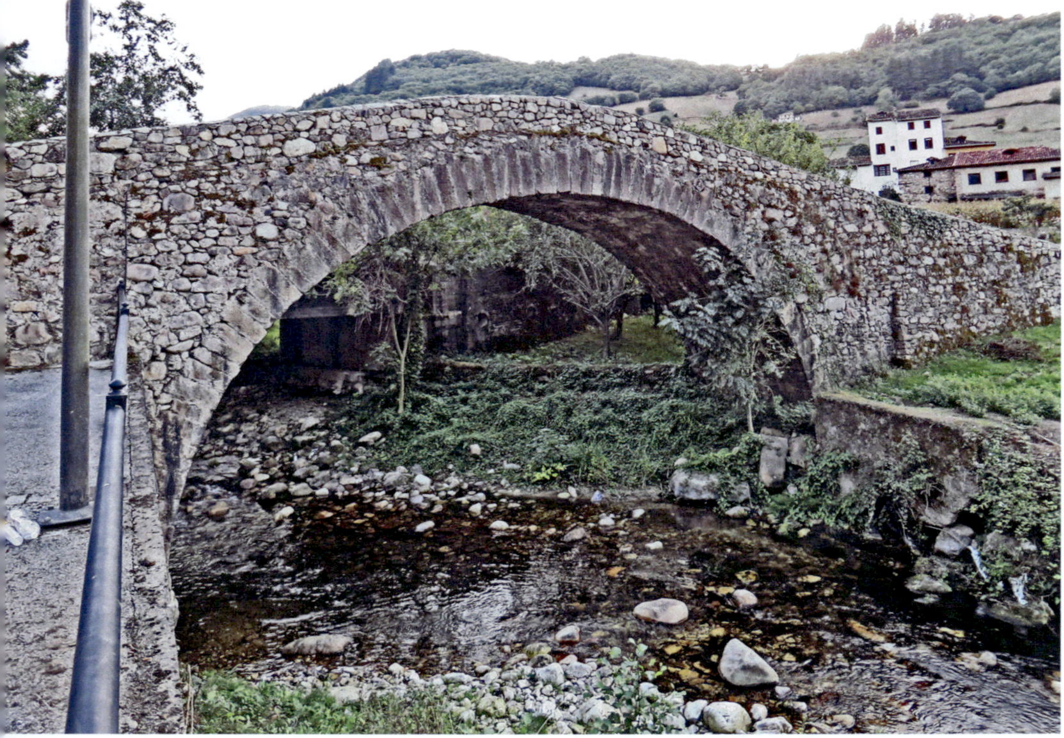

Tuña: Puente Romano del Carral

Am Puerto del Acebo

Am Puerto del Palo

Pass Puerto del Palo. Anschließend ging es in rasender Abfahrt hinunter zum Stausee Embalse de Grandas de Salime. Die Staumauer erreicht die imposante Höhe von 128 m. Bemerkenswert ist die Geschichte des 1954 eingeweihten Kraftwerkes: Die UN hatten ein Embargo gegen das faschistische Spanien verhängt. Unter Missachtung dieses Embargos lieferte Großbritannien, selbst ein Kriegsteilnehmer gegen die faschistischen Regimes Europas, die vier Turbinen. Das Geschäft und der schnöde Mammon gehen eben vor.

Danach begann der Anstieg nach Grandas de Salime und anschließend auf der AS-28 bis zum Etappenziel Castro. Die Anstiege waren anstrengend, z. T. 8–10 % steil. Da es weit und breit kein Hotel gibt, übernachtete ich wieder wie im Vorjahr in der Jugendherberge in einem Vierbettzimmer. Das Abendessen nahm ich im Aufenthaltsraum an einem Achtertisch ein. Am Fenster saßen drei Spanier, die für sich blieben. Wir restlichen fünf unterhielten uns angeregt und bildeten eine international gemischte Gruppe: eine Japanerin, eine Dänin, zwei Polen und ich. Alle sprachen ein wenig Englisch und wir verstanden uns prächtig. Beim Zapfenstreich um 22 Uhr mussten wir rausgeworfen werden.

Fazit: Die erste Etappe war mit 93 km Länge und Anstiegen von 1 672 Hm eine sehr schwere Bergetappe.

2. Etappe am 19.09.2013: Castro – Lugo

Start der Etappe: Castro 674 m hoch
Puerto del Acebo 1 050 m hoch
Etappenziel: Lugo 463 m hoch

Auch diese Etappe sollte wieder eine typische Bergetappe werden. Bei dichtem Nebel verließ ich Castro auf der AS-28 und sofort begann der Anstieg zum Puerto del Acebo. Hier überschreitet man die Grenze nach Galicien. Die gleiche Straße heißt ab der Grenze LU-701 und führt über weitere vier Pässe nach Lugo, das heutige Etappenziel. Auf den Pässen war es sehr kühl und im Nebel sehr feucht, so dass ich bei den Abfahrten die Geschwindigkeit stark reduzieren musste, um trotz zusätzlicher Weste nicht zu stark auszukühlen.

Lugo: Catedral de Santa María

Lugo

Lugo habe ich schon kurz bei Schilderung meines sechsten Jakobsweges beschrieben. Nach dem Anmelden im Hotel lief ich in die Altstadt und besichtigte die Kathedrale. Danach umrundete ich die Altstadt auf der begehbaren Stadtmauer, ein sehr empfehlenswerter Spaziergang.

Fazit: Auch die zweite Etappe war mit 84 km Länge und Anstiegen von 1 412 Hm eine schwere Bergetappe.

3. Etappe am 20.09.2013:
Lugo – Santiago de Compostela

Start der Etappe:	Lugo	463 m hoch
Guntín		444 m hoch
Etappenziel:	Santiago de Compostela	260 m hoch

Tiefhängende schwarze Wolken verhießen nichts Gutes für diese Etappe und obendrein war es recht kühl. Ich verließ Lugo auf der N-540 und erreichte Guntín und fuhr dann weiter auf der N-547 bis zum Flughafen Santiago. Ich erlaubte mir wieder wie im Jahr 2008 einen Abstecher zu der bezaubernden kleinen romanischen Kirche Iglesia de San Salvador aus dem 12. Jh. mit Grabdenkmälern der Santiago-Ritter, die seinerzeit für den Schutz der Pilger sorgten. Das Wetter schlug völlig um und in Santiago zeigte sich der Himmel strahlend blau. Am Flughafen Lavacolla verließ ich die Carretera Nacional und fuhr auf dem Wanderweg bis zur N-634, die bis in die Altstadt von Santiago de Compostela führt. An der Praza do Obradoiro angekommen, ließ ich mich vor der Kathedrale fotografieren und begab mich dann zum Pilgerbüro, wo auch diesmal wieder schon eine lange Schlange Pilger bis zur Straße hinaus wartete. Nach langer Wartezeit erhielt ich die Compostela ohne Rückfrage. Danach begab ich mich zum Hotel, wo ich mich anmeldete.

Fazit: Noch eine schwere Bergetappe lag hinter mir mit 114 km und 1 550 Hm.

Santiago de Compostela: Ankunft

Santiago: Botafumeiro in der Kathedrale

Am Cabo de Fisterra, dem „Ende der Welt"

Ruhetag am 21.09.2013 in Santiago de Compostela

Früh fuhr ich zu der mir bekannten Fahrradwerkstatt VELOCIPEDO und ließ die beim Flug beschädigte Schaltung meines Rades reparieren. Dann lief ich zur Kathedrale, umarmte die Statue Santiagos und stattete meinen Dank für die erfolgreiche Pilgerfahrt ab und stand ehrfurchtsvoll vor dem silbernen Schrein mit den Reliquien Santiagos. Am Schluss der Pilgermesse wurde der Botafumeiro im Kreuzschiff geschwenkt. Nach der Messe besuchte ich wieder den Pilgertreff der katholischen Kirche. Wir waren an diesem Tag sechs Pilger, drei aus Trier und außer mir noch zwei weitere Berliner. Alle stellten ihre Motive, die zum Pilgern geführt hatten, vor. Der eingangs bereits erwähnte Arzt, der zunächst seinen Status und Berufsstand explizit hervorhob, stellte die Behauptung auf: Pilgerradfahren sei nicht Pilgern, sondern nur Sport. Das reine Pilgern bedeute für ihn ausschließlich das Wandern in der Gruppe, möglichst mit Gleichgesinnten. Er habe eine Gruppe Medizinstudenten getroffen und mit ihnen eine gute Wallfahrt gehabt. Leider hatte ich keine Zeit mehr, diesen Streit auszutragen, und kam auch nicht mehr dazu, ins Feld zu führen, dass das Pilgerbüro das Fahrradtpilgern als eine gleichberechtigte Art des Pilgerns anerkennt und mit der Compostela belohnt, da ich mein repariertes Fahrrad abholen musste. Es war auch fertig und ich bezahlte unglaublich preiswerte 6 € für die Reparatur.

4. Etappe am 22.09.2013:
Santiago de Compostela – Fisterra

Start der Etappe:	Santiago de Compostela	260 m hoch
Etappenziel:	Fisterra, Leuchtturm	118 m hoch

Wolkenlos, aber mit 9 °C recht kühl war es, als ich früh Santiago de Compostela verließ. Gegenüber der Juni-Etappe variierte ich die Strecke einige Male, aber alle Routen führten durch eine wunderschöne Landschaft. In der Pilgerherberge in Fisterra holte ich mir Stempel und Compostela ab und fuhr dann mit dem Nachmittagsbus zurück nach Santiago de Compostela.

Fazit: Auch die vierte Etappe war beanspruchend mit 114 km Länge und Anstiegen von 1 301 Hm.

Ruhetag am 23.09.2013 in Santiago de Compostela

Bei schönstem Wetter lief ich zur Kathedrale, um an der Pilgermesse teilzunehmen. Es war übervoll, alle Gänge besetzt und dementsprechend lautstark wurde das spektakuläre Schwenken des Botafumeiro am Ende der Messe begrüßt. Anschließend besuchte ich wieder den Pilgertreff. Wir fanden uns zu sechst dazu ein, stellten uns der Reihe nach vor und berichteten über unsere Motivation für das Pilgern. Anschließend stellte ich nochmals die Theorie des Dr. med. vom Vortag zur Diskussion, dass Fahrradpilgern nur Sport sei. Es entwickelte sich eine lebhafte Rede und

Widerrede, die als allgemeines Fazit und gemeinsamen Nenner ergab: Die reinste Form des Pilgerns sei das Wanderpilgern, die anderen Formen wie Reiten oder Radfahren gehörten aber als nebengeordnete Arten des Pilgerns dazu. Gelächter erntete meine abschließende Bemerkung: Wer so schlecht Rad fährt, dass seine gesamte Aufmerksamkeit der Beherrschung des Rades gilt, dem bleibt natürlich für den eigentlichen Zweck des Pilgerns keine Kapazität mehr übrig. Ihm sei deshalb das Wandern ausdrücklich zu empfehlen. Abschließend aßen wir noch im Haus gemeinsam zu Mittag.

Rückreise am 24.09.2013
Santiago de Compostela – Palma de Mallorca

AIR BERLIN hat den Flugbetrieb in Santiago de Compostela immer noch nicht wieder aufgenommen und so musste ich mit dem Bus zunächst nach Alavés fahren und flog dann vom Flughafen Oviedo/Asturias nach Palma de Mallorca. Um 8:40 Uhr startete der Bus des Unternehmens ALSA und kam um 13:45 Uhr in Alavés an. Nachdem das Fahrrad fertig montiert und bepackt war, fuhr ich mit Hilfe des Navis zum Flughafen Oviedo/Asturias. Dort ließ ich das Rad für den Transport in gelbe Plastikfolie einwickeln. Bei der Ankunft in Palma erhielt ich mein Fahrrad diesmal unbeschädigt zurück.

10. Jakobsweg 04. bis 19. Juli 2014:
Camino de Levante, Via de la Plata und Camino Francés:
Madrid – Salamanca –León – Astorga – Santiago de Compostela

Meinen Jubiläums-Jakobsweg, den zehnten, hatte ich terminlich so geplant, dass ich am Vorabend meines 75. Geburtstages in Santiago de Compostela einträfe. Meine Familie sollte sich am selben Tag in Berlin und auf Mallorca ins Flugzeug setzen und zur gleichen Zeit in Santiago ankommen. Ich flog von Palma de Mallorca nach Madrid mit RYAN-AIR. Ich hatte das Fahrrad in einen stabilen Fahrradkarton gepackt. In

Madrid gab man mir mein Rad in einem völlig zerfledderten Karton zurück. Das vordere Schutzblech war glatt durchgebrochen, was bei einem gewölbten Aluminiumteil eine starke Kraft erfordert, um einen solchen Schaden anzurichten. Eine Stunde benötigte ich, um das Fahrrad wieder

Tourdaten 2014

Etappe Nr.	Etappenziel	Etappen-länge [km]	Etappen-Höhenmeter [Hm]	Mittlere Geschwindkt [km/h]	Maximale Geschwindkt [km/h]
	Madrid[1]	20	187	13,9	45,3
1	San Lorenzo de El Escorial	127	1 641	12,3	51,6
2	Ávila	95	1 447	11,1	58,9
3	Salamanca	129	992	12,9	51,6
	Salamanca[2]	29	265	9,9	37,9
4	Zamora	103	892	15,0	59,3
5	Benavente	106	740	15,1	53,2
6	León	118	562	16,7	46,0
	León[2]	80	323	17,9	51,4
7	Astorga	76	383	17,3	46,3
8	Ponferrada	63	941	12,0	49,2
9	Sarria	111	1 374	12,5	63,5
10	Viñós	102	1 563	11,6	61,1
11	Santiago de Compostela	40	541	13,5	52,0
	Santiago de Compostela[2]	12	37	12,1	24,1
	Summe	<u>1 211</u>	<u>11 888</u>		

Mittlere Etappenlänge: 1.211 : 11 =   110,1 km
Mittlere Höhenmeter: 11.888 : 11 =   1 081 Hm

[1] An-/Abreise
[2] Ruhe-/Besichtigungstag

fahrtüchtig zu machen.

Der Rückflug Santiago de Compostela – Palma de Mallorca erfolgte ebenfalls mit RYANAIR und dem Fahrrad im Karton. Dieses Mal erhielt ich das Rad unbeschädigt zurück.

Ich wollte wie bei den vorhergehenden Caminos nicht in Pilgerherbergen, sondern in einfachen Hotels übernachten und buchte meine Unterkünfte vorab im Internet

Ich hatte die Tour mit GOOGLE EARTH und BIKEMAP.net geplant und wollte mein nun schon bewährtes Fahrradnavigationsgerät TEASI ONE benutzen. Nach Plan sollte die Tour über 770 km bei 7 260 Hm gehen. Nach einem leichten Tinnitus konnte ich allerdings die verkehrsreichen Carreteras Nacionales nicht befahren. Bei starkem Verkehr erreichte der Krach eines überholenden Lastwagens die Schmerzgrenze. So wählte ich kleine parallele Straßen, die die Tour entsprechend verlängerten. Dazu kamen Abstecher und Ausflüge, die die Endsummen schließlich um jeweils die Hälfte vergrößerten: auf 1 211 km und 11 888 Hm. Das spielte aber keine Rolle, da es wahrscheinlich mein letzter Jakobsweg sein würde. Da ich alle Etappenziele bereits mindestens einmal besucht hatte, fiel die fehlende Besichtigungszeit am Abend nicht ins Gewicht.

Die geplante Navigation mit dem TEASI ONE fiel allerdings schon am ersten Tag komplett ins Wasser. Der Touchscreen des Gerätes reagierte überhaupt nicht mehr auf meine Berührungen. Auch das Entfernen der Schutzfolie brachte keine Verbesserung. Ich hatte zur Sicherheit die entsprechenden Karten aus einem Autoatlas 1 : 300 000 dabei und konnte so die Tour wenigstens grob festlegen. Die fehlende Navigation morgens beim Verlassen der Stadt und abends bei der Suche nach dem Hotel stellt ein riesiges Manko dar und kostet einige Umwege und Kreisel. Das sollte sich ganz gewaltig auf der ersten Etappe, beim Verlassen Madrids, bemerkbar machen.

Die Fotos dieses Caminos habe ich mit einer kleinen kompakten Fotokamera von CANON gemacht.

Der Camino Primitivo führte durch drei Autonome Regionen Spaniens:

Comunidad de Madrid
Castilla y León
Galicia

Reiseunterlagen:
* OUTDOOR-Reiseführer Camino de Levante
* BIKELINE Radtourenbuch Jakobsweg
* ADAC-Reiseführer plus: Spanien mit Karte 1 : 300 000
* VEMAG-Atlas España & Portugal 1 : 300 000
* Fahrrad-Navigationsgerät TEASI ONE
* Hotelinformationen der Internet-Buchungen
* Informationen über die besuchten Städte aus dem Internet-Lexikon WIKIPEDIA

1. Etappe am 05.07.2014: Madrid – San Lorenzo de El Escorial

Start der Etappe:	Madrid	641 m hoch
Colmenar Viejo		731 m hoch
Etappenziel:	San Lorenzo de El Escorial	915 m hoch

Es war wolkenlos und fast windstill bei einer Temperatur von 18 °C, als ich versuchte, Madrid zu verlassen. Wegen des nicht funktionierenden Navigationsgerätes hatte ich die Ausfahrt zur M-500 verpasst. Vor drei Jahren hatte ich sie sogleich gefunden und so Madrid auf dem kürzesten Weg verlassen können. So kam ich immer weiter nach Norden und versuchte mehrere Ausfahrten. Die meisten Versuche endeten an einer Autopista. Ich war glücklich, nach der Karte endlich die M-405 in Richtung Norden gefunden zu haben, aber plötzlich war die Straße mit einer hohen Mauer gesperrt: Privatgrund. Davon wusste die Karte nichts. Also wieder zurück. Schließlich blieb mir nur übrig, im Nordosten Madrids auf die M-607 Richtung Norden zu fahren und einen Riesenumweg in Kauf zu nehmen. In Colmenar Viejo änderte ich dann die Richtung und fuhr auf nachgeordneten Straßen Richtung Westen nach San Lorenzo de El Escorial. Um 23 Uhr kam ich dort an und hoffte, irgendwo einen Fingerzeig auf mein Hotel zu finden, vergeblich. Dann erblickte ich den einzigen vagen Hinweis: Monasterio. Ich erinnerte mich, dass das Hotel in der Nähe des Klosters lag, und folgte dem Pfeil den Berg hinauf und kam gegen 23:30 Uhr am Hotel an.

Fazit: Die erste Etappe sollte nur 60 km lang sein, um genügend Zeit für die Besichtigungen von El Escorial und Valle de los Caídos zu haben, das ging aber wegen des defekten Navigationsgerätes völlig daneben. So wurde aus der leichten Halbetappe mit 127 km Länge und 1 641 Hm eine sehr schwere Bergetappe.

2. Etappe am 06.07.2014:
San Lorenzo de El Escorial – Ávila

Start der Etappe:	San Lorenzo de El Escorial	915 m hoch
Valle de los Caídos		671 m hoch
Puerto de Guardareama		1 351 m hoch
Puerto de Leónes		1 511 m hoch
Villacastín		1 103 m hoch
Etappenziel:	Ávila	1 131 m hoch

Die eigentlich für den Nachmittag des Vortages geplanten Besichtigungen holte ich am Beginn der zweiten Etappe nach. Zuerst fuhr ich zur Schloss- und Klosteranlage Real Sitio de San Lorenzo de El Escorial und besichtigte sie kurz und holte mir einen Stempel für das Credencial. Um diese Riesenrenaissanceanlage aus dem 16. Jh. mit ihren zahlreichen Kreuzgängen, Brunnen und Höfen angemessen würdigen zu können, müsste man wenigstens einen Tag einplanen. Danach fuhr ich auf der N-600 zum Valle de los Caídos. Hinter der Kasse beginnt der mühevolle Aufstieg zum Monumento: Er misst 5,4 km bei 261 Hm. Schon lange bevor man oben ankommt, sieht man das riesige Kreuz von 155 m Höhe. Das Monumento gilt als der bedeutendste architektonische Bau des Faschisten Franco. Die Basilika wurde, in Ermangelung von entsprechenden Maschinen, von 20 000 bis 30 000 KZ-Häftlingen von Hand in den Berg getrieben. Die Zahl der dabei zu Tode geschundenen Menschen ist nicht bekannt. Das Kirchenschiff soll mit 263 m das längste der Welt sein. Es wird von mehreren Engeln mit Schwert bewacht. Die

El Escorial

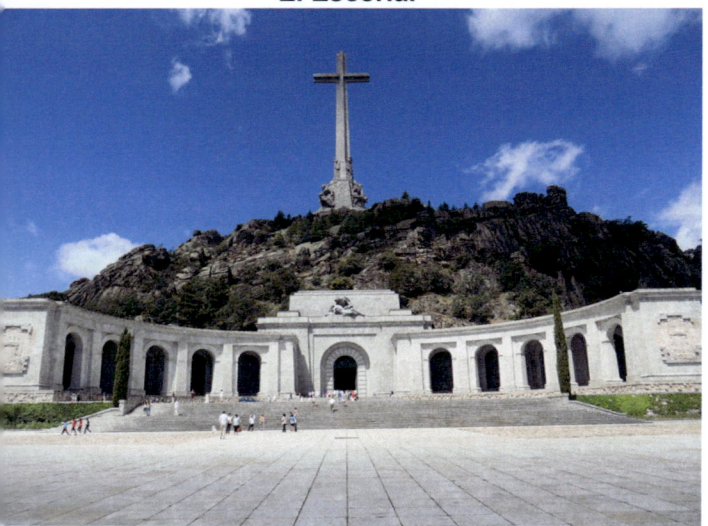
Valle de los Caídos: Kreuz und Basilica

Anlage ist so bombastisch faschistisch, dass sie ohne weiteres mit den Monumentalbauten der anderen Faschistenführer, Hitler und Mussolini, mithalten kann.

Danach bekam das Leben wieder normale Dimensionen und ich fuhr unter schwarzen Wolken bei wenig Wind auf der M-600 zur N-VI hoch. Zwei Pässe waren zu bezwingen, ehe ich in Villacastín auf die N-110 einbog Richtung Etappenziel Ávila. 5 km vor Ávila wurde die N-110 plötzlich zur Autopista A-51 erklärt und für Radfahrer verboten. Da es keine Alternative gab, nur einen Riesenumweg von einigen 10 km, nahm ich mir die Freiheit, die Autopista bis zur nächsten Abfahrt zu benutzen. Ab da gab es auch wieder die N-110.

Fazit: Auch die zweite Etappe erwies sich mit 95 km Länge und Anstiegen von 1 447 Hm als sehr schwere Bergetappe.

Ávila: Catedral, Chor als Teil der Stadtmauer

3. Etappe am 07.07.2014: Ávila – Salamanca

Start der Etappe: Ávila 1 131 m hoch
Etappenziel: Salamanca 808 m hoch

Ich begann diese Etappe mit der Besichtigung der Kathedrale von Ávila. Stadtmauer und Kathedrale wurden im 11. und 12. Jh. gebaut. Eine Besonderheit besteht darin, dass der Chor der gotischen Kathedrale einen Teil der Murallas (Stadtmauern) bildet.

Bei wolkenlosem Himmel verließ ich Ávila auf der N-501, die anfangs Autovía war. Danach hatte mich die Meseta wieder, platteben, heiß und bei leichtem Gegenwind. In der Ferne links im Dunst erhob sich ein Höhenzug, an dem sich das Auge orientieren konnte. Die Eintönigkeit der Fahrt geht schon auf die Nerven und ich war froh, endlich die wunderschöne Silhouette Salamancas zu erblicken: die Römische Brücke, die Catedral Vieja und die Catedral Nueva – unvergleichlich schön.

Fazit: Die dritte Etappe wurde durch ihre Länge von 129 km bei Anstiegen von 992 Hm eine schwere Etappe.

Ruhetag am 08.07.2014: Salamanca

Am Ruhetag in Salamanca konnte ich einmal ausschlafen und fuhr erst um 10 Uhr auf dem Radweg rund um Salamanca. Es gibt zwar noch einige Lücken auf diesem Rundweg, man bekommt aber einen guten Eindruck von der Stadt. Anschließend besorgte ich mir den Stempel für das Credencial. Nachmittags besichtigte ich die Kathedrale. Das hatte ich schon bei den vorherigen zwei Besuchen gemacht, diesmal lieh ich mir erstmalig einen Audioführer. Leider gab es ihn nicht in Deutsch, so nahm ich die spanische Version. Anschließend lief ich zur Plaza Mayor. Das war wieder ein wunderschöner Tag in Salamanca, meiner Lieblingsstadt in Spanien.

4. Etappe am 09.07.2014: Salamanca – Zamora

Start der Etappe: Salamanca 808 m hoch
Etappenziel: Zamora 652 m hoch

**Salamanca:
Catedral Vieja
Catedral Nueva**

**Salamanca:
Plaza Mayor**

**Salamanca:
Puente Romano**

Es war wolkenlos bei einer Temperatur von 15 °C und es herrschte ein Starkwind aus dem Osten. Ich fuhr zwar streng nach Norden, aber bei der kleinsten Richtungsänderung schlug mir heftiger Gegenwind entgegen. Ich mied die Carretera Nacional und fuhr auf Nebenstraßen. Es wurde heißer, bis 30 °C, und ich war froh, Zamora zu erreichen. Ich besuchte die Kathedrale (wieder mit spanischem Audioführer) und sammelte Stempel für mein Credencial.

Fazit: Dies war eine normale Etappe von 103 km und 892 Hm.

5. Etappe am 10.07.2014: Zamora – Benavente

Start der Etappe:	Zamora	652 m hoch
Etappenziel:	Benavente	750 m hoch

Wie am Vortag war es wolkenlos bei einer Temperatur von 13 °C und es herrschte ein Starkwind aus dem Osten. Ich verließ Zamora auf der N-630. Da diese stark befahren war, fuhr ich bei der nächsten Gelegenheit auf einer Nebenstraße bis Tábara und weiter auf der ZA-100 bis Benavente. Am Nachmittag fiel mir ein Reisfeld auf, auf dem sich 45 Störche versammelt hatten. Ich beobachtete eine Weile dieses Naturschauspiel, bis sich der Schwarm erhob, geordnet Paar für Paar, ohne Drängelei oder gar Kollision. Eindrucksvoll, wie der Schwarm unter starkem Rauschen vorbeizog.

Im Laufe dieser Etappe überschritt ich die Marke von 100 000 Hm auf den bisherigen Jakobswegen.

Fazit: Auch dieser Tag hielt eine leichte Etappe von 106 km und 740 Hm bereit.

6. Etappe am 11.07.2014: Benavente – León

Start der Etappe:	Benavente	750 m hoch
Etappenziel:	León	831 m hoch

Wieder begann der Tag wolkenlos bei 12 °C, heute wehte aber nur ein schwacher Wind. Auch heute wieder verließ ich die N-630 bei der nächsten Gelegenheit und fuhr über Nebenstraßen nach Santa María del Páramo. Auf der LE-413 und der N-120 ging es dann nach León, wo ich um 15:45 Uhr ankam. Da die Touristeninformation erst um 17 Uhr öffnete, suchte ich eine Einkaufsmöglichkeit, um meine Vorräte zu ergänzen. Ohne Stadtplan, den ich mir später in der Information holte, hätte ich mein Hotel nicht gefunden.

Fazit: Dies war eine leichte Etappe: 118 km lang mit Anstiegen von 562 Hm.

Ruhetag am 12.07.2014: León

Auch an diesem Ruhetag schlief ich aus. Um 10 Uhr fand ich mich zur Besichtigung der Kathedrale ein. Inzwischen hatte ich mich an die spanischen Audioführer gewöhnt und lieh auch diesmal einen aus. Ich blieb mehr als eine Stunde in dieser herrlichen Kathedrale aus dem 13. Jh. mit ihren über hundert wunderschönen, teils 12 m hohen Glasfenstern. Ich hatte das Glück, dass ihr Farbenspiel im Innern der Kathedrale bei strahlendem Sonnenschein so richtig zur Geltung kam.

Anschließend fuhr ich auf der N-601 zum Kloster San Miguel de Escalada, das jedoch an diesem Sonnabend geschlossen war.

7. Etappe am 13.07.2014: León – Astorga

Start der Etappe:	León	831 m hoch
Etappenziel:	Astorga	837 m hoch

Es war wolkenlos und fast windstill bei einer Temperatur von 12 °C, als ich León auf der N-120 hinter mir ließ. Obgleich es Sonntag war, herrschte starker Verkehr und so verließ ich die Carretera Nacional N-120, fuhr auf die LE-420 und nahm dann die N-VI nach Astorga. Ab León verläuft der Wander-Camino parallel zur Hauptstraße und man konnte gut beobachten, welch große Zahl an Pilgern unterwegs war. In langer Reihe und im Abstand von höchstens 20 m bewegten sich die Pilger über den Camino, an Engstellen liefen sie im Gänsemarsch dicht hintereinander. Das Verhältnis Wander-/Fahrradpilger ist aber entspannt und man grüßt sich freundlich und wünscht sich einen „Bon Camino!". Mittags wurde es heiß über 30 °C und ein Trikottausch war geboten. Um 14:15 Uhr kam ich in Astorga an, fand aber wegen des Sonntags alle

Catedral de León

Supermärkte geschlossen. So versorgte ich mich in einem Trödelcenter mit dem Nötigsten. Auch Kathedrale und Touristeninformation waren geschlossen. Ich fand mich rechtzeitig im Hotel ein, um das Endspiel der Fußballweltmeisterschaft zu sehen, das Deutschland verdient 1 : 0 gegen Argentinien gewann.

Fazit: Vor den drei schweren Bergetappen lag heute eine sehr leichte Etappe von 76 km und 383 Hm.

8. Etappe am 14.07.2014: Astorga – Ponferrada

Start der Etappe:	Astorga	837 m hoch
Cruz de Ferro		1 530 m hoch
Etappenziel:	Ponferrada	516 m hoch

Bei wolkenlosem Himmel, 11 °C und wenig Wind verließ ich Astorga auf der LE-142, die bis zum Etappenziel Ponferrada führt. Da der Wander-Camino teils auf der Straße verläuft oder daneben und diese immer wieder kreuzt, kommt man häufig in Kontakt mit den Wanderpilgern. Bei El Ganso überschreitet man die Höhenmarke 1 000 mH. Hier zeigten sich die ersten Wolken über den Bergen. Als ich das Cruz de Ferro erreichte, war die Wolkendecke geschlossen, fing aber an, sich aufzulösen. Kurz vor dem Gipfel schreckte mich plötzlich ein Hecheln auf. Ich war so in Gedanken an das nahe Cruz de Ferro vertieft, dass ich den sich nähernden Hund nicht bemerkt hatte. Im Galopp überholte er mich. Am Cruz legte ich meinen mitgebrachten Stein ab, der nach der Tradition die Sorgen repräsentierte, die man damit hier ablädt. Beim anschließenden Picknick erwies sich der große Hund für jeden Bissen dankbar, den ich mit ihm teilte. Ein sehr freundliches Tier! Die folgende Abfahrt verlangte nochmals die volle Konzentration. Da inzwischen eitel Sonnenschein herrschte, konnte ich die Abfahrt nach Ponferrada richtig genießen. Nachmittags kam ich dort an und meldete mich im Hotel an. Da es mein vierter Besuch in Ponferrada war, verzichtete ich auf eine Besichtigungstour.

Fazit: Die Königsetappe über das Cruz de Ferro gehört mit 63 km und 941 Hm zu den schweren Etappen.

9. Etappe am 15.07.2014: Ponferrada – Sarria

Start der Etappe:	Ponferrada	516 m hoch
Villafranca del Bierzo		518 m hoch
O Cebreiro		1 293 m hoch
Alto de San Roque		1 337 m hoch
Etappenziel:	Sarria	436 m hoch

am Cruz de Ferro

Monjarin

Es war wolkenlos und fast windstill bei einer Temperatur von 13 °C, als ich Ponferrada auf der N-VI verließ. In Villafranca del Bierzo hatte ich bei meinem vierten Besuch das Glück, die Kirche Iglesia de Santiago aus dem 12. Jh. geöffnet vorzufinden. Ich besichtigte sie außen und innen und machte von der Puerta del Perdón (Pforte der Vergebung) Fotos. In Pedrafita do Cebreiro legte ich eine Pause ein und machte mich dann an den Schlussanstieg nach O Cebreiro auf der LU-633. Ich besuchte wie in den Vorjahren die Kirche Iglesia de Santa María und machte einige Fotos. Vor der rasenden Abfahrt nach Sarria muss man noch den Alto de San Roque bezwingen. In Samos rastete ich kurz, um den Stempel für das Credencial zu holen und einzukaufen. Nach einigen zermürbenden Anstiegen erreichte ich mein heutiges Etappenziel Sarria um 20:30 Uhr und meldete mich im Hotel an. Auch heute fiel die Besichtigungsrunde wegen Übermüdung aus.

Fazit: Auch die Überwindung des zweiten Gebirgszuges (des letzten vor Santiago) bescherte eine schwere Bergetappe mit 111 km und 1 374 Hm.

10. Etappe am 16.07.2014: Sarria – Viñós

Start der Etappe:	Sarria	436 m hoch
Portomarín		387 m hoch
Arzúa		379 m hoch
Etappenziel:	Viñós	371 m hoch

Heute war der erste Tag des diesjährigen Camino, an dem ich bei bedecktem Himmel bei 15 °C und wenig Wind losfuhr. Ich fuhr weiter auf der LU-633 nach Portomarín. Dort besichtigte ich die romanische Kirche Iglesia de San Nicolás und holte mir einen Stempel. Weiter ging es bis Palas de Rei und dann auf der N-547 bis Arzúa. Inzwischen zeigte sich der Himmel wolkenlos und die Sonne brannte entsprechend heiß. Viñós liegt etwas abseits und man muss von Arzúa auf der AC-905 bis zum Hotel fahren.

Im Laufe dieser Etappe überschritt ich die Marke von 10 000 km auf den bisherigen Jakobswegen.

Fazit: Die vorletzte Etappe war mit 102 km Länge und Anstiegen von 1 563 Hm eine sehr schwere Bergetappe.

11. Etappe am 17.07.2014:
Viñós – Santiago de Compostela

Start der Etappe:	Viñós	371 m hoch
Flughafen Lavacolla		353 m hoch
Etappenziel:	Santiago de Compostela	268 m hoch

Auch an diesem Tag fuhr ich bei bedecktem Himmel, 11 °C und wenig Wind los. Der Nebel hing tief und wurde immer dichter. Die Sichtweite betrug nur noch etwa 50 m. Die Straße blieb trocken, aber die Brille beschlug immer wieder und musste regelmäßig gereinigt werden. Diese

**Villafranca del Bierzo:
Iglesia Santiago
Puerta del Perdón**

**O Cebreiro:
Iglesia Santa María, Altar**

O Cebreiro: Iglesia Santa María

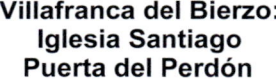

letzte, recht kurze Etappe nach Santiago de Compostela gehört immer zu den eindrucksvollsten. Man weiß sich seinem Ziel ganz nahe, Euphorie steigt auf, die Freude, auch diesen Camino wieder erfolgreich abschließen zu können. Die letzte Wegstrecke meines zehnten Caminos aber rief besonders intensive Gefühle in mir wach: Erstmals würde ich anlässlich meines 75. Geburtstages am kommenden Tag die besondere Atmosphäre der Stadt und die Pilgermesse in der Kathedrale von Santiago de Compostela mit meiner Familie gemeinsam erleben können. Um 12 Uhr fuhr ich auf die Praza do Obradoiro ein und Freude und Ergriffenheit erfüllten mich.

Für meine neun Aufenthalte in Santiago de Compostela hatte ich auf den vorhergehenden Caminos jeweils einfache Hotels gebucht. Diesmal hatte man mir zum Geburtstag einen Aufenthalt im Parador dos Reis Católicos geschenkt. Als Erstes checkte ich im Parador ein, um mein Gepäck abzustellen. Ein hilfsbereiter Geist brachte mein Fahrrad in die Garage des Hotels.

Ich besuchte die bereits laufende Pilgermesse, umarmte nach Pilgerbrauch die Statue Santiagos und verharrte nachdenklich vor dem Reliquienschrein. Da sich kein weiterer Pilger zum Pilgertreff der katholischen Kirche eingefunden hatte, verzichtete ich auch auf ein Gespräch und ging sofort weiter zum Pilgerbüro. Dort hatte man inzwischen das Büro verlegt von der ersten Etage ins Erdgeschoss. Ich konnte sofort das Credencial vorlegen. Als der Bearbeiter auf der Liste mein Lebensalter bemerkte, stellte er keine Rückfrage, auch nicht nach dem fehlenden Stempel vom Startort Madrid. Ich erhielt sofort die Compostela.

Kurze Zeit später traf meine Frau in Santiago de Compostela ein, die von Mallorca aus geflogen war. Am frühen Abend stieß auch mein Sohn mit Frau und Kind zu uns. Sie hatten den langen Flug von Berlin mit Umsteigen in Madrid auf sich genommen. Ein kurzer Rundgang durch die Altstadt und ein gemeinsames Abendessen rundeten diesen wundervollen Tag ab.

Fazit: Die letzte, kurze Etappe stellte noch einmal mit 40 km und 563 Hm normale Anforderungen.

Santiago de Compostela:
So eingerüstet habe ich die Kathedrale in den 7 vorangegangenen Jahren nicht erlebt

Santiago de Compostela
die Statue Santiagos über dem Hauptaltar   Santiago als Pilger

der Reliquienschrein Santiagos

mein 75. Geburtstag im Parador

Ruhetag am 18.07.2014: Santiago de Compostela

Als ich am nächsten Morgen den Frühstücksraum betrat, hatte die Familie dort schon einen festlichen Geburtstagstisch für mich aufgebaut. Als die Bedienung des Restaurants dies bemerkte, stellte sie als Geschenk des Hauses einen Mandelkuchen dazu. Nach dem Frühstück besuchten wir gemeinsam die Pilgermesse. Da der Enkel kurz vor Beginn der Messe eingeschlafen war, mussten er und die Schwiegertochter auf die Messe verzichten. Den Höhepunkt und außergewöhnlichen Anblick bildete wie immer der geschwenkte Botafumeiro.

Wir verbrachten noch schöne Stunden gemeinsam beim Mittagessen, Kaffee und Kuchen im Theatercafé und beim Abendessen. Da es zu Beginn des Abends anfing, stark zu regnen, ließen wir die letzten Stunden dieses unvergesslichen Geburtstages und meines zehnten Caminos in einem Hotelrestaurant ausklingen.

Rückreise am 19.07.2014

Ich brachte früh das Fahrrad zum Fahrradhändler mit der angeschlossenen Werkstatt VELOCIPEDO. Dort wurde es fachgerecht in einem stabilen Fahrradkarton verpackt. So konnte es auch unbeschädigt den Rückflug nach Palma de Mallorca mit RYANAIR überstehen. Meine Familie flog gemeinsam nach Palma de Mallorca, wo wir in unserer Ferienwohnung noch drei schöne gemeinsame Tage verlebten.

Nachwort

Beim Verfassen dieses kleinen Buches musste ich mich noch einmal mit den Grundlagen des Pilgerns sowie mit den einzelnen Jakobswegen beschäftigen. Viele schöne, lehrreiche und wertvolle Erlebnisse und Erfahrungen wurden aus der Erinnerung heraus wieder lebendig und ich durchlebte die Jakobswege ein weiteres Mal. Das Schreiben bedeutete also nicht nur Arbeit, sondern auch ein Stück lebendige Geschichte für mich.

Ich bin bemüht, die Erkenntnisse, die ich auf den Jakobswegen erreicht habe, möglichst vollständig und sinnvoll in mein tägliches Leben zu integrieren. Die Demut und Einsicht, die ich in den unbeeinflussbaren Ablauf des Schicksals gewonnen habe, sollen mich tunlichst für den Rest meines Lebens begleiten.

Die intensive Beschäftigung mit dem Thema „Pilgern auf dem Jakobsweg" hat Lust auf mehr gemacht, „Der Jakobsweg macht süchtig".